생각의 변화

생각의 변화

A CHANGE OF THOUGHT

세상에서 빈 지갑보다 무거운 것은 없었다

노윤일 지음

좋은땅

생각을 바꾸면 인생이 바뀝니다.
독자분들의 성장과 성공, 그리고 행복을 기원하며
_____님께 이 책을 드립니다.

1

경영/경제 자서전 베스트셀러 저자, (주)세일즈랩 대표, 27만 유튜버 안대장TV

안규호

2021년 늦여름 무렵, 노윤일이라는 사람이 저를 찾아왔습니다. 당시 교육프로그램을 운영하던 저는 그날을 생생히 기억합니다. 비싼 수강료에도 아랑곳하지 않고 배우겠다는 의지와 열정으로 찾아왔습니다. 그날의 만남과 교육 이후, 노윤일 대표는 사업가로 확고부동한 입지를 만들어 나갔습니다. 법무법인 팀장, 금융업 임원, 요식업 부대표, 경영지원센터 대표, 그리고 세일즈마케팅 교육강사에 이르기까지! 그는 늘 1등으로 달려왔습니다. 그만큼 혼신의 힘을 기울였다는 뜻이겠죠.

열의와 열정, 간절했던 눈빛을 가진 노윤일이라는 사람은 그의 간절한 바람대로 부모님께 식당을 차려 드렸고, 식당의 경영을 책임졌습니다. 코로나의 기세가 꺾이지 않던 시점부터 시작한 '완미족발'은 1호점에 이어 2호점까지 바라보며 있으며 이 책을 기록으로 남겼다고 합니다.

노윤일 대표님은 교육을 받으며 저와 이런저런 이야기를 함께 주고받았는데 28~29살 즈음까지 알코올중독자처럼 살았고, 온갖 밑바닥 경험을 다 하며 살았지만 불과 3~4년 이내에 완전히 다른 사람으로 변신한 '미스터리'를 가지고 있었습니다. 어떻게 사람이 3~4년 이내에 밑바닥에서 수억 원의 매출을 일으키는 사업가로 변신할 수 있는지 저 역시 의아해했습니다.

하지만 이 책에서 미스터리의 해답을 발견했습니다. 밑바닥 알코올중독자 노윤일을 변화시켜 4개의 명함을 가진 '노윤일 대표'로 만든 미스터리의 핵심은 바로 '생각의 변화'와 '꿈', '간절함과 성실함, 그리고 꾸준함'이라는 가장 단순한 사실에 있었습니다.

'생각의 변화', '꿈', '간절함과 성실함, 그리고 꾸준함'은 누구나 다 알고 있지만 노윤일 대표는 그 단순한 것도 '행동으로 옮기는 실천력'을 가진 사람이었던 것입니다.

저도 교육을 많이 하면서 많은 사람들을 만나 왔습니다. 제가 가진 많은 노하우와 비전을 공유하고 가르쳐 주었지만, 교육생 중에서 진짜 실행으로 옮기는 사람은 극히 드물었습니다. 하지만, 노윤일 대표는 작은 것 하나라도 실천으로 옮기는 소위 '해 보는 사람'이었던 것이죠.

그 작은 차이가 오늘의 노윤일 대표를 만들었다고 생각합니다.

가난과 실패를 좋아하는 사람은 아무도 없습니다. 노윤일 대표는 가난과 실패에 타협하지 않고, 가난과 실패로부터 철저하게 대오각성한 후 결핍에서 에너지를 만들어 미래 원동력으로 꿈을 만드는 젊은이였습니다. 실패했다고 그대로 주저앉아 부모 탓, 환경 탓, 나라 탓, 사회 탓을 하다가 시간 보내는 그런 젊은이가 아니었습니다. 이런 노윤일 대표의 교육을 담당한 저도 노윤일 대표가 무척이나 자랑스럽습니다.

앞으로 몇 년 후 노윤일 대표는 또 다른 무엇으로 변신할지, 진화형 인간 노윤일 대표의 향후 사업과 책이 벌써 궁금해집니다. 길은 늘 행동하는 소수에게만 열려 있기 때문입니다.

변화를 원한다면, 흙수저라는 태생적 한계에 발목 잡혀 부모를 비롯한 누군가를 탓하고 싶어졌다면 이 책을 일독하길 권장합니다.

#2

10만 유튜버, 심리멘탈 베스트셀러 저자, 박세니마인드코칭 대표

박세니

마인드코칭 수강생으로 노윤일 대표님을 처음 만났습니다. 배우기를 멈추지 않고 어제와 다른 사람으로 끊임없이 마인드를 바꿔 나가는 노윤일 대표님의 꿈은 이제 지금 시작이란 점에서 대단히 흥미롭습니다.

노윤일 대표님의 책은 코로나 바이러스처럼 전염성 높고, 본인과 가족, 주변을 모두 비참하게 만드는 '가난함'이라는 정신병이 어떻게 치료 가능한지를 보여 주는 대표적인 사례라고 생각합니다.

이렇게 고도성장한 나라에서 여전히 가난한 것은 일종의 정신병이라고 할 수 있습니다. 저도 사실 스스로 정신병이었다는 생각이 들 정도로

불행했던 시절이 있었습니다. 지금 완전히 치유된 사람으로서 노윤일 대표님의 책을 읽을 때 매우 큰 반가움을 느꼈습니다. 책에서는 가난을 매우 당연시 여기며 사는 노윤일과 그 가족의 이야기가 나옵니다. 가난 속에 빠져 있는 노윤일이라는 사람은 알코올중독자, 월급날만 기다리는 공무원, 오늘만 대충 수습하는 사람일 뿐이었습니다. 3~4년 전의 노윤일이라는 사람은 그냥 알코올중독자 그 이상도 이하도 아니었습니다. 꿈이란 것도 없고 그냥저냥 항상 술독에 빠져 심야 길거리를 배회하는 희망 없는 사람이랄까요.

하지만 가난을 치료한 것은 인생의 큰 멘토와 배움, 그리고 자신의 분야에서 1등이 되고야 말겠다는 강한 의지였습니다. 불과 2평 남짓한 쪽방에서 먹고 자면서 그는 비루한 가난에서 벗어나겠다는 꿈을 잃지 않았고, 급기야 4년도 안 되는 시간 동안 그는 금융회사의 임원, 법무법인 팀장, 요식업 부대표, 경영 사업에 이르기까지 성장하는 매출 규모를 지닌 사업체 대표로 성장하여 지금 가난이란 질병에서 완전히 치료되는 과정 중에 있습니다. 이는 매우 경이로운 과정입니다.

노윤일 대표는 자신의 변화 경험과 노하우, 그리고 영업, 세일즈 분야의 강력한 실행에서 얻은 성과물을 근거로 사람들의 미래를 바꾸는 교육을 꿈꾸고 있습니다. 저는 또 한 명의 사람이 이렇게 과거로부터 탈피하여 리더와 멘토가 되어 가는 모습에 큰 박수와 격려를 보내고 싶습니다. 알코올중독자에서 사업가로, 제 강의 수강생과 제 유튜브 채널 구독자에서 이처럼 영향력을 끼치는 사람으로 변신에 변신을 거듭하는 과정을 보면서 꿈을 가진 사람의 미래, 행동하는 사람의 미래의 발전은 과연 어디까지일지가 궁금해집니다. 결국 생각을 바꾸면 인생이 바뀐다는 강력한 증거가 바로 이 책을 쓴 노윤일 대표입니다.

국가경제가 휘청거릴 만큼의 경제위기가 한창 진행되는 오늘날, 노윤일 대표는 '그럼에도 불구하고' 해낼 수 있다는 가능성과 희망의 증거를 이 책을 통해서 보여 줍니다.

가정환경이 가난함에도 불구하고,
알코올중독자임에도 불구하고,
학력과 학벌이 부족함에도 불구하고,
시간이 없음에도 불구하고,
주변에 도움이 될 만한 사람이 없음에도 불구하고,

그럼에도 불구하고 노윤일 대표는 해냈음에 대하여 격려와 박수를 보냅니다. 독자분들 역시 이 책 속에서 그럼에도 불구하고 해낼 수 있다는 자신감과 희망을 찾으실 수 있을 것입니다.

#3

前 Jeep 전국 1등 판매왕 팀장, 現 오토유레카 대표, 유튜버
카준형(김준형)

세상에서 가장 무서운 것이 가난이다.

노윤일 대표는 지칠 줄 모르는 열정으로 4년 만에 착한 성공을 이루었다. 자신만의 성공담, 실패담을 통해 다양하고 경이로운 삶의 지혜, 성공의 길을 제시해 준다. 여러분도 시크릿 성공노트의 동반자가 되어서 날아오를 것을 의심치 않는다.

"이봐, 해 봤어?"

#4

쇼호스트, 『팔지 마라 사게 하라』 저자, 엠제이 소비자연구소 소장

장문정

MZ세대 노윤일 대표님을 만나 이야기할 때면 깜짝 놀랍니다. 3~4년 만에 알코올중독자에서 사업가로 변신한 것에 한 번, 지독하게도 자기계발에 열중하는 모습에 다시 한 번, 4개의 명함에 이어 교육강사로 변신하여 5번째 명함을 갖는 모습에 또 한 번, 이제는 '노윤일 작가'로 변신하여 계속 놀라게 합니다.

"결핍은 영양소만의 문제가 아니라, 모든 사람의 정서적, 감정적인 문제이기도 하다. 부자도 가난한 자도 결핍의 문제에 시달리기는 매한가지이다. 결핍은 사람을 움직이게 한다. 다만 부정적인 방향으로 움직이느냐, 긍정적인 방향으로 움직이느냐의 차이"라는 노윤일 대표님의 설명에 전적으로 동감할 수밖에 없었습니다.

지독한 가난에서 생각을 바꾸고 미래를 개척한 MZ세대의 또 다른 측면과 가능성을 발견했습니다. 남 탓, 환경 탓, 조건 탓을 하지 않는 사람이 어느 정도 성장할 수 있는지 이 책에서 확인할 수 있었습니다. 생각은 결국 삶을 바꿉니다. 저자가 입증했습니다.

#5

前 WBA 슈퍼라이트급 아시아 챔피언, 現 GOLDROAD 대표

김황길

진로를 바꾼다는 것, 그리고 그곳에서 1등이 된다는 것은 뼈를 깎는 노력 그 이상의 힘과 열정뿐 아니라 운과 노력이 필요합니다. 영혼을 갈아넣는다는 표현이 맞을 것 같습니다. 배우를 꿈꾸는 청년에서 26살 복서로 뒤늦게 전향하여 아시아 슈퍼라이트급 챔피언이 되기까지 저 역시 그러했다는 점에서, 노윤일 대표가 보여 준 '뒤늦게 무엇을 한다'는 것과 그곳에서 1등이 되었다는 점에서 이 책을 볼 때 깊은 공감대를 느끼며 울컥했습니다.

뒤늦게 무엇인가 시작해 본 사람들끼리만 알고 있는 설명할 수 없는 특별한 '비밀'이 있기 때문입니다. 노윤일 대표와 이야기하면서, 그리고 말로만 듣던 이 책을 보면서 노윤일 대표가 가진 '생각의 차이', '생각의 변화'가 오늘날 그를 1등의 자리로 만든 것임을 알게 되었습니다.

늘 우리는 같은 생각만 하게 됩니다. 하지만 이 책을 읽으면서 어제와 다른 생각을 마주하게 됩니다. 저는 26살에 복싱에 입문하여 후회 없이

열심히 최선을 다했고, 지금은 건강상의 이유로 은퇴했지만 노윤일 대표와 이야기하면서, 그리고 이 책을 읽으면서 노윤일 대표가 가진 '열정'이 얼마나 뜨거운지를 다시 한번 느꼈습니다. 제가 복싱을 처음 시작했을 때의 그 열정처럼 말이죠. 비록 저와 분야는 다르지만, 열정을 가진 사람만이 가진 눈빛과 자세, 그리고 열정은 스포츠인이라면 느낄 수 있는 본능적인 것이기 때문에 저는 노윤일 대표의 그런 뜨거운 본능적 열정을 좋아합니다. 앞으로도 응원할 것입니다.

모두가 안 된다고 생각하는 이런 시대에, 이 책 속에서 노윤일 대표의 변화된 생각을 마주하며 '할 수 있다'는 본능적 자신감을 만나게 될 것이라 확신합니다.

#6

특허법인 해안 대표변리사

이주철

젊은 나이에 자수성가한 노윤일 대표님의 일대기를 이 책을 통해 간접 체험하면서, 크게 생각하고 실행하는 사람 앞에서는 그 어떤 장애물도 방해요소가 될 수 없구나 하는 생각을 하게 됐습니다. 대한민국, 젊은 세대분들이 이 책을 통해 결혼, 집 등 여러 가지를 포기했다는 N포세대에서, 포기를 거부(No!)하는 No포세대로 거듭나기를 진심으로 기원합니다.

최경준세무회계사무소 대표세무사

최경준

"이봐, 해 봤어?"
"네, 해 봤습니다. 제가 그 증거입니다."

누구나 자기의 꿈을 실현하기 위해 노력한다. 하지만 모두 성공하는 것은 아니다.

이 책에는 가난한 환경에서 태어나 월급을 받는 청년에서 현재 강인한 정신력을 가진 경영가로 거듭나 자기의 꿈을 성공시킨 노하우가 정리되어 있다.
방황하고 있는 MZ세대에게 꿈꿀 수 있도록 돕는 지침서가 될 것이다.

『인천일보』 정치경제부 차장

김현우

촉망받는 신입 직장인에서 업계 1등 리더로, 그리고 성공한 사업가에 이르기까지. 30대 초반 나이, 다양한 수식어가 존재하는 그가 정리한 책은 '나의 다른 내일'을 여는 지침서라고 할 수 있다. 현장에서 찾는 살아가는 법과, 따뜻하고 희망적인 인생사를 담은 이 책이 힘든 시절을 보내고 있는 많은 청년에게 디딤돌이 되기를 바란다.

#9
한국 복싱랭킹 4위, 조원체육관(HN권투/블랙컴뱃/MMA, 종합격투기) 대표
이강산

모든 변화가 생각에서 비롯되는 것은 누구나 알고 있습니다. 하지만 생각을 행동으로 옮기는 실천력이 없으면 생각은 망상이 됩니다. 운동과 무술에서도 생각만 가지고 화려한 액션이 나오지 않습니다. 오히려 다치고 위험해질 수 있습니다. 어떤 화려한 액션을 만들어야겠다는 생각과 함께 꾸준히 단련된 몸과 그 생각을 실천할 수 있는 행동력이 뒷받침되지 않으면 그저 망상에 그칠 뿐입니다.

화려한 액션 뒤에는 보이지 않지만 치밀한 계획과 구상이 뒷받침되어야 합니다. 노윤일 대표의 『생각의 변화』 책에는 노윤일 대표가 무일푼, N포 상태에서 어떻게 생각의 변화를 행동으로 옮겼는지 실천력을 확인할 수 있었습니다.

살아가는 대로 생각하는 것이 아니라 생각하는 대로 살아가는 삶의 표본을, 폭발력 있는 행동력을 노윤일 대표가 보여 주었습니다.

변화에는 생각이 뒷받침되어야 하며, 생각에는 눈물과 땀방울을 동반

한 행동이 수반되어야 합니다. 제가 무술을 하면서 보니 땀 없는 노력과 눈물 없는 성장은 없었습니다. 무술감독으로 수많은 배우들을 가까이서 보게 됩니다. 정말 최정상급 배우들은 땀과 눈물로 정상의 배우로 우뚝 서 나갔지, 어느 날 갑자기 뚝 하늘에서 떨어지는 것은 아니었더군요.

저는 노윤일 대표가 책에서 보여 준 본질은 결국 '땀과 눈물'이었다고 생각합니다. 알코올중독의 삶에서 회사 대표로 우뚝 서 자신과 가족을 이끌어 가는 노윤일 대표의 과정이 담긴 책에서 또다시 희망을 보게 되었습니다. 땀과 눈물을 흘려 본 사람들은 책에서 말한 노윤일 대표의 '생각의 변화'가 무엇을 의미하는지 느낄 수 있을 것입니다.

#10

더 꼬치다 울산점 대표, 퍼포머 바이크 대표
이석범

사업을 하다 보면 어느 날 한없이 추락하는 것을 느끼게 됩니다. 그것이 코로나 시기였든, 아니면 경제위기였든 막막한 나락으로 떨어질 것 같다는 위기의식을 느끼게 됩니다. 경제와 금융이 어려운 현재 상태에서 사업을 한다는 것은 늘 살얼음판 위를 걸어 다니는 것과 다름없기에 늘 촉각을 곤두세울 수밖에 없습니다.

하지만 한없이 추운 겨울날만 있는 것도 아니고, 한없이 찌는 듯한 여름날만 있는 것도 아닙니다. 추위 끝에는 반드시 따뜻한 봄이 오고, 어두운 새벽이 지나면 동트는 아침이 오듯이 말입니다.

노윤일 대표를 처음 만나고 이야기를 나누면서 추위와 더위와 위기와 어려움을 겪은 사람이 나눌 수 있는 대화를 할 수 있었습니다. 즉 대화가 통하는 사람이었습니다. 세대상으로 MZ세대라고 하지만, 소확행과 워라밸은커녕 늘 독서와 경영, 그리고 계획과 행동에 목말라 하는 노윤일 대표를 보면서 뛰어다니는 야생마 같은 에너지를 느낍니다.

가장 어려운 시절을 겪었기 때문에, 그리고 그 어려움을 누구의 도움 없이 스스로 개척해 왔기 때문에 노윤일 대표는 당당합니다. 스스로 자신의 어려움을 개척해 온 사람만이 알고 있는 경영자 특유의 자신감과 여유가 묻어나옵니다. 아니나 다를까 가장 존경하는 사람이 고 '정주영 회장'이라고 하니 이유를 알 것 같습니다.

노윤일 대표의 책을 읽으면서 직원들에게도 일독을 권장했습니다. 지금 당장의 행복만 누리고, 미래는 없는 것처럼 오늘만 사는 MZ세대들이 불평과 불만을 갖기 전에, 안 된다고 예단하고 포기하기 전에 '노윤일 대표처럼' 한번 뜨겁고 화끈하게 도전해 보라고 하고 싶기 때문입니다.

해군 예비역 중사, (주)여리맨즈 대표, 충북보디빌딩협회이사, 유튜버 몸짱골리앗
임병열

군대에서 전역한 후, 늘 삶이 막막합니다. 하지만, 준비된 사람과 준비되지 않은 사람이 맞이하는 전역은 다릅니다. 군인의 삶과 군인 이후의 삶은 크게 다릅니다. 노윤일 대표 역시 군대에서의 삶과 군대 이후의 삶은 크게 다를 것입니다.

예비역 중사로, 회사를 운영하는 경영자로 삶을 살아가기까지 숱한 어려움이 있었습니다. 그러나 가장 큰 힘이 되는 것은 '생각과 행동의 힘'이 아닌가 싶습니다.

생각만 가지고 안 됩니다. 행동이 따라야 합니다. 반대로 행동만 해서는 실패합니다. 생각이 뒷받침되어야 합니다.

잘 아는 선배 경영자는 늘 이렇게 말씀하십니다.

"행동하면서 생각하라."

노윤일 대표는 '행동하면서 생각하는 사람'과 가장 가까운 사람이 아닌가 싶습니다. 바쁜 경영 활동 중에도 책을 놓지 않습니다. 또 책만 읽는 것이 아닙니다. 생각한 만큼 행동을 합니다. 책을 쓴다고 말하더니 진짜로 책을 썼고, 강사로 활동할 거라 말하더니 진짜 강사로 활동하는 것에 깜짝 놀랐습니다.

행동을 뒷받침하는 생각과 생각의 변화에 따른 엄청난 혁신의 노력이 지금의 '노윤일'을 만든 것이라 생각합니다. 과거의 '알코올중독자 노윤일'은 지금 찾아볼 수 없습니다. 자기 자신을 바꾸는 사람이 가장 무서운 사람입니다.

노윤일 대표는 지금도 자기 자신을 계속 만들어 나가고 있습니다. 정말 무서운 추진력을 지닌 사람입니다. 이 추진력의 뒤에는 숱한 독서와 새벽부터 움직이는 부지런한 행동력이 숨어 있습니다.

사업가라면, 세일즈를 준비하고 있다면, 그리고 비즈니스에서 난관을 만났다면, 정체된 현실에 새로운 동기에 대한 스파크를 일으키고 싶다면 "지금 당장 노윤일 대표를 만나라"고 조언하고 싶습니다.

#12

압구정스피치커뮤니케이션 대표, 홈쇼핑 방송인
(NS홈쇼핑, 홈앤쇼핑, CJ오쇼핑, GS SHOP, SK stoa), 『너도 말 잘할 수 있어』 저자
이혜정

스피치강사로 일하면서 진정한 말 잘하기는 화려한 화술이 아닌 진정성, 말과 행동의 일관성이라는 것을 가슴 깊이 느꼈습니다. 그래서 스피치 코칭을 할 때도 말만 잘하는 사람이 아닌 그 말의 진정성을 보여 줄 수 있는 실행력을 많이 강조했습니다. 이러한 모든 것을 이미 갖추고 자기 삶을 주도적으로 설계해 오신 분이 바로 노윤일 대표라고 생각합니다.

제가 아는 노윤일 대표는 책에서처럼 '말만 잘하는 사람'이 아닌, '말과 행동이 일치하는 사람'이었습니다. 『생각의 변화』는 그런 말과 행동이 보여 준 기록이 아닌가 싶습니다.

노력과 열정은 누구나 말할 수 있습니다. 하지만, 노력과 열정을 직접 실천하는 사람은 적었습니다. 노력과 열정을 직접 실천하면서 '생각의 변화'를 통해 삶이 어떻게 바뀔 수 있는지 있는 그대로의 모습을 기록한 책이라 생각됩니다. 알코올중독자에서 성공한 경영인으로 성장한 그의 이야기에는 분명 철저한 자기확신과 확언이 존재합니다.

매일 '노윤일의 보물지도'를 바라보고 외치며 스스로를 변화시키는 삶의 여정은 눈물겹지만, 지금의 '노윤일 대표'는 옛날 알코올중독자였던 '노윤일'과 완전히 다른 삶을 살고 있습니다.

몇년 전 N포세대라는 말이 등장하면서 우리는 취업도, 결혼도, 돈벌이도, 성공도 모두 안 된다고 믿는 시대에 살고 있습니다.

경제적으로 너무 어렵기 때문에, 사람들은 쉽게 좌절합니다. MZ세대는 MZ세대대로, 기성세대는 기성세대대로 어렵다고 말합니다. 그러나 "세상에 어려운 것은 전쟁밖에 없다"는 고(故) 정주영 회장님의 어록을 붙들고 있는 노윤일 대표는 안 되는 것보다 되는 일만 생각하기에 늘 놀라게 됩니다.

노윤일 대표의 이야기는 생각의 차이가 말의 차이를 가져오고, 말의 차이가 행동을 이끌 수 있다는 것을 다시 한번 느끼게 합니다.

지금 뭔가를 꿈꾸고 싶다면, 그 꿈을 이루고 싶다면, 노윤일 대표의 이야기를 통해 정답을 찾아보셨으면 좋겠습니다.

요즘 MZ세대의 인생은 좀 다른 거 같아서

욜로와 워라밸의 시대입니다. MZ세대의 대명사가 소확행, 욜로, 워라밸입니다. 누군가 그렇게 이름을 붙였고, 저를 비롯한 MZ세대들은 그렇게 살아야 하는 줄 알았습니다. 술도 마시고, 방황도 많이 하고, 일보다 노는 게 더 즐겁고, 워라밸을 외치며 주말과 저녁드라마만 기다리는 삶 말입니다.

직업군인을 첫 번째 직업으로 택했던 저는 남들이 보기에 실패자였습니다. 정해진 월급이 따박따박 나오는 생활은 잘만 하면 워라밸, 욜로, 소확행을 철저히 지키며 살아갈 수 있는 직업이었음에도 그런 직업을 그만두었습니다. 사회에 나와 수년간 일을 열심히 한다고 했지만, 많은 것들을 즐기며 살았고, 기준 없이 방황하며 살았습니다. 이렇게 살아가는 것이 맞는 것인 줄 알고 제 자신에게 이유도 묻지 않으며, 그냥 열심히 살았습니다.

저를 둘러싼 가난도 모두 합리화하며 저만의 소중한 20대를 그렇게 흘려보냈습니다.

희망은 사라져 버렸고, 신용등급 10등급의 삶은 저를 옥죄었습니다. 어차피 해도 안 된다고 생각해서 그 생활에 만취하여 살아갔고 그렇게 삶은 늘 가난의 연속이었습니다. 공부를 잘하는 것도 아니고 다른 대단한 특기가 있는 것도, 집에 돈이 많은 것도 아닌 저는 그야말로 별 볼 일 없는 평범한 사람 그 자체였습니다. 그래서 직업군인으로 월급을 받으며 더도 말고 덜도 말고 남들과 똑같이 그냥 평범하게 살아왔었죠.

어느 책에 보니까 게임에도 공략집이 있고, 인생에도 공략집이 있다고 합니다. 하지만 게임은 하다가 안 되면 다시 시작하면 되는 것이고, 그래도 재미없으면 지우면 됩니다. 하지만 인생은 다시 해 볼 수도, 지울 수도 없는 것이 현실이지요. 1회성 인생에 공략집이란 존재하지 않았습니다.

열심히 한다고 다짐하지만, 그때뿐이었고 직업군인을 그만두고 술만 마시면서 나이는 들어 버린 제가 선택할 수 있는 직종은 한정되어 있었습니다. 저는 20대 초반 우연하게 알게 된 금융업에 관심을 가졌고, 이 업을 선택해 열심히 살아가자고 마음먹었습니다. 지금 돌이켜보니 인생 중 가장 잘한 일이 있다면, 제 인생을 이 분야에서 철저히 만회했다는 점입니다. 9회 말 2아웃 타자의 만루 역전 홈런처럼 말이죠. 근 30년간 허황되게 살아온 제게 영업을 배울 기회와 좋은 선배와 멘토를 만나는 것으로 저는 9회 말 2아웃 역전 만루포를 쏜 것과 같기 때문입니다.

특히 좋은 책, 좋은 사람을 만나 인생이 바뀐다고 느꼈습니다. 저를 이끌어 주시던 여럿 스승님들께서 제게 영업과 사업의 기본기를 가르쳐 주셨고, 저는 그에 응당 보답해야 한다 생각하여 앞만 보고 달려왔습니다. 제가 하는 일에서 최고의 성과를 낼 수 있었던 것은 좋은 멘토와 스승을 만난 덕분입니다. 물론 저의 노력도 한몫한 것도 사실이지만, 훌륭한 멘토가 옆에 없다면 노력을 아무리 잘한다고 해도 수포로 돌아갈 수 있다는 확신을 하게 되었습니다. 사실 학교 다닐 때도 1등은 못해 봤는데 영업에서 1등을 하고, 성과를 내면서 부지점장, 지점장, 그리고 회사 임원의 자리에 오르면서 많은 경험을 쌓게 되었고 현재 사업을 시작하는 밑거름이 되어 주었습니다.

2평 남짓한 고시원 단칸방에서, 때로는 차 트렁크에서 담요를 꺼내 쪽잠을 자면서 일을 배웠습니다. 처절하고 고통스러운 시간이었지만 밥을 굶어 가며 저는 과거를 생각할 시간조차 없이 열심히 살았습니다. 애벌레가 좁은 고치 안에서 나비가 되길 기다리듯, 저 역시 좁디좁은 고시원과 차 안, 그리고 회사 내 숙직실 쪽방에서 하루하루 연명하듯 살아왔습니다. 타이트한 인생목표와 일정을 매일같이 소화해 내면서, 세일즈와 경영을 배우며 앞만 보고 달려오니 어느덧 내 차와 보금자리가 생겼고, 회사를 경영하는 대표직의 자리로 올라서게 되었습니다. 방송과 언론에 나가면서 3~4년 전 저를 알던 사람들은 모두 제가 전혀 다른 사람이 되었다는 것에 놀라고 있습니다.

불과 3~4년 전, 노윤일이라는 사람을 기억하는 사람들은 알코올중독자, 신용등급 10등급, 인생실패자, 하루하루 대충 사는 인간 정도로 이해해 왔습니다. 그런데 불처럼 뜨거운 용광로 같은 시간, 좁은 고치 안에서의 생활을 버티고 지나면서 '노윤일'이라는 사람은 전혀 다른 사람이 되어 있었습니다. 수백억대 사업가들과 이야기해도 이야기가 통하는 사람, 그런 분들을 고객으로 사업하고 있는 사람, 법무법인 팀장, 금융업 임원, 요식업 부대표, 경영지원센터를 이끌며 4개의 명함을 가지고 열심히 사는 사람으로 말입니다.

희망의 사다리가 사라져 버린 시대라고 합니다. 이 책을 쓰고 있는 시점에도 벌써 주식은 곤두박질치고 있으며 환율과 금리는 폭등 중입니다. 부동산 영끌족들은 전전긍긍하고 있다는 말과 함께 사회 분위기가 뒤숭숭해집니다. 조만간 IMF사태가 다시 온다는 우울한 전망도 있습니다.

이 책을 쓰는 이유는 불과 몇 년간 뜨거운 용광로 같은 시기를 겪으며 노윤일이라는 하찮은 고철을 쓸 만한 강철로 재탄생시킨 과정을 제 스스로 돌아보고 기록해 정리해 보고 싶었기 때문입니다.

주어진 한계 속에서 최선을 다하는 과정의 연속이었습니다. 비록 그 과정이 불완전하다 해도 성공과 실패에 대한 저만의 생각을 정리함과 동시에 당시 저와 같은 고민을 가지고 있고 같은 시대를 살아가는 MZ세대와 절망에 빠져 버린 여러분들께 단 한 줄이라도 좋은 팁과 영감을 줄 수 있다면 하는 바람으로 제 경험과 노하우를 녹여 이 책을 펴게 되었습니다.

저는 인생의 선배도 아니고, 멘토도 아닙니다. 작은 사업이라도 계속 도전하고 있는 평범한 한 사람입니다. 저는 지난 30년 가까이 포기에 가까운 삶을 살았습니다. 9회 말 2아웃에 가까운 청춘의 끝에서 영업을 배워 간신히 일어섰고 저뿐 아니라 가난과 빈곤에 일생을 헤맨 소중한 가족들도 함께 일으켜 세워 나가는 중입니다.

제게 상담을 하는 사람들도, 강의를 하면서 만나는 교육생들도 저의 삶에 어떤 노하우가 있는지 궁금해하며, 어떤 생각을 하고 사는지 알고 싶어 합니다. 이런 점들을 생각하여 부득이하게 책으로 펴낸 점도 있습니다.

무엇보다 가치 있고 소중한 인생은 게임처럼 공략집 몇 번으로 정복할 수도 없고, 되돌릴 수도 없기 때문에 저의 깨우침과 피눈물 나던 경험들 속에서 독자들은 제발 이런 실패를 반복하지 않았으면 하는 바람도 있습니다.

요즘 MZ세대의 인생은 기존 세대들과 많이 다릅니다. 좋은 학교 나오면 회사에 들어가 연금을 보장받던 윗세대들도 아니고, 저출산, 고령화와 양극화처럼 부침이 심한 시대에 청춘을 살아 내야 하는 세대에 있습니다. 각자도생에 익숙한 세대이며, 오징어게임처럼 한 번의 실패로 죽을 수도 있는 사회에 내몰린 세대이기도 합니다.

워라밸과 욜로, 소확행을 외치는 MZ세대도 있지만, 저처럼 워라밸과 욜로의 삶을 거침없이 파괴하며 성장하는 MZ세대도 있습니다. 욜로와 소확행, 워라밸을 즐기는 분들에게는 도전적인 내용이 될 수도 있을 것 같습니다. 반면에 급속도로 가난하고 빈곤해지는 MZ세대에게는 또 하나의 살아가는 방법이라고 보셔도 좋겠습니다. 특히 실패와 좌절에 얼룩졌다면 저의 이야기가 도움이 되실 것 같습니다.

앞으로 사회 · 경제적으로 많은 어려움이 예상됩니다. 그리고 경제적으로, 진로에 있어서 심각하게 고민하고 괴로워하는 분들도 많아질 것입니다.

저는 고 정주영 회장님의 명언인

"이봐, 해 봤어?"

라는 말씀 앞에서 다음과 같이 답변할 자신감이 있습니다.

"네, 해 봤습니다. 해 보니 바뀌었습니다. 제가 그 증거입니다."

라고요.

불과 4~5년 전 술에 빠져 희망과 꿈과 미래가 없던 제가 이처럼 변화를 얻기까지 저의 인생 스승, 인생 멘토와 리더들의 강의와 교육, 제 인생을 바꾼 동기부여가 씨앗이 되었습니다. 저는 제 인생에 도움과 변화가 필요하여 이분들을 찾아갔고, 만났으며, 배우고, 수업을 듣고, 가르침을 받았습니다. 그리고 깨달았습니다.

언제나 동기부여와 도전, 교육과 마인드의 변화에 대한 강력한 격려와 지지가 과거와 완전히 다른 노윤일이라는 열매를 맺게 한 것이라 감히 말씀드리며 지금까지 저와 함께해 주신 모든 분들께 진심으로 감사의 말씀을 올립니다.

변화는 멀리 있지 않습니다. 대단한 각오를 해야 하는 것도 아닙니다. 입증된 좋은 멘토와 스승을 만나면 사람은 하루 안에도 바뀔 수 있습니다. 하면 됩니다.

나이키의 모토 "Just do it"처럼요.

최소한 독자분들은 저보다 나은 여건을 가지고 있을 것입니다. 부디 이 책을 펼친 여러분이 자신의 꿈과 길을 찾아 나갈 수 있기를 진심으로 바랍니다.

봄이 다가오는 새벽
더 나은 변화를 갈망하는 분들을 위해
수원에서 노윤일 작가 드림

목차

PART 01
4개의 명함

PART
01

4개의 명함

01

행동에 대한 책임

원치 않은 가난,
선택한 적 없는 환경

    나는 가난을 원한 적이 없다. 하지만 가난은 우리 집과 가까웠다. 하루하루 공장노동자로 살아가는 부모님이 간신히 얻은 다 쓰러져 가는 집은 허름하기 짝이 없었다. 월급이라는 한정된 수입에 써야 할 돈과 아껴야 할 돈의 비율을 재 가며 살아야 했기에 무엇을 먹느냐도 얼마짜리로 먹느냐로 늘 결정되었다. 밥을 어떻게 먹느냐 역시 어떻게 배를 채우느냐가 주된 관심사였다. 누나와 나는 늘 한정된 비용만 써야 했고 먹는 것도 입는 것도 자는 것도 늘 돈의 유무에 따라서 결정지어야 했다.

    나는 가난을 원하지 않았지만, 가난은 강요된 선택이었다. 적어도 내게는 그러했다. 가난은 늘 끔찍함을 동반했다. 원치 않는 끔찍한 가난과 동거하는 것을 당연하게 살아야 하는 기간이 20여 년 정도이다. 태어나 보니 가난한 집안인 것은 어찌할 수 없는 노릇이었다.

    최소한의 인간적인 삶의 자존심조차 허락하지 않는 가난함에 행복이란 존재하지 않았다. 부모님은 늘 피곤했고, 남의 일을 하느라 늘 눈치를 봐야 했으며 그렇게 얻은 스트레스는 곧장 자녀들에게 화풀이로 돌아왔다.

나는 그러한 성장환경을 선택한 적이 없다. 하지만 내가 살아온 환경은 가난과 무지가 벽에 핀 곰팡이만큼이나 당연시 여겨지는 집안 환경이었다. 가끔 TV드라마나 영화에서 가난한 환경에서도 화목한 가정이 그려지지만, 그건 절대로 있을 수 없는 일이다. 적어도 내 경험 속에서는 말이다. TV드라마나 영화에서 가난이 미화되는 즉시 나는 욕을 하며 TV를 꺼 버린다. 가난하지만 화목하고 가난하지만 착한 사람들은 존재하지 않았다. 가난한 사람이 착하고 집안만큼은 화목하다고 누가 그랬나? 내가 경험한 바, 가난할수록 뻔뻔했고, 빈곤할수록 사람들의 마음에는 화가 많았다.

가난한 집, 주변의 가난한 환경은 늘 가난이 가난을 낳았고, 가난을 당연히 여겼으며 가난과 빈곤을 미덕으로 여겼다. 어쩌면 가난에 대한 자부심마저 있는 사람들도 주변에 많았다. 그런 가난에 대한 자부심은 열심히 일해 왔다는 자기만족으로 포장되었고, 열심히 일함에도 그 열심히 일함은 일할수록 더 망가지는 몸과 정신이라는 부메랑으로 돌아왔다. 우리 아버지, 어머니의 이야기다. 늘 피할 수 없는 가난과 그런 가난한 환경은 늘 운명이나 팔자니 하는 말로 당연시되었다. 운명이니 피할 수 없고, 팔자니까 그냥 그렇게 살라는 거다.

부모님은 공장에서 일하시며 누구보다 근면, 성실하게 일해 오셨다. 일찍 결혼하여 누나와 나를 낳아 기르셨다. 없는 살림에 애까지 낳아 길렀으니 더 가난했을지도 모르겠다. 그렇게 삶은 늘 가난했다. 가난이 상식이었고, 빈곤이 친구였다고 할 정도로 말이다. 가난에 찌들면서도 오늘도 성실히 일했다는 땀방울로 만족감을 느끼며 살아오신 것 같다. 그렇게 계속 가난했고, 빈곤은 친구 같았다.

가난 속에서 자란 나 역시 의식과 생각은 늘 가난하고 빈곤했다. 학창 생활 동안 담배 피우고 오토바이를 타며 싸움질도 하며 지냈다. 동급생들을 괴롭히고 못살게 굴었다. 애정표현이나 친한 표현을 받아본 적이 없으니 서투른 표현과 방식이 친구들에게는 폭력적이고 거친 방식으로 드러난 것이다.

당시에도 남 탓과 환경 탓으로 무장한 채 하루하루 분노 속에서 살았기에 유독 싸움이 잦았고 문제아처럼 살았다. 오토바이 배달알바, 주유소에서 일도 하며 친구들과 어울려 다녔다.

그 와중에 늘 분노가 있었다. 내가 좀 더 잘난 환경에서 살지 못했음과 좋은 환경에서 살지 못했다는 상대적인 분노는 끝이 없었다.

군대 갈 즈음까지도 하루하루 적당히, 안정적으로 살아가는 것이 전부이고 근면, 성실하게 살아가는 미덕이 최고의 삶이라고 머릿속에 주입되어 있었다. 스무 살이 넘어설 때까지 부모님은 안정적인 직장과 공무원이 최고의 일자리라 여기셨고, 그렇게 가르치셨고 강조하셨다. 남의 밑에서 정해진 월급을 받으며 그 월급을 아끼고 쪼개서 살아가는 것이 아름답고 행복한 것이라고 말이다. 가난해도 열심히 살았다는 자부심이 있는 것 같지만 그 가난은 지금 생각하면 질병이었고, 빈곤은 전염병이었다. 이 사실을 스물다섯, 군 전역할 때즈음 알게 되었다.

원치 않는 가난과 선택한 적 없는 환경에서 나의 머릿속에는 늘 가난한 생각뿐이었다. 적당한 일자리, 적당히 먹고살 일을 찾는 것을 주입당한 채 살았다. 목적도 의지도 없이 그냥 환경이 그러하니, 사회가 그러하니 맞춰서 살아야 한다고 생각했다. 적어도 군에서 부사관으로 근무하기 전까지 말이다. 부사관으로 근무하면 월급도 받고 원하면 평생 맞춰서 국방부 공무원이라는 신분으로 적당히 살아갈 수 있다. 적당히 눈치 보고 적당히 더도 말고 덜도 말고 남이 볼 때 일하다가 남이 보지 않을 때는 적당히 시간도 때우면 돌아오는 월급날이 있으니 적당히 일하면 된다는 것이 모두의 상식처럼 여겨졌다. 창의적으로 일하지 않아도 되며, 그냥 그럭저럭 적당히, 월급만큼만 일하고 오늘만 무사히 시간을 때우면 되었다. 그 이상도 그 이하도 아니었다. 더 잘할 이유도 없었고, 더 못할 이유도 없었다. 더 잘해 봐야 일만 더 시킬 게 뻔하고 덜 일하면 눈에 띄니까 윗사람의 눈과 안목에 맞춰서 적당히 돌아오는 월급날만 기다리며 살아가는 삶이었다.

남들은 어땠는지 모르겠지만. 내게는 죽을 만큼 끔찍했다. 희망이 없으니 술에 기대어 살았고, 술을 먹으면서 화풀이와 분풀이를 하고 세상 탓과 남 탓에 대한 분노를 습관처럼 쏟아내며 살았다. 그렇게 무리지어 몰려다니며 평일, 주말 할 것 없이 술만 마시며 하루하루를 보냈다. 죽을 만큼 끔찍한 삶을 살며 힘드느니 적당히 오늘 취해서 잠시 즐겁게 사는 게 훨씬 경제적으로 느껴졌기 때문이다.

죽을 만큼 끔찍하다는 말은 진짜로 죽음과 가까워졌다는 뜻이고 결국 나는 정말 해서는 안 될 짓을 저질렀다.

바보들은
항상 최선을 다했다고 말한다

"어떻게 죽는 것이 가장 효과적으로 죽는 방법일까?"

황당하지만 이 질문은 내가 실제로 군 생활을 하는 내내 연구한 질문이다. 검색엔진에서 시간 날 때마다 검색했다. 어차피 삶은 희망이 없었고, 물려받은 것이라곤 가난과 빈곤 그리고 그런 마인드였으니. 죽음으로 리셋하고 싶었다. 이번 생은 틀렸으니 그냥 다시 태어나면 되지 않을까 하는 막연한 기대감은 우울증을 가속화시켰다.

군대라는 조직은 창의성도 노력도 필요 없다. 그런 조직에서 직업군인으로 일한다는 것은 강압적으로 찍어 내리는 명령과 상명하복의 경직성을 감내하고 알아서 기고, 알아서 까고, 알아서 적당히 덮어 내면 되는 일이기에 날 더욱 미치게 만들었다. 실제로 나는 우울증이 더 깊어지기 시작했다. 평생을 금붕어처럼 주어진 먹이만 먹고 갑갑한 조직에 갇혀서 집안의 장남으로, 가장으로 살아야 한다는 사실이 나의 우울증을 심화시켰다.

직업은 평생 쥐꼬리만 한 월급이나 받아서 답 없는 가난한 집에 가져다주고 먹여 살려야 할 가족들과 나눠 가져야 하는 경제적 가장이 나였으니까. 도무지 삶에 대한 답이 안 나왔다.

평생 그렇게 살아야 한다니 살아보지도 않은 삶이 무섭고 짜증났으며 한스러웠고 답답해지기 시작했다.

군대의 조직문화에 대한 불만, 물병속의 금붕어 같은 내 직업과 평생 그렇게 살아야 할 거 같은 답답함 속에 생긴 우울증은 정도가 심해졌고, 술은 더욱 내 정신과 판단을 망가뜨렸다. 누군가에게는 좋은 직장이었겠지만, 내게는 가장이라는 의무감 때문에 어쩔 수 없이 선택해야 하는 직업이었기에 더 이상 이 삶을 유지할 이유도 방법도 생각나지 않았다. 그저 끔찍한 내 삶을 조금이라도 빨리 끝내고 싶다는 생각만 머릿속에 가득했기에 우울증만 깊어 갔다.

어떻게 죽는 것이 가장 효과적일지 늘 생각하는 삶은 삶 자체를 우울하게 만들었다. 살아도 살아 있는 것이 아니었으며, 숨을 쉬어도 숨을 쉬는 것이 아니었다. 분노는 극에 찼으며 내가 죽든지 남을 죽이든지 하는 생각밖에 들지 않았다. 어떻게든 부모님을 생각하면, 그리고 가난한 집안을 생각하면 부사관으로 일해서 그나마 월급이라도 받아 살아야겠는데 도무지 나는 그렇게 살고 싶지 않았다. 주변 친구들은 운명이라고 말했고, 부모님이 계속 안정적으로 월급 받는 삶을 사는 게 가장 좋은 것이라고 주입했던 탓에 도무지 그만둘 용기도, 그렇다고 이 상황을 이겨 낼 용기도 들지 않았다.

시간은 그렇게 흘러갔고, 더 잘하지도 더 못하지도 중간만 하는 삶과 적당히 타협해야 했다. 나는 그럭저럭 열심히 군 생활도 한 것 같은데, 삶의 의미는 좀처럼 보이지 않았다. 의미를 못 찾으니 매사에 불만이 있었다. 불만이 있으니 스트레스가 가득 찼고 어딘가 툭 건들면 금방이라도 폭발할 것 같은 상황만 계속되었다. 유일한 낙은 술 마시는 것이었고 술을 마시고 주먹다짐, 욕설을 하면 내 안의 스트레스를 조금이라도 날리는 느낌이 들었다. 오늘도 다음 날도 술의 연속이었다. 미래라는 것은 전혀 준비하지 않았고, 그냥 오늘만 어떻게 대충 보내는 것이 그날그날의 삶이었다. 그럼에도 나는 열심히 살았다고 자부했다. 최선을 다해서 살았는데 내 삶은 왜 이 모양인지 몰랐다.

나중에 알게 되었다. 바보들은 항상 최선을 다했다고 말하는데, 돌아보니 내가 그 '바보'였다는 것을. 술을 최선을 다해서 마셨고, 욕설과 화풀이를 최선을 다해서 했다. 그때그때 주어진 것에 나름대로 최선을 다했다. 하지만 제대로 방향성 없이, 우리 부모님처럼 그때그때 최선을 다했다.
그게 문제였다.

인생 밑바닥, 무계획
신용등급 10등급 루저의 삶이란

20대에 군대에서 안정적 월급을 받을 수 있다는 이유만으로 선택한 직업군인 생활은 날이 갈수록 엉망이 되었다. 원망과 분노, 불만과 남 탓, 세상 탓으로 얼룩진 사고방식은 쉽게 바뀌지 않았다. 딱히 세상의 낙이란 게 존재하지 않았으므로 자기계발은커녕 매일같이 술만 마시며 인생을 허비, 낭비하며 살았다. 내가 과연 이대로 사회로 나간다면 잘할 수 있을까?

오히려 더 혹독하고 잔인한 미래가 펼쳐지는 것은 아닌지 걱정을 하며 매일같이 지난날을 후회하고 발전적인 생각이 아닌 부정적인 생각을 달고 살았다.

부사관의 의무복무기간인 4년을 마치고, 준비되지 않은 미래를 걱정하며 군 생활을 좀 더 이어 나갔다. '그래, 시간이라도 벌어 보자'라는 마음으로 말이다.

미래에 대한 준비가 없었으니, 당연히 미래는 엉망일 수밖에 없고 엉망인 미래는 부모, 세상, 나를 향하여 다시 술과 화풀이하는 것으로 되풀이되었다.

왜 세상은 불공평한지, 나는 왜 가난한지에 대하여 세상에 대한 저주와 분노, 불만이 가득한 상태로 살다 보니 술이 술을 부르고 불만이 불만을 부르고 험담이 험담을 불러오는 습관과 루틴은 파멸적이었다. 오늘은 어제와 다를 바 없었고, 내일은 오늘과 다를 바 없을 거라는 가난한 생각은 늘 가족과 내 마음에 멈추지 않는 마법처럼 작용했다.

뒤늦게 군복무를 끝낸 후 집으로 돌아와 보니 상황은 더 엉망이었다. 사채 돈까지 끌어다 쓴 아버지, 힘들어하는 누나의 모습, 지칠 대로 지치신 어머니의 모습을 보게 되었다. 그 모든 것을 떠안고 일용직으로 식당 일을 하며 근근이 오늘 벌어 오늘 먹고살 걱정만 하시는 어머니… 바꾸기는커녕 답이 없어 보이는 집안 환경은 '절망감', '깜깜함', '무계획', '무대책' 등 온갖 불행한 단어를 죄다 끌어 설명해야 99%는 당시의 상황을 적절히 묘사하는 상태였다.

여전히 나는 무엇인가 해야 했지만 그 무엇인가 해야 할 상황조차 몰랐기에 막연한 계획들은 스트레스로 돌아왔고 그 스트레스는 계속 술로만 풀었고 계획이란 것을 세울 리도 만무했다.

전두엽은 늘 마시던 술로 마비되었으니 제대로 미래를 생각할 겨를도 힘도, 의지도, 희망도 마비된 채 하루하루 수동적으로 살았다. 생각이 마비되니 미래가 마비되고, 미래가 마비되니 오늘과 내일은 어제와 똑같다는 무기력증에 빠지는 악순환의 연속이었다. 이것은 부모님, 누나도 나와 다를 바 없었다. 계획이란 것, 꿈이란 것, 미래라는 것은 그냥 의미 없는 단어였을 뿐이고 실패, 현실 안주, 적당히 오늘만 어떻게 넘기자는 무기력한 상황을 그저 한 잔의 술로 대충 달래며 살았다.

지금 그때를 생각해 보면 불과 몇 년 전이지만 '매우 불행'이라는 단어로밖에 설명할 수 없다.

가난은 가난을 낳고, 불행은 불행을 몰고 오는 것처럼 나와 똑같은 종류의 사람들만 주변에 있었다는 건 더 큰 불행을 예고했다.

근묵자흑(近墨者黑),[1] 유유상종(類類相從),[2] 초록동색(草綠同色)[3]…
모두 끼리끼리 모이고 비슷한 부류끼리 만나며 같은 부류가 무리 짓는다는 뜻을 가진 사자성어인데, 계획 없이 술만 먹고 하루하루를 의미 없이 소진하는 내 삶에 의미 있는 만남이란 것은 존재하지 않고, 미래를 계획하고 준비하는 생산성 있는 행동이 아닌 오늘만 웃고 즐기다 못해 서로 등치고, 사기 치고, 속이고 거짓말하는 만남처럼 늘 잘못된 만남뿐이다.

내가 금융 쪽에서 일하고 싶다는 막연한 기대감을 가지고 있었던 당시 나를 알고 있던 한 사람으로부터 금융 분야에서 일할 것을 권유 받아 일을 시작했다.

이 회사에서 일하기 위해 강남 인근 월 85만 원 2평짜리 고시원에서 거주했다. 수중에는 가진 것이라곤 차 한 대밖에 없었다. 식사는 고시원에서 공짜로 제공되는 라면, 편의점 빵과 우유, 분식으로 간간히 때우며 일을 했다.

---

1) 먹을 가까이하면 검게 된다.
2) 비슷한 것들끼리 무리를 이룬다.
3) 풀색과 녹색은 같은 색이다.

일할수록 가난해지는, 하루살이 인생을 매일같이 수년간 살아 왔다. 이렇게 내 인생은 보잘것없었고, 계획 없는 인생과 생각 없이 행동함의 끝판을 보여 주었다. 어떻게 하면 망하는지를 직접 행동으로 경험했다. 이것이 나를 망치고 있다면 인간관계도 회사 생활도 빨리 정리했어야 했지만, 그렇지 못했다. 열심히 일하면 뭔가 될 것이란 막연한 기대감을 비전이라 생각하며 별 생각 없이 살다 보니 안 해도 될 고생의 길로 들어갔으며, 망하지 않아도 되는데 망할 행동만 골라서 했다.

당시 20대 후반이었던 내 인생은 형편없이 다시 무너져 있었다. 자본주의 사회의 밑바닥 인생, 완벽한 루저로 도무지 방법이 떠오르지 않는 막다른 길목에 서 있는 처량한 나를 발견했다.

나의 노력만으로 성공하는 것이 중요한 게 아니라, 내가 누굴 만나고 내 주위에 누가 있느냐도 무시할 수 없는 요인임을 그때 처절하게 깨달았고 지금 삶의 중요한 가치기준이 되었다.

누가 나를 이렇게 만들었을까?
부모? 환경? 국가? 친구들? 모두 아니다.
모두 내 탓이다. 내가 가난을 선택하고 결정한 것이었다. 20대 후반이 되어서도 망하는 행동과 성공하는 행동을 구분할 판단력과 통찰력, 지식을 기르지 못한 내 탓이었다. 그건 모두 내가 만든 지옥이자 일상이었기에 시간과 인생을 낭비한 죗값을 톡톡히 받은 것뿐이다.

목적 없이 부유(浮游)하는 삶
vs 목적이 이끄는 부유(富有)한 삶

"가장 완벽한 계획이 뭔지 알아? 무계획이야. 계획을 하면 모든 계획이 다
계획대로 되지 않는 게 인생이거든."

영화 〈기생충〉의 대사가 가슴 깊이 박혔다. 영화 속 열악한 환경 속에
살아가는 저지대 빈민가의 사람들이 물난리를 피해 임시 대피소인 학교
체육관에 모여 있다. 그 누가 하루아침에 수해로 집을 잃고 거지가 될 거
라 계획했겠는가? 누구도 계획하지 않았다. 가난한 사람들에게 일어나는
사건들은 어느 하나도 계획대로 된 것이 없다. 예측할 수 없는 일들의 연
속에서 그들은 그냥 그렇게 그때그때를 되는 대로 사는 것이다. 송강호
는 계획을 세우지 않으면 실패도 하지 않으니 오늘도 무계획 속에서 살아
간다고 자랑스럽게 아들을 훈계하는 대목에서 나는 과거의 나와 우리 집
을 보는 것 같아서 큰 충격을 받았다.

실제로 빈곤할수록 계획은 사라진다. 가난할수록 외부와 주변의 영향
에 그대로 노출되어 계획이 의미가 없다. 가난할수록 계획이란 쓸데없는

행동일 뿐이고 당장 오늘 먹고살아야 할 생각만 하게 된다. 계획이 없으니 늘 되는 대로 살고, 어쩌다 얻어걸린 행운에 기대며 살아간다. 계획이 없으니 목적이 없다. 오늘만 열심히 살면 된다고 생각하고, 근면하고 성실함을 최우선으로 살아간다.

가수 고(故) 김광석의 노래 〈일어나〉에서 다음과 같은 가사가 나온다.

> 검은 밤의 가운데 서 있어
> 한치 앞도 보이질 않아
> 어디로 가야 하나 어디에 있을까
> 둘러 봐도 소용없었지
> 인생이란 강물 위를 끝없이
> 부초처럼 떠다니다가
> 어느 고요한 호숫가에 닿으면
> 물과 함께 썩어 가겠지

바다나 계곡에 가면 바다에 둥둥 떠다니는 나뭇잎이나 해조류 등을 볼 수 있다. 그것들은 목적이 없다. 그냥 해류의 흐름에 따라 둥둥 떠다니다가 어딘가 모를 해변이나 선박의 밑바닥, 섬의 돌바위에 머물고 만다. 이렇게 둥둥 떠다니는 것을 '부유(浮游)[4]한다'고 말한다.

---

4) 공중이나 수면을 둥둥 떠다닌다는 한자어.

떠다니다가 어딘가에 닿아서 물과 함께 썩어 가는 것이 바로 부유(浮游)하는 삶이다.

부끄럽지만, 실제로 나는 20대 후반까지 근 30년 가까이를 목적도 없이 둥둥 떠다니는, 부유하는 삶을 살아왔다.

그러던 나는 인생의 터닝포인트가 될 회사에서 의미 있는 만남을 갖게 되었다. 신용등급 10등급 인생으로 목적 없이 떠다니는 인생을 살다가 좋은 회사에 들어가 좋은 스승님을 만나게 되었다. 이분들과의 만남은 내 인생 중 가장 의미 있는 만남이었다. 제대로 된 스승과 멘토를 만난다는 것은 행운이었다. 세상에서 무엇이 옳고 그른지를 정확히 알려 주셨고, 경제적으로 힘든 시기에 아주 작지만 숙소도 제공받았으며 노력한 만큼 성장할 수 있는 근무 여건도 제공받았다. 무엇보다 그동안 엉터리 회사에서 배우지 못한 영업과 사업의 기술을 이 회사에서 제대로 배웠다. 목적 없이 부유(浮游)하는 삶에서 목적이 이끄는 부유(富有)한 삶으로 변하는 티핑포인트였으며, 미래와 꿈과 목표를 아주 생생하게 그려 내는 인생으로 살게 된 터닝포인트가 되었다.

당시에도 여전히 신용등급 10등급의 삶으로 회사에서 먹고 자고 밤낮없이, 주말과 평일 구분 없이 일만 하며 죽기 살기로 2년간을 보냈다. 1평 남짓한 단칸방에서 먹고 자며 일했다. 회사 직원들의 눈치를 보며 나의 망한 삶을 어떻게 재건할 것인지 고민과 행동을 같이하던 시기였다. 나 같은 사람들 속에서 30년 가까이 엉터리로 살았는데 제대로 된 방향을 배워 삶의 방향을 전부 수정하고 변화시키려니 다시는 돌아가고 싶지 않을 정도로 고통스러운 시기였다. 애벌레가 나비가 되기 위해 딱딱하고 깜깜한 고치 속에 들어갔다는 표현이랄까.

제대로 된 사람들과 함께 제대로 된 방향과 제대로 된 업무를 배워 나가길 2년. 운이 좋아서 회사에서 전체 실적 1등을 하면서 돈도 벌며 사람 노릇도 하기 시작했다. 하지만 술 먹는 버릇, 화풀이하는 버릇, 남 탓하는 버릇을 여전히 고치지 못했기 때문에 습관은 고치지 못했다. 나중에 설명하겠지만 이 잘못된 버릇은 내 인생을 송두리째 바꿀 재앙의 숨은 시한폭탄이 되었다.

어찌 되었든 나는 신용등급 10등급의 삶에서 이제 다시 돈도 벌고, 사람처럼 살 수 있는 삶으로 살게 되었다. 드디어 인생의 목표와 목적이 무엇인지, 그리고 나는 어떻게 살아야 하는지 처음으로 내 인생의 효용가치를 느끼게 되었으며, 나 역시 할 수 있다는 자신감과 나는 더 이상 썩은 부초처럼 둥둥 떠다니며 계획 없이 살지 않아도 된다는 생각을 갖게 되었다.

목적이 이끌기에 부유(富有)한 삶이 무엇인지 알게 되었고, 노력으로 일궈 낸 성과 달성의 쾌감은 나를 살아 있게 만들었다. 삶의 목적이 있고, 목적과 꿈이 있는 사람들이 내 주위에 있었다. 하지만 나는 당시에 여전히 술을 끊지 못했다. 그거 빼곤 다 좋았다.

가난한 삶도,
부유한 삶도 각자의 선택

　2016년도 첫 사회생활을 하며 내가 누구를 만나는지, 내 옆에 누가 있는지에 따라서 삶이 달라진다고 느꼈다. 근묵자흑, 유유상종, 초록동색…. 이 말처럼 내 주변에 누가 있는지 생각해 봐야 한다고 생각한다.

　아니, 그 전에 내가 어떤 사람인지, 어떤 가치관과 어떤 생각을 가진 사람인지 생각해 봐야 한다. 내가 바뀌면 환경도, 주변 사람도 바뀔 수 있기 때문이다.

　적어도 내가 스스로 나를 바꾸지 못한다면 겸손히 인정하고 다른 사람의 도움을 받아서 변화해야 한다. 바꿀 기회가 있다면 의지와 열정을 가지고 적극적으로 바꿔 나가야 한다.

　목표 없이, 정처 없이 둥둥 떠다니는 삶에 대하여 나는 종지부를 찍었다. 부사관의 지옥 같은 월급인생을 끝내고, 엉터리 회사에 다니면서 최저 신용등급의 괴로움도 맛보았지만, 변화의 기회가 왔을 때 고통스러운 시간을 회피하지 않았다. 다시 말하건대 쪽방에서 보내던 2년간의 고통스러운 시간은 다시 돌아가고 싶지 않을 정도로 괴로웠다.

하지만 그런 고통의 시간을 보내며 나는 변화에 성공했다. 나의 노력에 따른 성과와 그 성과가 주는 꿀 같은 보상을 맛볼 수 있었다. 나는 노력을 아끼지 않았다. 영업에 있어서 끈질기게 상상했고, 상상대로 시도했다. 포기하지 않았다. 물러설 데가 없던 나로서는 무서울 게 없었다. 나는 고통스러운 변화를 기꺼이 받아들여 나를 바꾸어 나갔다.

노력과 도전은 성과로 나타났으며 성과는 내게 성취감을 안겨다 주었다.

갇혀 있는 집토끼나, 어항에 가둬 놓은 금붕어는 때가 되면 먹이를 먹을 수 있고 최소한 굶어죽을 걱정은 없을 것이다. 하지만 언젠가 주인의 생각에 따라 집토끼는 잡아먹힐 수도 있고, 갇혀 있는 금붕어는 버려질 수도 있다. 언젠가는 죽을지도 모르는 상황이지만, 근근이 먹고 살 수는 있다. 내가 숨 막혀하던 부사관 생활이 갇혀 있는 집토끼, 어항 속에 들어간 금붕어 생활이었다면, 금융 영업을 하면서 성과를 만들어 내는 과정은 내 스스로 먹이를 만들고 찾아내지 않으면 죽을 수밖에 없는 산토끼의 삶이었고, 바닷속의 물고기 같은 삶이었다. 내가 스스로 성과를 만들지 않는다면 나는 즉시 밥을 굶어야 했고, 내 스스로 먹이를 찾지 못하면 확실한 죽음이 기다리고 있었다. 아무도 나를 책임져 주지 않았기 때문에 나는 나를 책임지기로 했다. 내 인생을 바꿀 수 있는 사람은 나 외에 없었기 때문이다.

이상하게도 내 스스로 성과를 만들고 내 스스로 미래를 만드는 삶, 그리고 목적이 이끄는 삶에 강한 매력을 느꼈다. 더 이상 일한 만큼 월급을 받지 않아도 되었고, 월급 받은 만큼만 일하고 시간을 죽이며 살지 않아도 되었다. 과거에 술이나 먹고 대충 남 탓하며 살던 시간은 조금씩 사라졌다. 내 노력의 농도와 실행력이 더해지면서 성과는 점점 나아지게 되었고 일하면서 배운 금융, 사업 분야에 대한 지식의 한계를 느끼면서 부족한 점을 보강하고자 책을 읽기 시작했다. 직업 특성상 꼬박꼬박 정해진 월급이 나오는 것이 아니라, 일을 잘못하면 죽을지도 모르는 불확실성에 항상 놓여 있었기 때문에 나의 부족함을 채워 나가고자 대학에도 늦게 진학했고, 부족한 분야는 책을 통해 보강하기 시작했다. 또한 자기계발서부터 읽어 나가면서 그동안 늘 패배지향적이었던 내 삶의 태도를 하나씩 고쳐 나가기 시작하면서 성과는 계속 좋아졌다.

　군 복무 시절 나의 미련한 행동 때문에 의무복무기간 4년을 채우고도 전역하지 못하고 그보다 훨씬 많은 시간을 군대에서 억지로 보내야 했던 시간들과 그동안 술을 마시며 남 탓이나 남 험담을 하던 시간보다 영업 활동을 하면서 나를 일깨워 준 시간, 나의 효용가치를 발견한 시간, 내가 어제보다 더 나은 사람이 되려고 끝없이 책을 읽고 글로 써 보던 시간은 훨씬 더 나를 성장하게 해 주었다.

　패배지향적이며 남 탓하던 생각, 무계획적이던 내 삶의 습관과 어린 시절부터 뼛속까지 새겨진 가난의 코드들을 하나씩 지워 나가면서 나는 내 삶을 바꿀 의지를 직접 실천하였다. 직접 해 보니 생각보다 사람은 빨리 바뀔 수 있으며 변화라는 것은 그렇게 멀지 않았다.

성과는 점점 더 좋아지고 규모도 커졌다. 3년 만에 나는 내가 입사한 회사에서 부지점장, 지점장, 임원 자리까지 쟁취할 수 있었고, 법무법인 팀장 자리까지 오르면서, 많은 기회를 얻게 되었다.

내가 매번 도전하고 실패하고 부딪히면서 알게 된 사실은, 내가 남을 바꾸는 것은 어렵지만, 내 자신이 나를 바꾸는 것은 매우 간단한 일이라는 것이다. 생각을 바꾸고 행동으로 실천하면 무엇이든 가능하고, 그 가능성에 매진하다 보면 반드시 성장한다는 것을 지난 3년 동안 뼈저리게 느끼게 되었다. 나는 알코올중독자에서 금융 영업 분야 탑의 성과를 달성했고, 경영, 기업, 사업가로 탈바꿈했으며, 앞으로 더더욱 성장하는 사람, 열정이 가득 한 사람으로 성장하고 있다.

무엇보다 나는 하루 1시간 이상을 독서와 자기계발에 집중하고 있으며, 내 자신을 더 성장시키기 위해 매일같이 뜨겁게 노력하고 있다.

남들 다 보는 유튜브 영상 역시 킬링 타임용 유튜브가 아닌, 박세니, 안대장 같은 한 분야에서 정점을 찍은 검증된 분들의 동기부여 영상과 강의를 틈나는 대로 시청했으며, 잠시라도 나태해지는 모습이 있다면 아예 오프라인 강의장을 찾아가 강좌도 들으며 내 스스로의 삶을 어제와 다른 삶으로 바꿔 나갔다.

세상에서 가장 값지고 아름다운 것은 돈을 옷 사는 데 쓰고 친구들 만

나는 데 쓰는 것이 아닌, 나의 발전을 위한 투자다. 독서도, 공부도, 그리고 교육도 나는 내가 지금보다 더 성장할 수만 있다면 아낌없이 투자하는 편이다. 도움 받은 여러 지식과 통찰력들, 그리고 정주영 회장님처럼 위대한 인물들의 일대기를 읽으면서 나의 뇌 구조는 하나씩 변화하기 시작했다.

생각이 바뀌니 행동이 바뀌었고 행동이 바뀌니 삶의 결과가 바뀌기 시작했다. 내가 바뀌니 내 주변의 사람들도 순식간에 변화하기 시작했다. 내 주위에 목적 없이 부유하던 술친구, 주정뱅이, 알코올중독자들, 험담꾼, 건달, 백수들이 사라지고 내가 만나는 사람들은 모두 한 자리에서 성공한 분들, 미래를 위해 수고를 아끼지 않는 생산적인 분들, 기업가, 수백억 자산가, 내게 통찰력을 주시는 멘토와 경험 많은 위대한 선배님들로 채워졌다. 이렇게 수입은 점점 더 나아졌으며, 그 수입으로 나는 가족 회사를 만들어 가난과 빈곤에 허덕이던 가족에게 일자리를 만들어 드렸다. 내 수입으로 평생 남의 일만 해 오시던 부모님께 '완미족발'이라는 이름의 식당을 열어 드리면서 어머니의 한평생 소원인 대표자가 되실 수 있게 이끌어 드렸다. 이후 더 나은 노후 생활을 만들어 드리기 위해 우리 식당은 2호점을 목전에 두고 있다.

신용등급 10등급의 루저, 목적 없이 부유하던 부초 같은 인생 노윤일 대신 목적이 이끄는 부유(富有)한 삶의 리더이자 전문인으로 변화하고 있다. 3~4년 전 떠돌던 내 삶은 매출 10억 이상을 목표로 하는 행복경영지원센터의 대표, 완미족발 원주단계점 부대표로 화학적 변화를 거듭했다.

돌아보니 깨달았다.

이 모든 것이 불과 5년 이내에 이뤄진 변화였다는 것을 말이다. 생각을 바꾸고 행동을 바꾸며 도전하여 오늘의 부유한 자리로 이동하기까지 그리 긴 시간을 필요로 하지 않았다. 지난 30년간 운명이라고, 팔자라고 생각하며 바꾸지 않았던 가난한 생각과 빈곤한 삶을 바꾸는 데는 그동안 살았던 시간의 1/10밖에 걸리지 않았던 것이다.

나는 왜 이렇게 힘들게 살았을까? 왜 이처럼 가난하고 빈곤한 삶을 힘들게 살았을까?
왜 무계획, 신용등급 10등급의 루저로 살았을까?

이 변화를 얻기까지 부사관으로 근무란 기간보다 더 적은 시간, 대통령이 바뀌는 기간보다 더 짧은 시간밖에 걸리지 않았는데 말이다. 더불어 이런 변화를 만드는 데는 학력도, 유산도, 필요하지 않았고 오로지 나의 선택에 달려 있었다.
내가 더 빨리 부를 선택했다면 좀 더 일찍 나의 힘든 악조건을 바꿀 수 있었을 것인데, 나는 그동안 이 소중한 인생에서 가난을 선택하고 패배자의 마인드로 빈곤하게 살아왔다. 아직도 깊이 반성하고 뼈저리게 후회하고 있으며 이를 기회 삼아, 내 자신을 정상으로 끌어올리기 위해 더욱더 노력하고 성장할 것이다.

나는 나의 직원들에게, 팀원들에게, 그리고 가족들에게 늘 이렇게 강조한다.

"더 이상 가난을 선택하지 말고 부유함을 선택하라고. 더 이상 힘들게 살지 말자"고.

생산적인 일을 하는 것이 힘든 것은 아니다. 그보다 더 중요하게 생각해야 하는 것은 가난과 빈곤을 일평생 온몸으로 견디며 참고 사는 것 그 자체가 숨통이 막히고 엄청난 고통이 따라온다는 것이다.

가난한 삶도, 부유한 삶도. 선택은 자유다. 하지만 어느 것을 선택하느냐에 따라 책임은 각자의 삶이 알아서 감당할 문제다.

나는 이 책을 읽는 독자들이 변화를 선택해 '목적 없는 가난' 대신 '목적이 이끄는 부유함'을 선택했으면 좋겠다. 내가 경험한 목적 없이 될 대로 떠다니며 부유(浮游)하는 삶, 가난한 생각과 그로 인한 빈곤한 인생은 그 자체로 산지옥이자 최악의 형벌이기 때문이다.

부유(浮游)하는 삶인지, 부유(富有)한 삶인지는 각자의 선택과 의지와 노력에 달려 있다.

로버트 기요사키는 그의 책 『부자 아빠 가난한 아빠』에서 "가난한 사람들과 중산층은 돈을 위해 일한다. 부자들은 돈이 자신을 위해 일하게 만든다."고 말했다. 책을 읽으면서 나는 이 땅에 태어난 이상, 평생 돈만 아끼고 쫓다가 살 것인지, 아니면 돈이 나를 위해 일해 주는 시스템 속에서 살 것인지 한 번쯤은 도전해서 가난을 벗어나 부를 누려야 한다고 다짐해 보았고, 지금 실천하여 어느 정도 성과가 나오고 있다.

굳이 한 번뿐인 인생을 빈곤과 가난 속에서 형벌처럼, 산지옥처럼 살 필요는 없지 않은가?

결핍이 만들어 낸 4개의 명함

화학 변화란 어떤 물질이 원래의 성질과 전혀 다른 새로운 물질로 변하는 현상을 말한다. 밀가루로 빵을 구우면, 그 빵의 밀가루는 원래 밀가루로 되돌아가지 못한다. 종이나 장작을 태우면 빛과 열과 이산화탄소를 내뿜으며 불타게 되고 재가 남는다. 이런 변화가 일어나면 다시 종이나 장작으로 되돌아가지 못한다.

나는 지난 3~4년간 화학적 변화를 거쳤다. 더 이상 무계획 신용등급 10등급의 저신용 루저가 아니며 다시는 그때의 노윤일로 돌아갈 수 없다. 이미 나는 내일조차 불투명한 알코올중독자가 아니다. 지금은 법무법인 팀장, 금융회사의 임원, 요식업 부대표, 경영지원센터 대표까지 4개의 책임을 지고 있는 사람이며, 더 나아가 수많은 경험과 자기계발로 얻은 노하우로 교육 사업까지 준비하고 있다.

가난과 실패와 패배주의에 찌들다 못해 삶을 버거워하던 '알코올중독자 노윤일'은 다 없어져 버리고, 지금은 매일 좋은 사람들, 배울 수 있는 사람들, 경험이 많고 이미 고지에서 세상을 바라보는 사람들을 만나며 내가 과거에 겪었던 좌절을 지금 겪고 있는 사람들의 성공을 위해 돕고 있다. 나는 나를 만나는 사람이 어제보다 더 나은 오늘과 오늘보다 더 나은 내일을 만들 수 있다고 확신하며 매일같이 내일의 꿈을 현실로 만들기 위해 오늘을 나만의 루틴으로 열심히 살아간다. 많은 에너지가 소모가 될 것이라고 생각할 수 있지만 오히려 가만히 생각 없이 사는 인생, 워라밸을 즐기며 매일같이 그냥 반복적인 일상을 사는 그런 삶보다는 훨씬 더 값지다고 생각한다. 젊어서 고생은 사서 한다고, 지금 더 많은 고생을 통해 앞으로 부와 자유 그리고 행복을 누릴 것이라는 확신을 갖고 있기 때문이다. 수천만 원 매출의 개인사업자부터 수백억 매출의 법인사업자까지 다양한 사람들을 만나면서 많은 대화를 나누고, 좋은 아이디어를 공유한다.

내 삶의 정체성과 즐거움을 느끼고 있으며, 지금도 이 변화는 현재진행형이기 때문에 아직은 부족하고 작을지 모르지만 매출 100억 원의 기업체 대표를 꿈꾸며 달려가고 있다. 사람들은 안 된다고 말하지만, 지금까지 내 인생은 안 된다고 말할 때 안 되었고 잘될 거라고 말할 때 지금과 같은 화학적 변화를 만들었다. 기적은 입버릇대로 이뤄졌으며 나의 확언대로 실현되고 있다.

노윤일이라는 사람은 여기 그대로 변함이 없다. 그렇지만 3~4년 전의 노윤일은 결핍되어 있었고, 결핍 자체에만 집중해 왔다. 나는 왜 안 되는가, 두려움이라는 존재와 함께 항상 앞선 걱정을 하며 '나는 왜 이 모양이지', '나는 왜 이렇게 힘든 걸까'라는 부정적 암시가 머릿속에 가득했었다. 왜 이처럼 가난한 집에서 살아왔을까 하는 자조 섞인 말만 내뱉어 왔다. 결핍은 영양소만의 문제가 아니라, 모든 사람의 정서적, 감정적인 문제이기도 하다. 부자도 가난한 자도 결핍의 문제에 시달리기는 매한가지이다. 결핍은 사람을 움직이게 한다. 다만 부정적인 방향으로 움직이느냐, 긍정적인 방향으로 움직이느냐의 차이다.

결핍은 어떻게 보면 에너지에 가깝다. 휘발유 때문에 자동차가 움직이듯이 결핍 때문에 사람이 움직인다. 세기의 천재라 불렀던 사람들도 모두 성장기 결핍을 앓고 있었고 결핍에 따라 자신의 천재성을 발휘하기도 했다. 유명한 도둑들, 강도와 범죄자들도 역시 결핍 때문에 범죄에 몸을 담게 된다. 돈이 없어서, 부모의 사랑이 없어서 범죄의 수렁으로 빠진다.

특이한 것은 어떤 이는 결핍 때문에 범죄로, 어떤 이는 결핍 때문에 부자로 도약한다는 점이다. 어떤 이는 결핍에 걸려 사회적 약자로 추락하고 결핍 때문에 주저앉는다. 반면 어떤 이들은 결핍 때문에 위대한 인물로 기록된다. 이쯤 되면 결핍은 하나의 힘이자 에너지라 불려도 무관하겠다.

결핍은 누구에게나 찾아오지만, 이러한 결핍에 발목을 잡히느냐 디딤돌이 되느냐는 삶을 바라보는 자세에서 나온다고 생각한다. 같은 물 잔을 보고도 물이 반밖에 없다고 생각하는 것과 물이 반이나 있다고 생각하는 자세는 결핍에 대한 태도를 보여 준다.

결핍이란 핵에너지와 같다. 핵에너지를 부정적으로 쓰면 파괴적인 대

량살상용 핵폭탄으로 사용되지만, 핵에너지를 긍정적으로 사용하면 폭발적인 에너지를 지속가능한 성장의 방향으로 긍정적으로 활용할 수 있다. 이처럼 결핍도 긍정적 에너지로 활용하면 폭발적 성장을 경험할 수 있고, 부정적 에너지로 사용하면 인생을 망하게 할 정도로 파괴적 결과를 가져온다.

레오나르도 다 빈치는 사생아로 태어나 부모 재산이 없는 무일푼으로 자라났다. 하지만 세기의 천재로 도약했다. 스티브 잡스 역시 태어나자마자 버림받은 사생아였고, 가난한 가정에 입양되었다. 또, 한 사람. 사생아로 태어나 어린 시절 사촌을 비롯해 주변 남자들에게 성폭행을 당하고 14세 때 임신까지 하는 등 지워지지 않을 아픔을 겪은 오프라 윈프리가 있다. 빈민가 출신 흑인, 오프라 윈프리는 1992년 미국 『포브스』지 선정 미국 방송인 소득 순위에서도 내로라하는 유명 방송인, 진행자를 제치고 여성 방송인 소득 1위를 차지했다.

반면 똑같은 결핍이라도 범죄자들은 어떠했나. 피할 수 없는 결핍의 상황에서 이들은 부정적인 인생을 살기 시작했다. 폭력과 살인과 범죄로 이어져 인생은 범죄의 나락으로 떨어져 평생 교도소 문턱을 넘나들다 끝난다.

나 역시 30년은 결핍 속에서 자라왔다. 하지만 30년간 결핍을 파괴적 에너지로 활용했다. 그래서 무계획한 신용등급 10등급의 패배자로 살았다. 하지만 지난 3~4년간 결핍을 폭발적인 재료로 사용하여 나는 스티브 잡스나 오프라 윈프리만큼은 안 되지만 과거와는 비교할 수 없을 정도로 높은 수입을 얻고 있다. 가난이나 빈곤 때문에 더 이상 결핍된 상태를 저주하며 살지 않아도 되었고, 술을 마시지 않아도 너무 즐겁고 행복한 삶을 살아가는 데 집중하고 있다.

결핍을 부정적 에너지로 활용할 것인지, 아니면 긍정적 에너지로 활용할 것인지는 개인의 판단과 의지 그리고 해석 차이에 달려 있다. 가능하면 결핍이라는 에너지를 긍정적으로 발전시켜야 한다. 그게 더 쉬우니까. 그게 더 현명하니까. 그게 더 아름다운 가치와 미래를 만드는 것이니까.

태어난 환경은 내가 선택할 수 없다. 아무리 후회하고 원망해도 내가 태어난 자리는 결정할 수 없다. 내 능력 밖이다. 하지만, 결핍을 딛고 일어설지 결핍에 깔려 죽을지는 내가 선택할 일이다. 결핍 때문에 원망하고 분노하는 삶은 힘든 삶이다. 결핍을 긍정적 에너지로 바꿀 수 있다면, 결핍 때문에 성장할 수 있고, 결핍 때문에 오히려 잘살 수 있다고 생각한다.

결핍이 인생을 망하게 하는 원인이라면 현대그룹의 창업자 정주영 회장님은 찢어지게 가난한 농사꾼의 아들로 태어나 소학교만 졸업하였음에도 세계적 기업을 일군 것은 어떻게 설명해야 할까? 결핍에 지지 말자. 결핍은 도약의 밑바탕이다. 결핍은 조금 불편한 상황일 뿐이지 내 자체의 가능성을 말살하지 않는다.

내가 먼저 좋은 사람이 되어야
좋은 사람들이 모인다

　유유상종, 초록동색, 근묵자흑…. 옛말은 틀린 게 하나도 없다. 사람을 잘못 만나서 내가 잘못된 게 아니라 내가 잘못된 사람이기 때문에 잘못된 사람들과 어울릴 수밖에 없는 것이다. 내가 술을 마시기에 내 주변에 술 마시는 사람들만 넘치는 것이고, 내가 유흥, 도박에 집중하기 때문에 내 주변에 유흥, 도박꾼들밖에 없는 것이며 내가 험담을 하기에 내 주위에 험담하는 사람들이 넘치는 것이다. 긍정적인 것이든 부정적인 것이든, 나의 삶은 내가 에너지를 쏟고 주의를 기울이는 대상을 자연스럽게 끌어당긴다.

　내가 책을 보니 내 주위에 책을 보는 사람이 모인다. 내가 리더가 되니 내 주위에 나보다 뛰어난 리더들이 모이며 나 역시 더 좋은 리더가 되기 위해 그분들을 보고 열심히 달려가는 중이다. 또한 이런 분들을 만날 가능성과 그분들을 통해 배울 가능성이 매우 높아진다. 내가 먼저 책을 보고, 리더가 되려고 노력하니 이유 없이 술 먹는 사람, 유흥과 도박에 심취한 사람들은 내 눈치를 보고 연락을 안 한다. 여기서 문제는 내가 힘들 때이다. 신기하게도 내가 힘들 때 그 소문이 상당히 빨리 돌게 된다. 그러면서 좋지 않은 사람들이 돈을 빌려 달라, 우리 같이 놀자 즐기자 이야기하며 많은 연락들이 들어온다. 그러나 이제는 설령 그 사람들에게 연락이 온다 하더라도 내 시간과 에너지를 빼앗는 사람들과는 이제 연락하지 않으며, 혹시나 나와 연락이 닿아도 확실히 거절 의사를 밝힌다.

　이것이 부자들이 잘하는 맺고 끊는 법칙의 방법이다.

　술과 도박, 유흥과 험담은 내 주업도 취미도 아니다. 술을 한 잔 더 마신다고, 유흥을 한 번 더 즐긴다고, 험담을 더 열심히 한다고 내 삶이 0.01%라도 발전하는 일은 결단코 없을 것이다.

　돈을 버는 주업(主業)도, 취미도 아닌 일에 왜 그렇게 열심히 참여하려 하는지, 무슨 이득이 있는지 냉정하게 판단하고 그만두자. 쓸데없는 곳에 집중을 빼앗겨 돈으로 바꿀 수 없는 황금과 같은 시간을 쏟는다면 앞으로의 인생이 어떻게 되는지 독자들은 느껴 보지 않았으면 좋겠다.

나는 오늘 뜨거운가?

01

걸림돌에서 디딤돌로

이 땅에 태어나서

　내가 아는 분 중 초등학교만 나온 사람이 있다. 가난한 집이 싫어 농사 짓는 아버지가 사용 중인 경운기를 몰고 가출했다. 영업용 화물차는 집 안의 전 재산과 다름없었다. 이 차를 팔아서 사업 밑천으로 삼았다. 배달 과 막노동을 하다가 마트에 취업했고, 그다음엔 자동차공업소를 만들었 다. 공업소를 하는 김에 자동차도 만들어 팔아 보자는 생각에 자동차회 사를 만들었고, 중공업회사와 건설사를 만들어 국내 굴지의 대기업을 만 들었고, 그분의 회사는 한국을 대표하는 대기업이 되었다.

　이분은 누구일까? 내가 아는 이분은 여러분도 잘 알고 계신분이다. 바 로 정주영 회장님이며, 이분의 일대기를 간략히 현대적으로 풀어 설명해 보았다.

　정주영 회장님은 가난한 농사꾼의 아들로 태어나 아버지의 소를 훔쳐 가출하여 인천에서 막노동을 하셨다. 그다음에 쌀집에 취업해서 인수한 후, 그다음엔 자동차정비소를 만들었고, 우리나라 최초의 자동차를 만드셨다. 우리나라의 경부고속도로를 만들었으며, 조선 경험이 없음에도 26만 톤 유조선을 수주한 후 우리나라를 세계 조선 1위로 도약시켰다. 현대그룹이라는 글로벌 회사는 바로 이분에게서 나온 것이다.

내가 존경하는 정주영 회장님은 현대그룹의 창업주이자 초대 회장으로, 이병철 삼성그룹 초대 회장님과 함께 대한민국의 대표적인 1세대 기업인이다. 정주영 회장님의 자서전『이 땅에 태어나서』는 나에게는 성경전서와 같은 책이기에 이분을 조금이라도 닮고 싶은 생각에 '이 땅에 태어나서'라고 이 글의 제목을 붙여 보았다. 나는 매순간 이 땅에 태어나서 내가 할 일이 무엇이 있을까 하는 생각을 수시로 한다. 눈을 뜰 때부터 잠자리에 들 때까지 이 땅에 태어나서 나는 정주영 회장님 같은 인물이 될 수 있을까, 지금 내 상황에서 정주영 회장님이었다면 어떻게 일하셨을까 하는 생각만 한다.

나는 어쩌면 정주영 회장님보다 더 좋은 환경에서 자랐다. 그럼에도 불구하고 남 탓만 하면서 해 보지도 않고 적당히 오늘만 즐기면서 살았구나 하는 깊은 반성만 하게 될 뿐이다.

내가 태어난 용산구의 집 1

내가 태어난 용산구의 집 2

나는 1991년 1월 17일, 대한민국 서울특별시 용산구에서 태어나 누나와 함께 성장해 왔다. 부모님은 모두 공장에서 일하셨다. 화목하다면 화목하다고 말할 수 있으나 가난 앞에서는 화목함은 그저 희망에 불과했다. 생활은 현실이기 때문에 현실적으로 다 쓰러져 가는 폐가에 살면서 행복하고 화목하다고 말하는 것은 그저 자위적인 표현이라 생각한다. 아버지의 일자리를 따라서 충남 공주, 논산 등 지방을 전전했다.

부모님은 내가 성인이 될 때까지 나의 후견인이 되셨다. 술만 먹고 다닐 때도, 사회생활을 하면서 어려움을 느낄 때도 부모님은 늘 뒤에 계셨다. 부모님은 농사를 짓지 않으셨기 때문에 적어도 농사꾼의 아들로 태어난 건 아니라 감사할 뿐이었다. 하지만 나는 부모님의 가난과 가난한 삶에 대하여 늘 원망을 많이 했었다.

정주영 회장님이 부모님에 대하여 원망을 많이 했다는 부분은 읽어 본 적이 없고, 들어 본 적이 없다. 오히려 가출할 당시 소 판 돈 70원을 갚기 위해 소 떼 1,001마리를 이끌고 판문점을 넘어 북한 고향으로 가셨다. 그토록 가난한 환경, 가난한 시골이 원망스러웠다면 소 떼 1,001마리를 이끌고 북한 고향땅으로 갈 리도 없었을 것이나 정주영 회장님은 자신이 받은 은덕을 잊지 않았다.

돌이켜보면 내가 많은 방황을 하고 돌아다닐 때마다 부모님의 가슴에 못을 박았던 일도 많았을 것이고, 나와 누나를 안 낳고 두 분만 열심히 즐기면서 사셨다면 어쩌면 가난하게 살지 않아도 되셨을 것이다. 하지만 두 아이를 기르느라 저축보다는 교육과 육아 비용에 더 많은 비용을 썼을 것이고, 사업을 하는 모험을 하다가 경제적으로 어려움을 겪느니 그냥 월급에 의존해서 안정적으로 나와 누나를 기르면서 사시는 데 최선을 다하셨을 것이다.

하지만 나는 그 모습이 원망스러웠고, 부모님께 왜 이처럼 가난한 집에서 살게 하느냐며 부모님께 핏대 올려 가며 원망 섞인 불만을 철없이 성토한 일도 많다. 왜 이렇게 가난한 환경에 나를 방치해 놓으셨냐고, 왜 좀더 부유한 환경을 만들기 위해 노력하지 않으셨냐고 말이다. 부모님께서는 가슴이 찢어지게 아프셨을 것이다.

정주영 회장님은 가난과 빈곤으로 얼룩진 한국 땅에 부와 번영을 선물하셨다. 경부고속도로를 만들어 최빈국이었던 대한민국에 산업의 인프라를 만드셨고, 현대건설, 현대중공업, 현대자동차처럼 수많은 기업들을 만들어 고용을 창출하셨다. 많은 사람들이 현대에 입사하여 월급을 받고 집을 사고 가족을 부양하고 생계를 이어 갔다. 정주영 회장님을 생각하면서 내가 돈을 벌어서 과연 무슨 기여를 할 수 있을지 고민했다. 제일 먼저 직장을 창출하여 고용을 통해 가난과 빈곤을 우리 집에서 내쫓고 싶었다. 정주영 회장님이 가난과 빈곤을 대한민국에서 내쫓은 것처럼 말이다.

코로나로 인해서 타격을 받아 매물로 내놓은 식당 물품을 비교적 저렴하게 인수하여 평생 남의 일만 하다가 나이 들어 버리신 부모님께 '완미족발'이라는 식당을 내 드렸다. 부모님도 평생 남의 일이 아닌 나의 사업, 나의 일을 한 번쯤 해 볼 수 있도록 하기 위함이다. 그래서 부모님은 지금 식당의 대표 자리에서 일하고 계신다. 평생 남의 일만 하신 부모님은 쉬는 날도 없이 '자기 사업', '나의 일'을 하시는 보람으로 식당을 운영하여 월 5,000~6,000만 원의 적지 않은 매출을 달성하고 있고, 조만간 2호점을 눈앞에 두고 있다.

이 땅에 태어나서 내가 할 일은 정해져 있다고 생각한다. 가난했던 대한민국을 기업 운영을 통해 부유한 나라로 만든 정주영 회장님처럼, 기업 활동을 통해 가난과 빈곤에 찌든 우리 가족으로부터 가난과 빈곤을 쫓아내는 일이 내 일이라 생각하고 있다. 그다음은 사업을 확장하여 직원들을 부유하게 만드는 것이라 확신하고 있다.

감히 내 삶과 정주영 회장님의 삶을 비교할 수 없고 그분의 사업 스케일과 나의 사업을 비교할 수 없다. 하지만 이분의 위대한 도전정신은 내 삶의 모토이자 좌우명이고 영원한 나의 정신적 중심이 되고 있다. 적어도 내가 이 땅에 태어났다면, 그리고 내가 정주영 회장님을 존경한다면 나는 죽을 때까지 리틀 정주영이 되어서 사업으로 세상에 기여하고 여러 사람을 이롭게 만들 것이다.

산토끼 vs 집토끼

축구선수가 있었다. 호나우두같이 기량이 뛰어나다. 공을 차서 득점을 올리는 게임을 하는 공격수 포지션에서 절호의 찬스를 잡아 골을 넣어야 하지만, 이 선수는 득점의 기회를 앞두고 멈춰 서 있다. 관중들과 감독은 왜 골을 넣지 않고 머뭇거리냐며 비난을 보냈다.

두 번째 찬스가 왔다. 크로스바를 맞고 팅겨져 나온 공을 잡았으나 골키퍼는 없는 상태다. 절호의 득점 찬스를 얻은 이 축구선수는 공을 잡은 상태로 머뭇거리고 있다. 무엇인가를 기다리듯이 자꾸 주위를 둘러보며 말이다.

감독이 소리 질렀다.

"아니, 저 선수는 대체 뭘 기다리는 거야? 이봐, 골은 안 넣고 도대체 뭘 기다리는 거야? 도대체!?"

골대 앞에 선 축구선수는 공을 차는 시늉을 하며 중얼거렸다.

"내가 뭘 기다리느냐고? 내가 기다리는 건 25일이야."

25일은 이 축구선수의 월급날이었다.

우리들의 대부분은 이 축구선수 같은 인생을 살아간다. 먹고사는 방법이 여러 가지지만 대체로 월급을 받아 가며 생계를 이어 간다. 월급 이외에 다른 수입을 내는 방법에 대해서는 알지 못한다. 열심히 공부해서 좋은 직장에 취업해 월급을 받아 가정을 꾸리지만 결국 가난을 면치 못하는 가난한 아빠가 되고 만다는『부자 아빠, 가난한 아빠』의 로버트 기요사키의 말처럼 우리는 대부분 가난한 삶으로 사회생활을 시작한다. 열심히 일해서 열심히 월급날만을 기다리기 때문에 축구선수처럼 골을 넣을 생각은 하지 않아도 된다. 좀만 버티면 25일이 다가오기 때문이다.

오늘날 직업은 대단히 많은 변화가 있다. 좋은 직장에 취업해 월급 받는 것이 대다수 사람들의 삶이라면 어떤 이들은 컴퓨터 앞에 앉아 하루 종일 키보드를 눌러 대며 돈을 번다. 어떤 이는 인터넷에 방송을 하면서 돈을 번다. 어떤 이는 공을 쳐서 작은 구멍 안에 집어넣는 게임으로 돈을 벌고, 어떤 이들은 컴퓨터게임을 잘해서 부를 얻는다. 예전에는 좋은 직업이 오늘날 별 볼 일 없는 직업이 되기도 하고, 갑자기 주목받는 직업이 쏟아져 나오기도 한다. 공무원과 유튜버, 강사들이 그런 예이다. 시작은 월급이겠지만, 월급만으로는 안 된다.

직업상 수많은 직종에서 근무하는 대표자들을 만나 보면서 여러 이야기를 나눌 기회가 많아졌다. 대부분의 대표자들은 월급날을 기다리는 대부분의 직장인들과 다른 삶의 자세를 가지고 있었다. 월급날만 바라보는 직장인들은 골키퍼가 없는 골대 앞에서 무엇인가 기다리며 머뭇거리는 소극적 자세를 갖춘 공격수처럼 일을 하는 둥 마는 둥하며 개인에 성과, 회사에 성과보다 자신에 월급날만을 기다린다. 하지만 사업장을 운영하는 대표자들은 그 누구보다 자기의 삶을 책임겨 주지 않는다는 위기의식을 갖고 이번 달, 다음 달 성과를 내지 못하면 굶어야 한다는 절박감을 갖고 매 순간 최선을 다해 살아간다. 골키퍼가 없어도 골을 넣지 않고 월급날만 기다리는 소극적 공격수와 달리 완벽한 골키퍼와 철벽수비를 갖춘 수비수, 그리고 심판의 편파판정이 있어도 기어코 골을 넣고야 말겠다는 의지와 열정으로 기어코 골을 넣는다. 그것이 바로 우리나라를 짊어지고 가는 사업장 대표자들의 마인드다.

산토끼가 알아서 먹이를 찾아 먹고 죽을지도 모르는 환경에서 생존해 나가듯이 대부분의 기업체 대표자들은 자신이 죽을지도 모르는 불확실성이 수두룩한 현실 속에서 그렇게 성과를 내고 길을 만들어 간다. 이들은 집토끼가 아니라 확실한 산토끼이다. 회사 대표에게는 안락한 울타리란 존재하지 않는다. 사방팔방에 천적과 맹수가 도사린다. 그래서 늘 깨어 있는 정신으로 사는 게 유리하다. 언제, 어디서 닥칠지도 모르는 위기와 리스크에 맞서야 하기 때문이다.

집토끼는 가둬 놓고 기르면 따박따박 언젠가 들어오는 사료에 살이 피둥피둥 찌기 시작한다. 걱정은 없다. 고민도 없다. 다만 언제 사료가 들어올지가 걱정이다. 그저 언젠가 주인이 시간만 되면 뿌려 주는 사료 덕분에 울타리는 조금 좁을지언정 그럭저럭 만족하며 살아가도 된다. 그러다 울타리 밖을 나오기라도 하면 세상의 종말을 만나지만, 그런 시간은 오지 않을 것이라 믿는다. 적어도 울타리에 있는 동안에는.
하지만 늘 좋을 수는 없다. 울타리를 벗어나는 순간 먹이와 집이 사라진다. 먹이는 어디서 나오는지, 어떤 것을 먹어야 되는지 모르다가 날카로운 들짐승의 먹잇감이 되어 간다. 운 좋게 울타리 밖으로 내보내지 않는 좋은 주인을 만난다 할지라도, 언젠가 주인은 사료만 축내는 그 토끼를 팔아 버리거나 잡아서 잔칫날 식탁에 올려 버릴 수도 있다. 먹이와 안락한 울타리에 길들여진 집토끼들의 종말은 그렇게 불시에 찾아온다.

월급쟁이의 종말은 구조조정과 실직, 실업으로 귀결된다. 잘해야 비정규직으로 내몰리면 노조가, 정부가, 누군가 어떻게 도와 줄 것이란 기대를 해 본다. 하지만, 세상은 점점 AI와 로봇이 장악하며 그나마 일하던 직장의 일자리마저 점점 줄어드는 상황이다. 지금은 동료와 경쟁해야 하지만, 언젠가 AI와 경쟁하며 살아야 할지도 모른다.

산업혁명 시대 공장 노동자들이 자동화된 기계가 자신들의 일자리를 없앤다며 기계를 때려 부쉈던 러다이트 운동처럼 저항도 해 보지만 커다란 변화 앞에서는 속수무책이다.

한때 나 역시 집토끼에 불과했다. 월급을 받으며 적당히 골은 넣지 않고 버텨도 월급날만 기다리면 월급이 나오는 축구선수처럼, 주인이 넣어주는 밥을 먹으며 적당히 울타리에 안주하는 삶은 중독성이 있는 삶을 살았다. 오늘만 즐겁게 욜로, 워라밸을 따질 수 있다. 25일만 기다리면 되니까.

부모님도, 주변 분들도 꾸준한 월급이라는 적당한 마약에 취해서 월급날만 기다리며 평생의 시간을 보내셨다. 노동의 대가는 회사의 주인을 위해서 돌아갔고, 그렇게 길러진 집토끼는 나이가 들어서 이제 울타리를 나가야 했다. 대부분 삶이 그러하듯이 나이 들어 직장에 나갔더니(정확히는 쫓겨났더니) 더 이상 할 일이 없다. 가난은 떠나지 않았다.

며칠 전 우리 식당으로 한 명의 친척이 찾아왔다. 65세가 거의 다 되신 친척은 아버지께 "나는 곧 국민연금을 받고 살아가야 한다네."라고 말씀하셨다. 그러면서 "은퇴를 앞두고 있는데…"라는 말을 하시고 생색을 내셨다고 한다. 나는 이 이야기를 어머니께 전해 듣고, 피식 웃음이 나왔다. 그러면서 어머니께 정중히 그런 말씀을 올렸다. "어머니, 그런 말 귀담아 듣지도 동요되지도 마세요. 부러움이 유발한 하소연이라고 보이네요. 우리는 이제 한 사업장에 대표로서 살아가야 하는데 그런 근로자의 마인드로 사업장을 운영한다면 우리 가게가 문 닫는 것은 한순간입니다"라고 말이다.

이처럼 집토끼들은 소중한 자기 시간을 한평생 적당히 흘려보내며 한 사업장에 대표자들을 위해 희생하며 살았다. 한마디로 시간이 지나 얻은 것은 하나도 없이 나 홀로 직장을 떠나 남은 30여 년 동안 생활을 어렵사리 해야 한다는 결론이 난다. 한마디로 과거의 시간이 이제 나에게 복수하는 일만 남았다고 보아도 과언이 아니다.

"오늘도 열심히 살았다."

반문해 보자. 한평생을 누굴 위해 열심히 살았던 것일까?

걸림돌에서 디딤돌로

인생에 걸림돌이 참 많다. 가난한 환경에서 자란 것도 억울한데, 주변의 친구들은 죄다 한결같이 도움이 되지 않는다. 발목을 잡고 늘어진다. 가난한 사람의 적은 부자도, 정부도, 보수당도, 재벌도 아니다. 가난한 사람들의 가장 확실한 적은 가난한 사람들이다. 가난한 사람들은 물귀신 같다. 물귀신은 물에 빠지지 않는 사람조차 물에 빠져 죽게 만드는 것처럼, 가난한 사람들은 가난하지 않은 사람들조차 함께 가난하게 만드는 게 특징이다.

가난은 전염성이 강하고, 가난은 정신병처럼 지독하다. 정신병자들은 정신병이 있는지도 모르는 것처럼 가난한 사람들은 자신이 왜 가난한지 자각하지 못한다. 무증상 코로나 감염자가 코로나를 전파하고 다니는 것처럼, 가난한 사람들은 주변을 함께 가난하게 만들고, 그 대상이 가족일지라도 가난을 장려하고 함께 가난해지는 방법을 무의식중에 연구하고 실천한다. 가난한 사람 주변에는 가난한 사람만 있는데, 가난한 사람이 주변 사람을 가난하게 만들거나 가난한 사람들이 원래 그런 사람들을 끌어당겨 끼리끼리 모이게 하여 문제를 심화시키게 된다.

가난은 가난을 계속해서 키워 나간다. 따라서 부자로 가는 걸림돌이 될 수밖에 없다. 그런데 그런 걸림돌이 가족이라면 어떨까. 매정하지만, 가족이라도 걸림돌은 과감히 지적하고 벗어나게 해 주어야 한다.

앞서 이야기했듯 나는 부모님께 노후를 편히 사실 수 있도록 식당을 열어 부모님을 한 사업장에 대표자로, 나는 그 식당에 부대표로 있으면서 모든 경영을 돕는다고 말하였다.

부모님은 평생 남의 사업장에서, 남의 회사에서 월급쟁이로 살아오셨다. 그래서 월급날에 익숙하며 작은 돈에 맞춰 사는 데 익숙하셨다. 애써 만들어 드린 식당을 예전처럼 적당히 운영하신다 싶고, 실제로 매출이 조금이라도 떨어지면 나는 부모님께 상당한 질타를 한다.

그럴 때마다 부모님에 이야기를 들어보면 "매출이 떨어진 이유는…"라며 여럿 핑계를 대신다. 명절을 앞두고 있어서, 휴일이다 보니 모두가 놀러가서, 주말이니까 사람들이 집에 있어서, 휴가라 사람들이 휴식을 하러 가서. 이런 변명과 핑곗거리가 나온다. 하지만 나는 부모님께 잘되는 식당에 한번 나가 보셔라, 번화가의 식당은 휴가니까 더 많은 사람이 오고, 주말이니까 더 붐비며, 명절을 앞두니까 사람들이 더 많은 관계를 맺으러 나온다고 말한다. 육안으로 직접 확인시켜 드리기도 한다. 남의 집에서 일하던 삶의 방식, 월급쟁이가 월급날을 기다리는 삶의 방식이 깊이 박혀 있는 부모님께 이런 말씀을 드리는 것은 매정하다 할지 모르겠다.

하지만 나는 부모님도 평생 남의 식당에서 일만 하시다가 자기 사업이라는 것을 해 보시는데 자꾸 과거의 습관대로 안 되는 이유만 찾으시는 모습이 안쓰러웠고, 그 점이 고스란히 생각과 행동에 배어 있어 우리 사업장에 악영향을 끼치고, 직원들 생각, 정신에 아주 안 좋은 영향을 끼치고 있다는 것을 확인하였다. 결국 이는 성장이 아닌 패망의 지름길이 된다.

정주영 회장님의 말씀대로 "세상에서 힘든 것은 전쟁뿐"인데, 우리는 전쟁을 하는 것도 아니면서 힘들다고, 안 되는 여러 이유를 논리적이고 구체적으로 찾아 안 하는 이유를 합리화한다. 안 되는 것이 아니라 안 했기 때문에 안 되는 것임에도 불구하고 말이다.

지구 반대편은 이미 전쟁 중에 있다. 러시아-우크라이나 전쟁 속 자국을 지키기 위해 총칼을 들고 아주 처참하게 피를 흘리며 자국민을 보호하고 지키고 있다. 나는 어머니께 전쟁 중인 이 국가들도 피땀 흘려 자국민을 보호하고 있다고, 조국을 지키기 위해 안간힘을 쓰고 있다고 말한다. 어머니께서는 이 말을 듣고 정신이 번쩍 들었다는 표정을 지으면서 "아들. 엄마가 잘못 생각하고 있었네. 앞으로 더 많이 각성하고, 앞으로 더 성장할게"라고 말씀해 주셨다.

다행이다. 어머니께서 이 말을 듣고 깨달은 바가 있어서. 나는 앞으로도 이런 이야기를 아주 냉철하게 말씀드릴 것이다. 언제까지? 어머니 생각과 마인드가 바뀔 때까지. 나는 해 보았으니까 반드시 할 수 있는 방법, 될 수 있는 방법이 떠오를 수밖에 없다.

안 되는 이유를 찾는 가난한 정신은 결국 돌고 돌아 주위에 있는 모든 사람들에게 악영향을 끼치게 된다. 가난한 생각과 가난한 마음에 전염이 한번 되면 그나마 집안을 일으켜 세우려 노력하는 아들인 나도 함께 가난 해지는 수밖에 없다는 것을 나는 잘 알고 있다. 가난하면서 착하게 잘살 수는 없다. 가난은 죄악이고, 정신병이며, 코로나 바이러스보다 심한 전 염성을 가진 1급 독성전염물질이다. 가난한 사람은 자신뿐 아니라 가족 과 이웃을 모두 함께 가난하게 만든다.

가족이니까 반드시 가난에서 벗어나야 하므로 이처럼 냉철하면서 매정 하게 할 수밖에 없다. 그렇지 않으면 지옥 같은 가난, 코로나 바이러스같 이 전염성 심한 가난에 평생 시달리며 대대손손 가난에 늪에 빠질 수밖에 없다. 가난이 무엇인지 모두가 알고 있다. 다만 생각만 할 뿐 실천하고 행 동하지 않는다는 점, 이 점만 가슴 깊이 기억하고 새겨 두었으면 좋겠다.

가난하게 되면 가정에는 온기가 사라진다. 가난한 집안치고 사이좋은 집안이 없다. 얼마 안 되는 유산, 얼마 안 되는 자산을 두고 형제들끼리 대립각을 세우고 평생 원수처럼 지낸다. 몇 푼 안 되는 돈 앞에 자존심이 나 우애 따위는 사라진다. 이게 가난의 비극이다. 인간의 존엄과 도덕성 과 윤리 따위는 가난 앞에서 무너지고 만다. 너무 비참하다. 더 열심히 살 고 더 행복해질 생각을 하면 간단한 문제인데 말이다.

박정희 대통령이 우리나라를 산업화, 근대화를 열어 "우리도 한번 잘 살아 보자"는 말과 함께 의식부터 바꾸었고, 지금 우리나라는 세계 10대

경제 강국이 되었다. 정주영 회장님이 기울이신 살아생전의 노력 덕분에 오늘날 우리나라 사람들이 '현대'라는 브랜드의 첨단 서비스를 누리고, 백화점에 갈 수 있고, 고속도로를 타고 빠르게 이동할 수 있으며 고급아파트에 살 수 있게 되었고, 그 기업을 통해 수백만 명의 일가족을 먹여 살릴 수 있게 된 것이다. (현대그룹 본사, 계열사, 하청 및 외주직원까지 합치면 그 수는 어마어마하다.)

박정희가 독재자라고 말하고, 정주영 회장이 대기업 독점구조를 만들고 정경유착을 만든 불의한 기업인이라고 말하는 사람들도 있을 것이다. 하지만, 나는 정치나 옳고 그름을 논하자는 게 아니다. 나는 이념을 논하는 정치인도 아니며 옳고 그름을 논하는 법조인도 아니기 때문이다. 또한 비판과 평론은 내 직업이 아니다. 다만 잘된 사람, 성공한 사람, 우리를 빈곤과 가난에서 부와 번영으로 이끈 사람을 가슴 깊이 존경한다. 부자는 부자를 닮고 가난한 사람은 가난한 사람을 닮는다.

나의 경우 내 인생이 누군가의 디딤돌이 되었으면 되었지, 걸림돌이 되고 싶지 않아 부단히도 노력했고 이제야 조금 살 만해졌다 싶은지가 몇 년이 채 안 된다. 걸림돌이라 생각하면 치우면 된다. 치우지 못하면 바꾸면 되는 것이고, 어제보다 나아지도록 행동하면 되는 것인데 우리는 그것을 여러 이유를 들어 안 된다고, 못 한다고 말한다.

세상에 부유함을 싫어하는 사람은 한 사람도 없다. 그런 사람은 존재하지 않는다. 심지어 북한에서도 부유한 사람은 존중받는다. 하지만 우리는 가난과 부를 0.1%도 내 삶과 관계없는 이념이나 정치논리로 접근하는 것이 아닌가 싶다. 쓸데없이 핏대 세우며 정치적 논쟁을 하고, 부자들에 대한 반발심을 갖는 것과 돈은 나쁜 것이고 부자들은 도둑놈이기 때문에 내가 가난해진 것이라며 평생을 저주하며 살아 봐야 어차피 잘살 사람들은 잘살기 마련이고 가난한 사람은 가난에 빠지기 마련이다. 비평하고 분노할 시간에 나와 내 가족들이 부와 번영의 길로 성장할 수 있도록 생각하고 행동하는 것이 좋다는 결론이 지어진다.

기왕이면 부자의 줄에 서야 하지 않겠는가. 그렇다면 내 삶의 걸림돌을 하나씩 빼거나 고치거나 바꾸는 일을 시작하자. 그것은 자신의 가능성에서부터 비롯된다. 삼성의 이건희 회장님께서는 처자식 빼고 극단적으로 다 바꿔 보라고 말씀하셨다. 이 정신으로 삼성은 선풍기나 팔던 시절을 극복하고 현재 글로벌 기업이 되었다. 내가 태어난 가족, 혈연인 가족을 버릴 수 없다. 하지만 바꿀 수는 있다.

가족도 내가 바꾸는 것은 힘들다. 하지만 나를 바꾸면 가족이 바뀌므로 나만 바꾸면 가족도 바뀌기 시작한다. 가족 환경은 내게 주어진 선천적인 환경이라 그건 어쩔 수 없다. 타임머신을 타고 어린 시절의 가난함으로 돌아가 그 환경을 바꿀 수 없듯이 말이다. 그것이 걸림돌이라면 내가 그 걸림돌에 넘어져 나조차 또 다른 걸림돌이 되는 것만큼 비극은 없다. 나의 한계와 나의 환경이 걸림돌이라면 그 걸림돌을 디딤돌로 만들어라. 걸림돌에 넘어지느냐 걸림돌이 디딤돌로 한걸음 나가느냐는 한 끗 차이밖에 안 된다. 그것을 어떻게 변화할 것인가는 본인이 많은 생각을 통해 반드시 개선을 해야 할 문제다. 다만, 이 생각을 굵고 짧게 하되 행동은 바로 지금 바로 옮겨야 한다. 시간이 많지 않다. 지금 완미족발은 가족 기업이고 족발을 파는 식당이지만, 조만간 2호점으로 확장할 것이다. 내가 운영하는 경영지원센터도 10억 매출을 넘어 100억 매출로 도약할 것이다.

가족 빼고 다 바꾸는 실천으로 삼성이 도약한 것처럼, 나의 사업도, 가족의 식당도 한층 더 도약하고 반드시 성장할 수밖에 없다고 나는 확신한다. 3년 후, 5년 후 우리 식당과 노윤일이 운영하는 회사가 얼마나 성장했는지. 그리고 10년 후 나와 내 가족들이 얼마나 더 단단해졌는지 내가 직접 입증할 것이고 반드시 다음 책에서 성과로 보여 드리겠다.

등잔 밑의 보물지도

등잔 밑은 어둡다고 한다. 하지만 어두운 자리에서 보물을 발견할 수 있다. 등잔 밑은 어둡지만 그 밑에 무엇이 있는지 살펴봐야 한다. 바로 기회라는 보물이 있고, 꿈이라는 보물이 있다. 노윤일의 보물찾기는 여기서 시작되었다고 해도 과언이 아니다.

실패로 가득한 사회생활, 1평 남짓한 공간에서 먹고 자며 영업을 배울 때는 사회의 밑바닥이었다. 돈은 없고, 성공은 하고 싶었다. 성공은 하고 싶은데 방법을 몰랐다. 누군가 지도해 주는 사람도, 가르쳐 주는 사람도 없었기 때문이다. 그럴 만한 환경이 아니니, 스스로 찾아 나서기를 반복하며 만난 시련들은 괴롭기 짝이 없었다. 이런 괴로운 순간, 포기하고 주저앉으면 그야말로 끝난다.

권토중래(捲土重來)의 자세는 내가 유일하게 가지고 있는 자산이었다. 사전을 찾아보면 '어떤 일에 실패한 뒤 힘을 쌓아 다시 그 일에 착수한다'는 뜻인데 이제 그만해야 하는 상황, 상처받았으니 멈춰야 할 듯한 상황에서 2보 전진을 위한 1보 후퇴 후 다시 도전하는 태도는 영업에서도 빛을 보았다. 그래서 가장 힘들 때, 가장 어려울 때 그때에 만난 사람, 그때

만난 일이 나의 보물지도이며 가능성이라 생각한다. 해내면 그만이다. 시간이 얼마가 걸리든 그건 중요하지 않다.

　내게는 집이 없었고, 회사다운 회사, 일다운 일이 없어서 숱하게 고생했다. 친구들은 아파트에 살 때 다 쓰러져 가는 집에서 겨우 살아가는 내 모습은 나를 위축되게 만들었다. 내 방이 없으니 책을 보려 해도 식구들의 눈치를 보며 쭈그리고 앉아 책을 봐야 했다. 집에 대한 열망은 이러한 결핍에서부터 비롯되었다.

　금융을 배우고자 들어간 회사라고 하는 곳에서는 그저 배울 것이 없었으며 매일같이 놀자 판이 벌어졌고 일할수록 저축 대신 부채만 쌓여 갔다. 여기서 나는 사업다운 사업, 회사다운 회사에 대한 **갈증**이 생겨났다.

　내 주변에는 늘 부정적인 생각에 사로잡혀 인생에 대한 불만만을 토로하는 사람들만 북적거렸다. 앞에서 언급한 대로 나 또한 별 볼 일 없는 그런 사람이었기 때문에 험담과 농담이 일상의 전부였고, 미래를 위한 생산적인 계획은 세울 수조차 없었다. 여기서 나는 내 주변에 인생에 대한 불만만을 토로하는 사람들과 결별하고 나보다 더 뛰어난 사람들, 더 훌륭하신 분들을 만나 나 자신을 더욱 가치 있게 채워 나갔다.

　이러한 갈증, 열망들은 내게 권토중래의 대상이었다. 내가 제대로 된 회사를 다니지 못한 것에 대한 갈증이 일을 제대로 배워 회사를 만들자는 목표로 드러났고, 내 주변에는 한결같이 부정적인 생각만을 갖고 있는 사람, 오늘만 사는 사람들만 넘쳐나니 제대로 된 사람들과 교류하고 싶다는 열망으로, 나보다 훌륭한 사람들을 만나자는 생각으로 또 다른 목표를 만들게 되었다. 그러다 보니 더 많은 책을 읽게 되었고, 배우고자 하는 신념으로 나는 내 위치에서 배울 수 있는 모든 것들을 배우며 살아갔다.

『공부하지 마라 최면해라』의 저자, 박세니 마인드코칭 스승님은 "노력이란 자신이 재밌어하고 잘하는 것을 자아도취되어서 하는 것이 아니라 그것이 하기 싫을지라도 자신뿐만 아니라 세상에 가치 있는 일을 참고 열심히 해내는 것을 말한다. 그래서 결국 타인 최면이 가능한 수준에 도달하는 것이 진정한 노력"이라고 설명하셨다. 이처럼 내가 잘될 수 있다는 생각, 그 생각을 나로부터 타인에 이르기까지 열정으로 전염시키는 것이야말로 진짜 노력이라 생각한다. 자기 최면을 통해 성공에 도달하고, 그 최면이 타인과 조직까지 도달할 수 있다면 그것은 Vision이 된다는 것을 말하고 싶다.

영업도 끝까지 목표를 세우고 목표를 달성하는 방식으로 하나씩 권토중래 하였고 짧은 시간 동안 부지점장, 지점장, 그리고 회사 임원 자리까지 오르는 성과를 달성할 수 있었던 것이다.

생각해 보면 가난한 집에서 태어난 것도, 힘든 20대를 보낸 것도, 괴로운 영업에서 일한 것도 모두 권토중래의 과정이라 생각한다. 내가 만약 그때 가난한 집에서 태어난 것을 당연히 여기고 살았다면 나는 여전히 월급날만 손꼽아 기다리는 욜로족이 되었을 것이다. 1평 남짓한 방에서 먹고 자며 그럭저럭 하루하루를 보내는 인생으로 살았다면 여전히 신용등급 10등급으로 지금까지 실업급여나 타 먹는 재미만을 느끼며 연명하는 끔찍한 삶을 살았을 것이다.

힘들고 슬프고 괴로운 일은 누구에게나 있다. 하지만 한두 번 실패했다고 자기연민에 빠져서 안 되는 이유를 논리적이고 감성적으로 풀어내었다면 나는 여전히 세상 탓, 부모 탓, 환경 탓을 하고, 항상 누군가에게 의지하고 도움 받으려고 하는 비상식적인 사람의 삶을 살고 있었을 것이다.

가장 힘들고 어려울 때 만나는 사람과 내가 하고 있는 일의 이면을 들여다보면, 그것이 바로 내가 앞으로 나아갈 방향성이라고 생각한다. 권토중래, 실패해도 다시 힘을 쌓아 재도전하는 자세가 언제나 필요하다. 지금 내가 하는 일은 내가 가장 힘들 때, 가장 어려울 때, 가장 사람으로서 괴로웠을 때 배운 일들이며 권토중래의 자세로 하나씩 개척한 결과물들이다. 4개의 명함은 모두 이런 권토중래의 자세에서 나온 것이지 어느 날 하늘에서 로또복권처럼 뚝 떨어진 것이 아니라는 것을 밝히고 싶다.

내가 가장 어려운 분야에서 성과를 내기 위해 나는 내 목표를 뚜렷한 시각화 자료로 만들었다. 그리고 꿈이란 것은 지금 실현 불가능한 것이어야 함을 믿는다. 아무 때나 덜컥 이뤄지는 것은 꿈이 아니기 때문이다. 다만 현실 가능하게끔 내가 항상 노력하고 발전하는 것이 진정한 나의 삶을 찾아가는 것이라고 생각한다.

허허벌판 최빈국 갯벌에 조선소를 짓겠다는, 불가능할 것 같은 정주영 회장님의 꿈이 세계 1위 조선 산업을 만들어 우리나라를 살린 것처럼, 권토중래의 자세로 보면 헛된 꿈은 존재하지 않는다. 나는 벌써 위에 나와 있는 나만의 보물지도에서 수많은 것들을 이루어 냈고, 가족 식당 또한

나의 꿈을 현실로 바꿔 주는 꿈의 시각화 이미지, 노윤일의 보물지도

내가 설정한 목표를 향해 나아가고 있다. 이 외에도 나는 항상 도전을 하며 살아가는 사람으로 더 많은 실패를 딛고 일어설 용기와 자신감만이 존재한다. 실패는 내가 주저앉았을 때가 실패인 것이다. 그 실패와 두려움을 극복할 수 있는 방법은 자신과 타협하지 않으며 앞만 보고 열심히 달려 나가는 것, 그것이야말로 진정한 삶의 나침반이라고 생각한다.

지금 가장 힘든 시기를 보내고 있는 독자가 이 책을 읽고 있다면 나는 이 책을 읽는 독자는 등잔 밑이라는 어두움을 지나고 있다고 확실히 말하고 싶다. 등잔 밑은 원래 어둡고 깜깜하다. 하지만 등잔 밑이 어둡다고 보물찾기를 그만두면 안 된다. 등잔 밑의 보물은 안 보일 뿐이지 없는 것은 아니다. 항상 내가 정해 놓은 보물지도에 이루었던 목표들은 반드시 수정하고, 다음 목표를 재설정하며 끝까지 도약해 나아가야 한다. 지금 이 책을 읽고 있는 독자들도 어려움, 그리고 힘든 시기에 놓여 있다면 디딤돌로 도약하는 시점, 그리고 나만의 보물지도를 완성시키기 위해 한 발더 나아가야 한다는 점을 꼭 기억했으면 좋겠다. 과거 힘들게 자랐던 나의 어린 시절들 그리고 성인이 되어서도 신용등급 10등급의 인생을 살면서도 나는 이 험난한 인생을 반드시 딛고 일어서겠다는 생각만 하며 성장했고 앞으로도 퇴보란 존재하지 않는다는 확신을 가지며 독자들에게 말하고 싶다.

바로 여기서부터 내 인생에 보물찾기는 시작되며, 나의 인생에 어떤 보물을 찾아야 할지 모르겠다면 항상 생각하길 바란다. 나의 꿈과 목표, 그리고 멘토는 어디에 있는지 말이다.

여러분의 가능성은 항상 열려 있다. 보물찾기는 항상 도전을 멈추지 않고 기회를 엿보는 자에게만 열려 있다는 사실을 반드시 염두에 두길 바란다.

이봐, 해 봤어?
노력은 해 봤어?

고 정주영 현대그룹 회장님이 1972년 현대조선을 만들려 했을 때, 사람들은 '미친 짓'이라며 세계 최대 조선소 건설을 반대했다. 정주영 회장님은 말하셨다.

"이봐, 해 봤어?"

정주영 회장님이 세상을 떠났을 때 『타임』지는 그를 "많은 사람들이 틀렸음을 증명한 사람"이라고 불렀다고 한다. 한마디로 그는 다른 사람들이 불가능하다고 말한 많은 일들을 해낸 사람이다.

우리는 머릿속으로 너무 많은 생각을 한다. 잘할 수 있는 방법, 잘할 수 있는 생각만을 해야 하는데 항상 불안을 안고 안 되는 방법, 생각에 논리적으로 지배당한다.

안 되는 이유 대신 할 수 있는 방법, 될 수 있는 방법을 왜 생각하고 연구하지 않을까.

정주영 회장님의 한마디 "이봐, 해 봤어?"는 언제 들어도 따끔하다. 해 보지도 않고 지레짐작하고 그만두는 나를 일깨워 주며, 해 보지도 않고 안 되는 이유만 들먹이며 잘되는 이유를 가로막는다. 해 보지도 않고 불가능하다고 생각한다. 해 보지도 않고 책상에 앉아서 지레짐작하며 세상 모든 일을 생각한다. 머릿속으로 만리장성도 쌓지만, 금세 허물고 다시 다른 성을 짓는다. 머릿속으로 이것저것 생각하지만 결국 노력과 도전은 하지 않는다. 노력하다 만나는 시련을 그저 실패라고 생각한다. 성공에는 정해진 답 즉, 정답은 없다. 다만 해결하는 답, 즉 해답만 존재할 뿐이다. 실패는 해답을 찾아가는 과정에서 만나는 시련이지 그 자체가 실패는 아니다. 따라서 한두 번 해 보고 그저 그만두는 행동은 성공의 해답조차 포기하는 미련한 짓이다.

노력해도 안 된다는 후배, 노력해도 이것은 정답이 아니라고 말하는 사람이 내 주변에 있다면 나는 따끔하게 혼내 주고 싶다. 지금은 정답의 시대가 아니며 해답의 시대다. 정답은 교과서에나 존재하고 해답은 우리가 각자 만들어야 한다. 성공의 방정식에 해답은 하나만 존재하지 않기 때문에 우리는 여러 가지를 해 봐야 한다. 해 보지도 않고 입만 살았다면 가장 위험한 사람이다.

시도도 하지 않고, 노력도 하지 않는다. 어차피 해도 안 된다고 생각하기에 아예 의지를 스스로 말살시켜 버리는 것이다.

벼룩의 몸길이는 1~2mm이다. 이 작은 벼룩의 최대 점프 높이는 30cm로 자기 몸의 100배~150배 이상을 뛸 수 있다. 하지만 벼룩을 10cm도 안 되는 유리컵에 가둬 놓으면 점프를 하다가 계속 유리통에 부딪친다. 시간이 지나고 유리병을 제거하면 벼룩은 10cm도 못 뛰는 벼룩이 된다. 자기 몸길이의 100배 이상 점프 가능한 벼룩은 왜 이렇게 되었을까?

마찬가지로 원래는 산중을 뛰어다니며 알아서 맛있는 먹이를 찾던 산토끼였지만, 못 도망가게 울타리를 쳐 놓으면 몇 번을 달리려고 하다가 도망가지 않는다. 가만히 있으면 알아서 먹이를 주는데 왜 도망갈 생각을 하는가.

코끼리 뒷다리를 어린 시절부터 말뚝에 묶어 두면 아무리 몸이 성장하고 힘이 세져도 말뚝 주위를 벗어나지 않는다.

위대한 학자는 이것을 '학습된 무기력'이라고 부른다. 해도 소용없다는 생각이 정말 무섭다. 원래 이래서 안 되고, 원래 저래서 안 된다고 생각한다.

코끼리와 토끼는 나 자신이고, 울타리와 말뚝은 주어진 상황이라 생각해 보자. 주어진 상황에 한계를 규정지으면 빠른 토끼도, 힘이 센 코끼리도 그저 주어진 사료만 먹으며 울타리 안에서 보내야 하며 서커스단의 말뚝조차 벗어나지 못하며 조련사의 채찍에 길들여져 평생을 살아야 하는 절망적 상황에 빠지는 것이다.

이것은 정말 위험한 상태이다. 부자가 될 수 있음에도 현실에 길들여져 무기력함에 빠져 도전하지 않는 것과 그러한 정신으로 세상을 살아가는 것은 정신병 초기 증상과 가깝다. 나는 해 보지도 않고 지레짐작하여 안 된다고 현실을 한정 짓는 사람을 가장 싫어한다. 자신과 가족과 이웃을 가난과 무기력에 빠지게 만드는 장본인이기 때문이다.

모두에게 착한 사람이
제일 나쁜 사람이다

아버지는 돈을 쉽게 빌려주고 또 그 돈을 받지 못해 본인이 힘들게 일해 오셨다. 쉽게 믿고, 쉽게 돈을 빌려주고, 결국에는 받지 못한 돈만 모아도 수억 원에 달할 정도로, 우리 가족이 힘들게 안 살아도 될 정도였다. 정당한 노동의 대가인 급여도 회사 사정이 어려워 사장이 돈을 안 주는 사례도 정말 허다하게 많았지만, 좋은 게 좋은 거라고 그냥 참고 사셨다.

더욱 충격적인 것은 7년 치 퇴직금을 아버지, 어머니 두 분 다 받지 못하셨다는 사실이지만 그냥 착하신 두 분은 아무 소리도 못 하셨다. 온순하시고 착하신 분들이다 보니 더욱더 노동의 대가를 받지 못하셨고, 그것은 고스란히 가족의 피해로 돌아왔다. 그래서 우리 가정은 어려워지고 이사를 가더라도 다 쓰러져 가는 폐가에서 사는 수준에 정착할 수밖에 없었다.

착하게 사는 것, 착한 사람이 복을 받는다는 것은 통하지 않는 시대이다. 착하게 살아도 복을 받기는커녕 사기와 착취만 당하는 시대이다. 사장의 미덕은 실적으로 보여 주는 것이며, 착한 것과는 별개다. 직원들에게 잘 보이기 위해, 복지로 인정받기 위해 착한 사장이 되는 것은 최악의 선택이다. 마치 국민들에게 인기를 끌고자 무분별한 복지 정책으로 나라를 거덜 내 버린 베네수엘라의 대통령처럼 말이다. 사장은 무조건 회사의 성장과 실적으로 평가받아야 한다. 누구에게나 착한 사람이 될 필요 없다. 누구에게나 착한 사람은 결국 내 자신과 가족을 불행하게 만들 수밖에 없다. 결국 나와 내 가족에게 나쁜 사람이며, 사랑하는 사람들을 피폐하게 만드는 지름길이라는 것을 나는 잘 알고 있다. 가장 사랑해야 할 사람에게 가장 큰 피해를 주는 사람은 악당에 불과하다. 우리는 동화책이나, 성장 과정에서 늘 착하게 살라고 세뇌 받는다. "가진 자들의 선악 기준에 맞추어 사는 것은 노예의 도덕"이라고 니체가 말했다.[5] 부자들은 가난한 사람에게 근면과 성실을 요구한다. 하지만 그 근면과 성실의 결과는 늘 부모님의 월급과 퇴직금마저 떼먹은 악덕사장의 몫이었고, 근면과 성실을 최고의 미덕으로 여겨 온 부모님은 늘 가난을 면치 못했다.

부모님의 월급과 퇴직금을 떼먹은 악덕사장은 그것밖에 못하는 불쌍한 사장이다. 악덕사장보다 더 나쁜 사장은 이 사람 저 사람에게 인기만 끌려고 착한 짓을 하는 착한 사장이다. 대부분은 결국 회사도 문을 닫고 직원들 월급도 못 주는

---

5) "노예들은 자신들의 삶을 고통스럽게 하는 대상을 찾아 비난하는 것에서 시작한다. 그들은 자신들과 대립관계에 있는 것을 우선 '악'으로 규정하고, 반대편에 있는 자신들을 '선'이라고 부른다. 귀족들이 '좋음'과 '나쁨'으로 불렀던 것을 노예들은 '선'과 '악'으로 부른다. 귀족들이 말하는 '나쁨'에 연민과 동정이 담겼다면, 노예들이 말하는 '악'에는 저주와 원한이 담겨 있다."

사장이며, 가족마저 빈곤에 빠뜨리는 사장이다. 악덕사장이 아닌, 성과와 목표를 달성하되 줄 것은 확실히 해 주는 악바리 사장이 되어야 한다. 누구에게나 잘 보일 필요는 없다. 착한 것과 현명한 것은 분명 다른 것이다. 나를 보호하기 위해서는 거절도 하고 쓴소리도 할 줄 알아야 한다.

02

나는 오늘 뜨거운가?

큰 거 한 방은 없다

로또복권, 비트코인, 도박의 공통점은 무엇일까? 바로 '큰 거 한 방'이 가져다주는 요행일 것이다. 국어사전에서 '요행'을 찾아보면 "뜻밖에 얻는 행운"을 말한다. 뜻을 두지는 않았지만, 행운을 가져다주는 것이 바로 요행이다. 로또복권, 비트코인, 도박은 바로 이런 우연히 가져다주는 요행에 기대는 것이다. 로또복권 1등 당첨 확률은 814만 5,060분의 1. 미국 국립번개안전연구원(NLSI)이 밝힌 낙뢰에 맞을 확률 28만 분의 1보다 30배 높은 확률이다. 아무리 숫자를 연구해 봐야 814만 5,060분의 1을 과학적으로 끌어당길 수 없다.

물론 그렇게 해서 큰 요행을 맞아 팔자가 핀 사람도 있지만 모든 사람이 다 그런 것은 아니다. 얼마 전까지 비트코인이 크게 유행했다. 시사프로그램에서 비트코인으로 500억 가까이 번 사람의 이야기가 나왔고, 전 국민의 부러움을 샀다. 하지만 얼마 가지 않아 비트코인으로 500억을 번 사람의 충격적인 근황이 소개되었는데, 500억의 돈은 다 어디로 갔는지 빚에 허덕이며 살아가는 모습을 보았다. 도박은 말할 것도 없다.

요행으로 얻은 행운은 금방 도망간다. 영어로 "easy come easy go"라고 말하듯, 쉽게 얻은 것은 쉽게 잃는다. 쉽게 얻은 것에는 별로 애착을 못 느끼는 법이다. 큰 거 한 방이 가져다주는 수익은 당분간은 좋을 수 있지만, 언젠가는 떠나갈 행운이다.

대부분의 부자들은 아끼고, 모아서 시작한다. 세계경제를 좌우하는 유태인들의 격언에는 "내일 일은 오늘 하고 먹을 것은 내일 먹어라."는 말이 있다. 그만큼 돈을 쓰지 않으면 돈이 저절로 모인다.

한때 일을 열심히 하여 돈을 크게 번 적이 있다. 그때 정신 못 차리고 돈을 흥청망청 써 댔다. 오늘 쓸 돈을 다 써 버리고 내일 쓸 돈까지 끌어 당겨 써 버렸다. 내일 먹을 것도 오늘 먹었고, 오늘 할 일은 내일로 미뤘다. 그렇게 주머니에 들어오는 돈이 영원할 것처럼 살다 보니 어느덧 나는 신용등급 10등급으로, 당장 돌아올 빚까지 갚지 못하는 상황에 놓였다. 내가 돈을 잘 벌면 허세가 생기는 사람이란 것을 이때 알았다. 하지만, 내가 컨설팅을 하면서 나뿐만 아니라 많은 사람들이 쓸데없는 허세에 빠져 내일을 준비하지 못한다는 것을 깨달았다. 대기업에 다니는 직장인들은 월급 외에 성과급과 보너스가 목돈으로 들어오므로 마치 그때만큼은 영원할 것 같은 느낌에 빠져 산다. 명품을 사고, 분기별로 해외여행을 간다. 나에게 주는 보상이라고, 소확행이란 이름에 편승하여 내일 먹을 것을 오늘 먹어 버리고, 내일 쓸 돈 역시 오늘로 끌어 쓴다. 이분들의 결말은 늘 늘어난 빚과 이자에 허덕이는 삶뿐이다. 나의 과거 삶과 다를 바 없다.

내가 만난 부자들은 쓸데없이 돈을 쓰지 않는다. 자기계발이나 발전을 위해서 돈을 쓰지만, 그것은 늘 자기 수입의 일부를 벗어나지 않는다. 그들은 '티끌 모아 태산'을 알고 있다. 하지만 우리들은 '티끌 모아 티끌'이라고 잘못 이해하면서 티끌마저 아끼지 않는다. 오늘만 즐기고 살다 보니 내일이 준비되지 않는다.

이론상으로 빌 게이츠 같은 사람은 길을 가다가 100달러를 발견하면 줍지 않는다고 생각한다. 왜냐하면 1초에 150달러를 버는 빌 게이츠가 100달러짜리 지폐를 주우려고 허리를 굽히는 순간 50달러를 잃기 때문이라고 한다. 하지만 빌 게이츠는 이에 대해 직접 네티즌과 대화에서 "길 가다 100달러 지폐를 보면 줍겠다"고 답했다.[6] 내가 만난 부자들은 수십억대~수백억대 자산가들이었는데 이들은 돈과 시간을 허투루 보내지 않았다. 늘 수입과 지출을 따져 가며 소비했으며, 9,999,990원도 10원이 없으면 1억이 되지 않는다는 사실을 잘 알고 있었다. 이들은 워라밸, 소확행 따위에 관심이 없다. 돈을 벌 수 있다면 1주일에 120시간도 일하며 일과 삶의 밸런스라는 이상향 대신 일에 파묻혀 살고 있다. 금세기 최고의 부자이자 스페이스X의 창업자 일론 머스크 역시 "나는 일주일에 120시간 일한다"고 했으며, 알리바바의 창업자 마윈은 오전 9시부터 저녁 9시까지 주 6일간 일하는 중국 벤처기업 문화를 설파했다. 경쟁에서 이기려 하루 12시간씩 주 72시간을 일해야 한다는 본질을 말하며 마윈 자신도 하루 12시간 이상을 일해 왔다고 말했다.

---

6) 「빌 게이츠 "길 가다 100달러 지폐 본다면 줍겠다."」, 『연합뉴스』, 2014. 2. 11.(https://www.yna.co.kr/view/AKR20140211109200009)

하지만 우리들 대부분은 하루 12시간 일하자고 말하면 '꼰대', 워라밸을 모르는 '일중독자', '근로기준법도 모르는 잠재적 범죄자'로 취급될 수 있다. 하지만 경쟁에서 이기려면 자신에게 주어진 유일한 자원인 '시간'을 들여 정량적으로 결과를 도출해 내야 한다. 이순신 장군이 상대적으로 자원도 많고 인원수도 많은 왜적과 전쟁을 치러야 할 때 워라밸을 따지며 전쟁을 치루지 않았다. 훨씬 적은 숫자의 군인과 자원을 가지고 이길 수 있었던 것은 적은 인원의 군졸들이 왜적들보다 훨씬 더 많은 시간을 할애하여 전쟁을 준비하고 전쟁에 임했기 때문이라 생각한다. 마찬가지로 우리들은 시간과 자원이 부족한 사람들이다. 우리들은 재벌이 아니고, 타고난 금수저들이 아니다. 우리가 경쟁해야 하는 사람들은 우리보다 큰 회사에 다니는 사람들이고, 금수저를 가지고 태어난 사람들이다. 이들에게는 자원도 있고, 시간도 있다. 하지만 우리처럼 흙수저인 사람들은 시간을 투입하고 노력을 투입해야 한다. 물려받은 자원이 없으면 동일하게 주어진 시간이란 자원을 투입할 수밖에 없다. 시간은 누구에게나 24시간이므로.

경쟁자가 8시간 일하면 자원이 절대적으로 부족한 나는 12시간 정도 일하면 된다. 물량적으로 정량적으로 더 많은 시간을 투입하면 그만큼의 성과가 나오는 것은 당연하다. 부자들이 워라밸을 외치는 것은 그들은 이미 워라밸을 즐겨도 충분한 자원이 많기 때문이다. 쉽게 설명해서 10억 가진 사람은 이미 10억이 있기 때문에 정량적으로 시간을 투자하지 않아도 된다. 적어도 10억 가진 사람은 1,000만 원 가진 사람보다 여유 있게 놀아도 된다. 하지만 1,000만 원 가진 사람이 10억 가진 사람이 노니까 같이 논다면 그나마 있던 돈까지 까먹을 각오를 해야 한다. 10억 가진 사람이 노는 데 300만 원을 쓰면 자산의 0.3퍼센트를 노는 데 쓰는 것이지만, 1,000만 원 가진 사람이 똑같이 노는 데 300만 원을 쓰면 자기 자산의 30퍼센트나 쓰는 것이다. 어느 쪽이 더 치명적일까?

남들이 논다고 똑같은 수준으로 놀면 장담컨대, 100퍼센트 빚쟁이가 되거나 내일의 삶은 후퇴할 수밖에 없다. 부자들의 소비를 배우려 말고, 부자들의 돈 버는 자세를 배우려고 노력해야 한다. 부자들처럼 일하지 않으면서 부자들만큼 소비하려는 것 자체가 모순이다.

큰 거 한 방은 이 세상에 존재하지 않는다고 생각해야 한다. 어쩌다 우연히 큰 거 한 방을 얻는다 해도 그것을 지킬 능력이 되지 않으므로 그 삶은 필연적으로 수직 낙하할 수 있다. 이것은 입증된 사실이며 최소한 요행을 바라려면 그런 행운을 담을 만한 그릇을 만들어 놓자. 제발 부자들의 소비가 아닌 부자들이 일하는 자세와 태도, 부자의 생각을 배우려고 하자. 내가 이 책에서 끊임없이 강조하고 싶은 부분이기도 하다.

경제적 자유는 기본이 만든다

최근 종합격투기 MMA를 배우기 시작했다. 학창 시절 많이 싸웠던 기억이 있다. 그때를 생각하면서 기술을 익혀 나갔다. MMA를 배우면서 체력도 좋아졌지만, 중요한 것은 '기본'이 얼마나 중요한지 알게 된 점이다.

MMA 격투기에서 기본을 지키지 않고 길거리 싸움 하듯 하면 사람이 가장 많이 다치는데, 그 이유는 되는 대로 막 싸우기 때문이다. 호흡도, 스텝도, 펀치도, 킥도 되는 대로 내 기분, 내 감정이 내키는 대로 하다 보니 모든 것이 엉망이 된다. 그러다 보니 호흡과 스텝, 펀치와 킥이 체계적인 상대에게 맥을 못 추고 다운이 될 수밖에 없다. 피할 때와 피하지 말아야 할 때, 주먹을 얻어맞고도 공격할 타이밍에 뒷걸음치며 도망간다. 타격할 시점에 그래플링을 하다가 얻어맞기도 하고 제멋대로 주먹을 휘두르다 체력을 소진시켜 일격에 무너진다. 나는 기본에 충실하지 않고 혹시나 하는 마음으로 관장님께 실전에 써먹는 멋진 기술을 알려 달라고 말해 봤지만, 관장님은 가서 기본부터 닦으라고 말씀하셨다. 실전에 바로 써먹는 기술이란 존재하지 않는다. 기본이 닦여야 타격 기술을 배워도 제대로 써먹을 수 있고 그래플링 기술로 상대방을 제압할 수 있다.

우리는 기본조차 없으면서 부를 얻고 경제적 자유부터 꿈꾼다. 이는 마치 동네 길거리 싸움으로 당장 MMA 무대에 나가서 우승하고 싶다는 꿈을 꾸는 것과 똑같다. 경제적 자유를 얻으려면 먼저 '어떤 일을 어떻게, 어떤 사고방식으로 해야 하는 가'라는 기본을 익히는 것이 선행되어야 한다고 생각한다.

우선 경제적 자유를 얻기 위해 어떤 일을 해야 할지 생각해봐야 한다. 안정적인 직업군인으로 일해도, 금융 세일즈 분야에서 일해도 돈 버는 것은 똑같다. 다만 얼마나 자주, 얼마나 많이 버느냐의 차이다. 직업군인으로 몸을 담고 있을 때에는 늘 정해진 월급날에 정말 죽지 않을 만큼의 월급을 받았다. 그것도 술 마

2년 정도 기거하며 꿈을 키웠던 쪽방고시원

시는 데 쓰니 월급은 눈 녹듯 사라졌고 나는 또 다음 월급날만 기다리게 되었다. 하지만 금융 세일즈와 사업을 하면서 나는 직업군인 월급 때와 비교할 수 없을 정도로 큰 수입을 얻기 시작했다. 똑같이 돈을 벌어도 더 많이 버는 쪽을 선택하는 것이 좋겠다는 게 내가 몸소 겪은 뻔한 결론인데, 어느 날 갑자기 직업군인을 그만두고 다음 날부터 많은 연봉을 받는 사람이 된 것은 아니다. 앞에서 설명한 바, 2년 이상을 회사 일에 충실하면서 기본기를 연마했고 실전에서 내 것으로 만들었다. 1~2평 남짓한 쪽방에서 먹고 자고 일하며 성과 만들기에 집중했다. 나의 멘토로부터 영

업과 비즈니스 스킬을 배웠고, 우울하고 자기연민에 사로잡혀 술만 찾던 썩어 빠진 정신머리를 싹 다 고치고 업무의 기본기를 익혔다. 기본기가 쌓이니 실적은 회사 전체 1등을 달성할 수 있었고, 부지점장에서 지점장, 회사 임원까지 승진할 수 있었다.

비유를 하자면 막싸움만 하던 일반인이 꾸준한 훈련과 자기 수련을 거쳐 MMA 선수, 체육관 관장으로 성장한 것과 비슷하다고 볼 수 있다. 지금은 체육관 관장이 아닌 1등이란 타이틀을 가지고 나만의 사업을 하는 사람이 되었다.

경제적 자유는 지금부터 조금씩 누리고 있는데, 수익의 30퍼센트 정도는 배우고 익히는 데 재투자하며 부모님의 식당을 열어 드려 가족의 삶까지 180도 탈바꿈시켰다.

사랑하는 사람들에게 사람처럼 대할 수 있는 것. 이것이 진정한 경제적 자유가 아닌가. 나는 지금 경제적 자유의 '일부'를 달성했을 뿐이지 유튜브나 TV에 나오는 큰 부자들처럼 대단한 성공과 부를 일군 것이 아니라 현재진행형이기 때문에 내가 더 성장하는 데 사용하는 교육비와, 부모님께서 제2인생을 새롭게 시작하여 편안한 노후를 사실 수 있게 새로운 일터와 보금자리를 만들어 드리는 데 돈을 쓰기 시작했다. 나는 앞으로 경제적 자유가 계속 확대될 것이라 확신한다. 왜? 나는 경제적 자유를 얻기 위한 기본기가 있기 때문이다.

그렇다면 경제적 기본기란 무엇일까? 나에게는 무슨 일이든 더 잘해 낼 수 있는 방법을 찾아내는 것, 그것이 경제적 자유를 가능하게 하는 기본기 중 하나였다.

군대에서 내가 골치 아픈 사람이 되었던 것은 자기 기준대로 일했기 때문이라 생각한다. 군대에서는 바뀌지 않는 불문율이 있다. 시키지 않은 일은 하지 않으며 '왜'라고 묻지 않는 것이다. 그냥 시킨 것만 열심히 하고, 교범대로만 하는 것이 군대에서 일 잘하는 행동이었다. 그런데 나는 내 기준대로 일을 했고 창의성을 보태어 생활을 했기 때문에 군 생활은 엉망이 되었고, 죽고 싶을 만큼 힘들었다.

사업을 하면서, 그리고 영업을 하면서 내가 겪어 본 경험에 의하면 가장 힘들고 골치 아픈 직원은 자기 기준대로 일하는 사람이다. 영업에도 기본이 존재하고, 업무에도 스킬이 존재한다. 사업에도 비즈니스 룰이 존재하며 어떻게 해야만 성공하여 성과를 많이 달성할 수 있는지 일정 수준의 검증된 자세와 법칙이 존재한다. 대부분의 사람들은 자신이 일을 충분히 잘했다고 생각한다. 더 잘하는 방법과 더 효율적으로, 더 완벽하게 할 수 있는 방법이 존재하는데 그것을 인정하지 않고 자기 기준대로 일하는 것이다. 그래서 항상 최선을 다했다고 말한다. 항상 최선을 다하는 것은 중요한 일이다. 하지만 그것보다 더 중요한 일은 성과를 내는 일에 최적의 방법으로 최선을 다하는 것이다. 무턱대고 열심히 최선을 다하는 것은 동네 꼬마가 길거리에서 싸우던 기술로 링 위에 올라가자마자 MMA 선수에게 흠씬 두들겨 맞고 KO패 한 후 나는 최선을 다했지만, 운이 안 따라 줬을 뿐이라 말하는 것과 같다. 운이 안 따라 준 것이 아니라 효율적으로 싸우는 방법을 모르기 때문이고, 더 완벽하게 싸우는 방법을 배우지 않았기 때문이다. 마구잡이로 팔다리를 휘두른다고 MMA 선수를 이길 수 있는 것은 아님에도 최선을 다하면 된다는 생각은 큰 착각이다. 두드려 맞기 전에 이런 착각은 버리고 차근차근 MMA 기술 기본부터 배우는 것이 낫다.

처음 일을 배우거나 영업 사업을 배우려 한다면 기본기가 존재한다는 것을 인정하고 선배나 멘토로부터 기본기를 충실히 배워 나가야 한다. 그래야만 길거리 막싸움에서 벗어날 수 있고, 우연히 얻어걸려 성공만을 바라는 요행이 아닌 제대로 된 경제적 자유의 기본기를 얻을 수 있기 때문이다.

나 역시 지금도 멈추지 않고 항상 배우고 있다. 세일즈 분야에서 1등을 하신 분들, 비즈니스에서 큰 성과를 이루신 분들의 사고방식과 일하는 방법이라면 그 얼마를 들인다고 해도 오프라인 강의장에 직접 찾아가 배우고 있다. 아무리 바빠도 사무실에 들어와 하루에 1시간 이상은 꼭 내가 알고 싶은 분야에 대해서 책을 읽고 그 지식을 내 것으로 만들기 위해 항상 노력하고 있다. 왜 그렇게 책을 읽고 큰돈을 내서 배우냐고 사람들이 물을 때마다 "더 효율적인 방법이 있는데도 나만의 기준으로 일하는 것이 아닌지, 내 일을 충분히 잘했다고 만족하며 내 기준대로 일한 것은 아닌지 반성해 보기 위해서"라고 답한다.

클래스에 맞는 기본기는 늘 다른 것 같다. 연봉 1억에 맞는 기본기가 있고, 연봉 10억에 맞는 기본기가 있다. 연봉 100억에 맞는 기본기는 또 다르다. 연봉 1억의 기본기로 연봉 100억의 기본기에 도전하는 것 자체가 무리다. 그렇기에 나는 그 기본기를 배우기 위해서 배움에 있어서도 아직 진행형이다. 매번 자격증에 도전하고, 부족한 경험은 책으로 배우고 있으며, 유튜브 채널을 통해서도 어느 자리에 있든 틈틈이 배우고 지식을 보충하고 있다. 그래도 부족하면 책의 저자나 유튜브의 주인공을 직접 찾아가 아무리 비싸도 돈을 내고 배우며 내 기본기를 항상 업데이트해 나가고 있다. 나는 아직도 정주영 회장님만큼의 경제적 자유를 언급할 수준도 아니며 그만한 기본을 갖춘 것도 아니기 때문이다.

오늘만 산다 vs 미래를 산다

"니들은 내일만 보고 살지? 내일만 사는 놈은, 오늘만 사는 놈한테 죽는다.
나는 오늘만 산다."

원빈이 주인공으로 나온 영화 〈아저씨〉에서 원빈이 말한 대사다. 극 중 얼굴도 잘생긴 특수부대 출신 원빈이 장기매매범들에게 정의를 실현하는 과정에서 "오늘만 산다"는 대사를 멋지게 날리는 바람에 오늘만 산다는 것이 유행어가 되었다.

때마침 해외에도 YOLO(욜로, You Only Live Once)라 하여 오늘만 즐기며 사는 삶이 한국에 수입되었다. 나 역시 동시대를 사는 같은 세대 사람으로 욜로, 워라밸을 맹신한 적 있다.(그러다가 신용등급 10등급의 삶이라는 지옥을 맛봤다.) YOLO는 '한 번만 사는 인생, 그냥 내 마음대로 살겠다'는 뜻인데 얼핏 들으면 맞는 말 같다. 하지만 직접 경험해 보면 얼마나 지옥 같은 말인지 알 수 있다.

오늘만 사는 삶의 함정은 대책과 계획이 없다는 것이다. 〈기생충〉에서 송강호가 말한 "절대 실패하지 않는 계획이 뭔지 아니? 무계획이야, 무계획. 계획을 하면 반드시 계획대로 안 되거든"이란 말과 일맥상통한다. '어차피 계획대로 안 될 거 아예 계획을 세우지 말고 살자', '이번 생은 틀렸으니 오늘은 대충 즐기며 살자'고 해석하며 살아간다.

장담컨대 욜로는 가짜다. 욜로로 내일도 행복할 수 없다는 데에 내 손목을 걸 수 있다. 운전은 하는데 내비게이션이 가르쳐 주는 목적지도 없이 되는 대로 엑셀을 밟아 어디든 간다면, 어디로 갈지 모른다. 끊긴 길이 나올지, 공사장이 나올지, 막다른 길이 나올지 모른다. 마라톤 선수가 뛰긴 뛰는데 그냥 계획 없이 아무 길이나 뛰어간다면 다시 한 바퀴 돌아 출발지로 되돌아갈 수도 있다. 이런 운전은 사고가 날 게 뻔하고, 이런 마라톤 선수는 우승이나 완주와는 거리가 멀다. 매우 위험하고 불행한 삶이 '오늘만 사는 삶'인데, 그것을 욜로로 부르든, 오대수('오'늘만 '대'충 '수'습하는)의 삶의 종착지는 빈곤이라는 힘들고 비참한 종점일 뿐이다. 행복과는 전혀 거리가 멀다.

젊어서는 욜로가 통한다. 젊으니 힘도 있고 시간도 있다. 하지만, 개인이 가진 유일한 자원인 시간이 흘러갈수록 건강도, 힘도 떨어진다. 나이가 들수록 시간은 더 빨리 지나간다. 욜로 하느라 내일 쓸 돈을 오늘 다 끌어 써 버렸으니 폐지라도 주워야 연명하지만 그렇게 살기는 싫다. 그러니 복지를 무상으로 강화해 준다는 정치인들에게 끌린다. 열심히 일해 봐야 손해라는 인식이 퍼지고, 사회는 노동의 가치를 상실한다. 대충 일하느니 실업급여나, 지원금 따위를 받아서 연명하는 것. 오늘만 사느라 소비에 집중해 더 가난해진 대중이 찍을 정치인은 더 많은 지원금을 준다는 정치인이다.

하지만 아는가? 욜로라는 말 자체가 기업체에서 자신들의 상품과 서비스를 더 많이 소비시키기 위해서 만든 용어라는 점을 말이다. 정치권에서는 욜로, 워라밸 같은 이상적인 말을 정책에 덧씌워 표를 모으려 한다. 정치와 기업체에 잘 보이고 싶은 학자들은 한 발 더 나아가 욜로, 소확행, 워라밸만이 행복을 지키는 길이라고 논문과 책까지 써 내려 간다.

정치인들은 이 논문을 읽고 더 일하면 안 되는 이유를 들어 더 일하면 처벌받는 법안을 만들어 낸다. 또, 기업이 더 일해서 큰 성과를 내면 세금으로 따끔하게 혼내 주는 정책을 만들어낸다. 개인의 노력으로 부자가 되려 여러 분야에 투자라도 한다면 악으로 규정하여 징벌적인 세금을 때려 주기 위해 행정력을 집중한다.

오늘만 사는 삶이 잘못된 것인데 대체 어디서부터 잘못된 것일까? 내일을 계획하고 준비하기 위해서 일을 더 많이 하면 징벌을 받는 우리나라는 어디서부터 잘못된 것일까?

정말 다행인 것은 욜로와 소확행, 워라밸을 백날 외쳐 봐야 빈곤하고 불행해진다는 점을 점차 사람들이 알게 되었다는 점이다. 그 많던 욜로족들은 지금 사라져 가고 있다. 워라밸을 해 봐야 늘 가난하고 빈곤한 삶에서 벗어날 수 없다는 점을 깨달아 회사 일 끝나고 배달일이라도 기웃거리려야 하는 게 현실이다.

우리를 행복하게 해 준다는 워라밸, 소확행, 욜로 같은 가짜 행복을 부르는 주문은 더 이상 유효하지 않다. 누군가 정치적으로, 마케팅적으로 프로그래밍한 단어인 워라밸, 소확행, 욜로에 놀아난 사람들은 여전히 불행하고, 가난하다는 사실을 깨닫고 이제 투잡러를 넘어 N잡러로 변신하고 있다. 본인 직업 외에 2~3개의 알바를 더하느라 일하는 총량은 더 늘어났다.

문제는 숙련된 직업에서 하루 8시간, 주당 52시간 이상 일하여 더 큰 성과를 내고 보상받는 것을 법적으로 금지되었다는 점인데, 더 일하고 싶은 사람은 숙련된 분야가 아닌 배달 같은 비숙련 분야에서 비정규직 알바를 해야만 돈을 벌게 하는 바보 같은 법이 제도화된 것이다.

주 52시간 근무제는 한 주에 일할 수 있는 총 근로시간을 68시간에서 52시간으로 단축한 제도로 주 52시간 이상 근무하기로 사용자와 근로자 사이에 합의하였더라도, 주 52시간을 초과해 근무하면 위법이다. 이는 초과한 근무에 대해 대체휴가나 수당과 같은 보상을 지급한다 하더라도 위법이 된다. 주 52시간제는 52시간 이후에 돈을 더 벌고 싶다면 단순 반복하는 비숙련 알바를 해서 돈을 벌 수 있도록 장려하는 법안처럼 보인다.

바보들의 행진 아닌가. 차라리 숙련된 자기 분야에서 52시간 이상 집중하여 일하여 성과를 내면 단순 배달같이 비정규 비숙련 일자리에서 벌어들이는 돈보다 더 많을 것인데. 욜로족이나 워라밸족의 바람과는 달리 배달 같은 알바로 더 많은 시간을 일해야만 원하는 돈을 벌어 간신히 먹고살 수 있다는 현실이 웃길 따름이다.

우리는 왜 결론적으로 우리를 불행하게 만든 욜로, 소확행, 워라밸 같은 말장난에 놀아났을까? 그동안 이 말장난에 속아 오늘만 살아왔다면 더 비참한 미래를 맞기 전에 내일을 준비해야 한다. 저녁이 있는 삶, 워라밸, 소확행, 욜로 따위처럼 말장난 같은 유행어에 인생을 걸지 말라.

시간, 돈, 일.
성과의 세 기둥

사람이라면 절대로 벗어날 수 없는 세 가지가 있는데 첫째는 시간, 둘째는 돈, 셋째는 일이다. 지구상에 살아 있는 사람이라면 살아 있는 동안 이 세 가지에서 벗어날 수 없다.

세 가지는 서로 크게 영향받는다. 시간을 많이 투자하거나 적게 투자함에 따라서 일의 성과가 달라질 수 있다. 때로는 시간을 투자했는데 성과가 안 나올 수도 있다. 일에는 시간이 필요하고 시간에는 또다시 일하는 노력을 투입해야 성과가 나온다.

#시간

나는 시간, 일, 성과를 매우 소중하게 여긴다. 직업군인 시절부터 허송세월한 시간이 많은 나로서는 하루하루가 늘 아쉽다. 20대 때 허송세월 보내 놓고 30대에 정신 차리고 보니 나의 소중한 20대는 늘 잘못된 판단으로 생긴 고생과 우울함으로 얼룩져 있었다. 새파랗게 가장 젊고 싱싱해야 할 20대에 인생의 희망을 놓아 버릴 정도로 무기력했으며, 그나마 작은 낙을 '술'에서 찾았다. 항상 술을 마시며 시간을 허비하고 그다음 날 맨 정신으로 일할 수 없었던 모든 것들을 수습하고 괴로워하다가 다시 빈곤해지는 악순환이 계속되었기에 나는 20대의 소중한 시간을 몽땅 날려버린 느낌이다. 이에 대한 보상심리라도 갖게 된 듯, 20대 후반에는 미친 듯이 일을 했다. 세일즈와 경영, 사업을 배우는 일에 모든 시간을 투자했다. 자본도 없고 마땅한 일도 없는 내게는 '시간'이라는 자원이 유일무이한 자원이었다. 그래서 시간을 들여 존경하는 멘토와 인생 선배들로부터 세일즈와 경영, 사업의 기본을 배우는 데 모든 것을 투자했다.

회사에서 숙식을 해결하며 배워 나갈 때에 일에 투입한 시간의 양은 질로 바뀌었고, 업무의 양이 늘어날수록 질과 성과도 좋아졌다.

20대에 무턱대고 흘려보낸 시간을 되돌릴 수만 있다면 지금보다 10배는 많은 성과를 낼 수 있었겠다 후회하는데, 이미 지나간 시간을 되돌릴 수는 없는 노릇이다. 그 후회감은 강한 보상심리로 돌아왔고 과거를 회개하는 죄인처럼 하루하루를 정말 소중하게 보내고 있다.

엎어진 물을 되담을 수 없고, 흐르는 강물을 되돌릴 수 없듯이 흘러간 시간을 되돌릴 수 없다. 내가 아무리 돈이 많고, 성공을 해도 못하는 것이 시간을 되돌리는 일이다. 그런 면에서 볼 때 지금 책 쓰는 시간, 일하는 시간은 매우 소중한 유일무이한 자원이기 때문에 시간과 인생을 낭비한 죄를 저질러서는 안 된다.

#일
·····

"당신이 좋아하는 것에 관심을 기울여라. 그렇지 않으면 당신이 좋아하지
않는 것을 좋아하도록 강요받을 것이다."

- 버나드 쇼

나는 일이 두 종류가 있다고 생각한다. 첫 번째는 내 직업군인 시절처럼 시간만 보내면 알아서 월급이 나오는 일, 두 번째는 지금처럼 내가 목표를 세우고 성과를 만들고 자리를 만들고 부를 일굴 수 있는 일. 전자는 공무원, 샐러리맨 종류가 있다. 후자는 세일즈맨, 사업가, 경영자, 투자자 등의 종류가 있을 것이다. 그런데 일이라고 해서 다 같은 일이 아니다.

일에 대한 종류는 여러 가지인데, 곧 사라질 일, 기계가 대체할 일, 수동적인 일은 피해야 한다. 바리스타나 치킨을 튀기는 일은 로봇이 대체하고 있고, 마트의 계산원은 셀프계산대나 아마존고 같은 자동계산대로 대체된다.

일에서 열정이란 중요한 요소이며 열정은 고객을 감동시키는데, 곧 사라질 일이나 없어질 일에 열정을 더해 봐야 소용없는 노릇이다. 월급을 받는 일을 선택할 것인지, 성과대로 수입을 얻는 일을 선택할 것인지는 개인의 선택에 달려 있지만 10년, 20년 후의 미래를 생각해 볼 때 어느 일이 더 개인의 미래를 보장할 것인지 자명하다.

일에도 선택이 필요하다. 돈이 된다고 아무 일이나 덜컥 시작했다가는 나처럼 신용등급 10등급의 삶을 살며 굳이 경험하지 않아도 될 일에 황금 같은 시간을 빼앗기며 수많은 에너지를 낭비하면서 고생할 필요는 없다.

직장인은 월급날을 기다리며 하루하루 살아야 하는 삶으로 변질될 가능성이 있다. 처음 입사할 때의 초심을 잃고 여러 일에 시달리다 보면 그냥 내 한 몸 자기 밥그릇만 보전하면 된다는 안일한 생각에 차츰 물들기마련이다. 회사의 근무기간과 함께 늘어나는 뱃살, 그리고 무엇이든 시켜 주면 다 하겠다는 초심과는 달리 요령이 생기고 편안함을 추구하는 삶으로 점차 변하는 것이다.

실업이 일상화된 현재의 시대에는 예전처럼 앉아 있으면 그냥 몸값이올라가고 평생 나를 보호해 줄 회사가 없다. 예전에는 종신고용이 보장되던 때가 있었고 퇴직금만 받아도 넉넉히 나머지 삶을 살 수 있는 시대가 있었다. 그러나 시대가 변했다. 코로나 이전 시대로 돌아갈 수 없듯이, 장담컨대 그러한 시대로 다시 돌아갈 수 없다.

그 좋았던 시절을 떠올리며 그런 시절이 다시 오기를 기다리는 것 자체가 허망한 생각이고, 내 직업을 잃을 수 있는 지름길이자, 회사의 밥만 축내는 무가치한 사람이 되어 버리는 것이다. 예전이건 지금이건 항상 중요한 것은 내가 스스로 얼마나 성과를 냈고 얼마나 많은 가치를 만들어 냈느냐이다. 뱃살은 빼면 되고, 모르는 것은 악착같이 배우면 된다. 다만 안정에 기대어 사느냐, 변화를 먹고사느냐에 따라 나의 3년, 5년 후가 달라진다.

#성과

일은 엉덩이로 하지 말고 머리로 해야 한다. 사람은 목 위와 목 아래로 나눌 수가 있다. 사람이 어떻게 일하며 어떤 가치를 가지고 일하는지 판단하는 나만의 기준이다. 목 위에는 머리가 달려 있다. 목 아래로는 배가 달려 있다. 먹기만 하는 사람, 먹고 입는 것만 즐거운 사람은 배를 위해 존재하며 즐거움만 추구하는 사람일 수 있다고 생각한다. 반면 먹을 것 외에 머리(두뇌)에 필요한 양분을 위해 책을 사고 자기계발을 위해 학원을 다니고 동영상 강좌를 듣는 등의 투자를 할 수 있다. 돈을 어디에 쓰는지 자세히 따져 보면 목 아래를 쓰는지 목 위를 쓰는지를 알 수 있다. 그래서 일을 엉덩이로 하지 말고 머리로 해야 한다. 그렇게 돈을 벌려면 돈은 목 위에 달린 머리에 투자해야 한다.

우리는 갈고 닦고 조이고 만들어 내며 근육의 힘으로 일하는 산업시대에 사는 게 아니라 고도화된 정보화, 지식 기반 시대에 살고 있다. 엉덩이로 일하는 것은 아직도 산업시대의 방식을 고수하는 업무스타일이 아닌가? 공부는 엉덩이로 해야 하지만, 일은 머리로 해야 한다. 무조건 열심히, 최선을 다해서 하는 것이 아니라, 영리하게 열심히 일하는 것, 그래서 일의 성과를 만들어 내는 것이야말로 일의 본질이다.

혁신(革新)이라는 한자어에 가죽 혁이 들어가는데, 가죽을 벗길 정도로의 어려운 과정과 고통스러운 게 바로 혁신이라는 것이다. 가죽을 벗기는 고통을 겪더라도 생존을 위해 변화하는 게 고통 속에서 죽어 가는 것보다 나은 것이기에 이렇게 표현한다.

시간, 일, 성과에 대해서 가죽을 벗기는 정도의 노력을 기울여야 한다. 그만큼 아프고 고통스러운 과정이지만, 이러한 과정이 없으면 5년 후, 10년 후는 오늘과 별반 다를 바가 없어진다.

숙제를 끝내면, 축제가 시작된다

학창 시절 숙제는 나를 고통스럽게 했다. 숙제 없는 세상에 살고 싶다 할 정도로 숙제는 괴로움의 원천이었다. 특히 나처럼 모범적이지 않은 학생에게 숙제는 늘 선생님께 혼날 빌미를 제공했으며, 공부와 담을 쌓게 만드는 걸림돌이 되었다. 학교를 벗어나고 보니 숙제라는 것은 학교에서만 존재하는 것이 아니라 인생 자체가 거대한 숙제였던 것 같다.

직업군인 생활을 하면서 고통스러워도 견뎌야 했던 숙제, 빨리 가난에서 벗어나고 싶었던 숙제, 내 직업이 무엇인가를 찾아야 하는 숙제, 세일즈에 대한 목표를 달성해야 하는 숙제와 인간관계에 남겨진 숙제까지. 오히려 학교는 실수해도 혼나면 그만인데, 사회생활을 하면서 숙제를 제대로 안 하면 나와 내 가족과 직원을 위태롭게 만든다는 것을 알게 되었기에 목숨을 걸고 일한다.

책 쓰기도, 운동도, 세일즈도, 회사운영도 모두 숙제를 풀어 가는 과정이다. 다만 숙제가 늘 삶을 어렵게 하는 것은 아닌 듯싶다. 숙제를 풀면 축제가 시작된다.

월급쟁이 직업군인, 세일즈를 처음 배우며 성과를 달성할 때, 사업을 배우기 시작할 때 모두가 숙제의 연속이었지만 숙제를 하나씩 풀어 나가면서 성과는 높아지고 결과는 축제로 돌아왔다.

부모님께 식당도 열어 드릴 만큼 경제적 여유도 생겼고, 내가 부족한 점을 배울 때 필요한 자금도 부족하지 않을 만큼 나에게 재투자가 가능해졌다.

학교에서는 숙제를 다 하면, 또다시 수업과 숙제가 반복되지만 사회에서는 숙제를 해결할 때마다 좋은 성과와 보상이 주어지는데, 이것이 학교와 사회의 차이점인 것 같다. 숙제를 끝내면 축제가 시작되고 그렇게 축제를 즐기다 보면 또다시 새로운 숙제를 만나는데 그동안의 아이디어와 실천력을 토대로 숙제를 풀어 나가면 나는 어느새 또 성장해 있다.

숙제는 어떤 것이든 고통스럽긴 매한가지다. 학교 다닐 때나 지금이나. 하지만 숙제를 축제로 만드는 여정인 만큼 해결하는 데 인색해서는 안 된다고 생각한다. 20대의 숙제를 미루고 덮다 보니 20대에 빈곤하고 초라한 삶을 살았다. 숙제를 미루면 더 큰 숙제와 고통으로 돌아온다는 점을 깨달았다. 그래서 숙제는 무슨 수를 써서라도 해결한다. 축제를 앞당겨야지 숙제에 매몰되어 살아서는 안 된다.

내게는 가난을 쫓아내고, 성공과 번영을 나와 내 가정과 일터에 뿌리내리는 큰 숙제가 아직 남아 있다. 나와 함께 일하는 사람들을 부자로 만들고, 나와 내 가족을 부유하게 하며, 나를 만나는 사람들을 부와 번영의 길로 인도하는 것이 나의 사명이라 생각한다.

내가 경영하고 있는 행복경영지원센터 역시 숙제를 풀어주는 데 도움을 주는 역할을 한다. 고객의 숙제를 풀어서 축제로 만들어 줄 수 있다면 나는 그것보다 행복한 일이 없다고 생각한다.

나는 오늘 뜨거운가?

"연탄재 함부로 발로 차지 마라. 너는 누구에게 한 번이라도 뜨거운 사람이었느냐"라는 안도현 시인의 시구를 읽었을 때 충격을 받았다.

매일 저녁 잠에 들기 전에 나는 뜨거움을 가지고 있었는지, 오늘 뜨겁게 살았는지를 돌아본다. 연탄재처럼 식어 버린 마음과 열정은 내가 가장 주의하는 부분이다.

그래서 '나는 오늘 뜨거운가?'로 하루를 시작해서 '나는 오늘 뜨거웠나?'라는 질문으로 하루를 마감한다. 사무실에 나와서 일을 하기 전, 늦은 밤 퇴근 전에 사무실을 한 바퀴 둘러보는 습관이 있는데 그럴 때면 항상 '나는 오늘 뜨거운가?'라는 질문을 스스로 던져 본다.

나는 솔직하게 말하고 싶다. 돈을 뜨겁게 좋아한다. 성공 역시 뜨겁게 좋아한다. 내가 경험한 돈은 자유와 권력을 주는 것이었다. 돈을 잘 대해 줄수록 돈은 내게 자유와 권력을 주었다. 모두들 돈을 좋아하는데 그것이 좋다고 대놓고 말하지 않는 것이 바로 돈이다. 돈이 많이 있다면 하기 싫은 일로부터 자유로울 수 있으며 지금 당장 하고 싶은 일을 할 수 있다. 솔직히 돈을 싫어하는 사람은 아무도 없다.

뜨거운 삶은 주 5일 근무와 하루 8시간, 주당 52시간 근무제로 재단받는 삶이 아니다. 서울대학교에 들어가려면 학교수업만으로 서울대학교에 들어가지 못한다. 학교 수업 외에 과외도 받고 학원도 다니면서 정해진 수업시간만 공부하지 않은 것처럼, 하루 8시간, 주 52시간만 일해서는 부와 성공을 쟁취할 수 없다. 일론 머스크는 120시간을 일했고, 알리바바의 마윈은 하루 12시간을 일하였다. 물론 과로사 할 정도로 일하는 것은 문제이지만, 남들과 똑같이 워라밸을 즐기고 남들과 똑같이 욜로 생활을 하면서 성공을 얻고 싶어 하는 마음은 도둑놈 심보다. 그것은 정의도 아니고, 평등도 아니고 그저 도둑놈의 원리일 뿐이다.

뜨거운 마음은 뜨거운 행동으로 나타나기 마련이다. 연애를 할 때도 애인을 향한 뜨거운 마음은 적극적인 행동으로 표출되기 마련이다. 성공에 대한 뜨거운 마음은 뜨거운 행동으로 표출될 수밖에 없다.

일본 경영의 신 이나모리 가즈오 회장은 기적은 기적으로만 머물지 않으며 꿈은 이루고자 하는 사람에게만 이루어지는 법이라 말했다. 그리고 간절히 바라면 그 꿈은 이루어지는 법이라고 했다. 일본 1등, 세계 1등의 기업이 되는 꿈을 품자 어느새 그 꿈이 당연한 것처럼 여겨지고 그 꿈이 하루하루 쌓이면서 교세라는 창업한 지 1년 만에 누구도 예상하지 못한 성과를 거두었다고 한다. 삶과 성공은 자세와 마음가짐에서 나온다고 하는 말이 결코 헛말은 아니다. 1등이 되겠다는 생각과 열정이 아직 내게는 부족하다. 꿈을 가지지 않고 하루하루 되는 대로 살아가기 때문에 어제와 같은 오늘이 되고 그렇게 하루하루가 쌓여서 작년과 같은 올해로 머물러 있는 것이다. 이 부분은 크게 반성하고 있고, 어제와 다르게 살려고 치열하게 몸부림친다. 하루하루 그냥 주어진 하루가 아니다. 이나모리 가즈오 회장에게 하루하루는 꿈을 통해서 세계적인 기업 교세라를 만드는 하루하루였을 것이다.

그렇다면 나 역시 그런 꿈, 성공하겠다는 것과 1등이 되겠다는 간절한 꿈을 꾼다면 그것은 어제와 다른 오늘, 오늘과 다른 내일을 만드는 첫걸음이 되는 것이다. 처음부터 높은 꿈을 가지고 도전한다면 행동과 태도와 생각이 달라진다. 거저 주어지는 성공은 없다. 높은 꿈과 뜻을 가지고 내가 하고 있는 일에 뜨거워진다면 성공할 수 있는 것이다. 한 번에 수직 상승하는 성공이란 없다. 이나모리 가즈오 회장도 한 걸음 한 걸음 성공을 위해 나아갈 때 결국 1년, 5년, 10년 후의 결과가 다르다고 말했다. 노력과 열정 그리고 내가 하는 일을 사랑하는 것이 있어야 성공할 수 있다는 것이다.

나는 한 번이라도 뜨거운 사람이었나?
나는 지금 뜨거운가?

오늘도 내가 내게 던지는 질문이다.

가난은 습관이며, 질병이다

부모님의 삶을 계속 언급해서 미안하지만, 나는 부모님으로부터 가난을 경험했고 목격했다. 가난은 아름답고 착하고 순수한 것이 아니다. 한겨울 추위만큼이나 혹독하고, 세상으로부터 버림받을 정도로 비참한 것이기 때문이다. 가난이 습관이기 때문에 여유가 생겨도 가난을 선택하고, 실제로 가난한 삶을 이어 가게 된다.

세상에서 가장 무거운 것이 무엇인가? 바로 텅 빈 지갑이다. 사회생활을 해 본 사람이라면 빈 지갑이 얼마나 무거운지 절실하게 느낀다. 그렇지 않던가?

또한 이 세상에서 영향을 크게 준 책은 무엇인가? 사람에 따라 성경, 논어, 불경 등 수많은 책이 있겠지만 현실적으로 말하면 은행 통장이 아니던가? 은행 통장에 찍힌 숫자에 우리는 울고 웃고 괴로워한다. 작은 책처럼 생긴 은행 통장은 우리 인생에 막대한 영향을 끼친다. 그럼에도 언제까지 돈에 관심 없다고 말할 것인가? 우리 속담에 돈이 있으면 귀신도 부린다고 한다. 돈은 닫혀 있는 모든 문을 열 수 있다는 유대인 속담도 있다. 나는 인간이 특별히 다른 동물보다 낫다고 생각하는 것은 돈에 대한 걱정을 할 수 있기 때문이라 생각한다. 재물이 늘면 걱정거리도 늘지만, 재물이 없으면 걱정거리가 더 많아진다. 돈이 많아서 죄악에 빠진다고 청빈함을 강조하지만, 재물이 없다면 있는 것보다 더 많은 곤란함에 처하게 된다. 전쟁으로 인한 어쩔 수 없는 가난은 수치가 아니지만, 전쟁도 안 겪어 봤으면서도 가난하게 사는 것이야말로 진정한 수치인 것이다.

위대한 도약을 위한
마인드 리셋 4가지

01

경제적 노예해방
마인드 리셋 1
: 개인

- 현재까지 믿고 있던 것에 대하여

남의 기준, 남의 인생,
남의 생각에 갇힌 사람들

노예 프로그램화된 인생

1863년 1월 1일에 미국의 노예 해방에 관하여 에이브러햄 링컨 대통령이 발표하였고, 역사적으로는 노예라는 제도는 없어졌다. 우리나라의 경우 1886년 2월 6일 고종황제가 노비 세습제 폐지를 공포하고 이 땅에 봉건사회의 폐단을 알렸다. 태어날 때부터 이어져 온 노비제도는 봉건사회 아래에서 살아남아 동서고금을 막론하고 18~19세기 자유와 평등의 계몽으로 역사 속에서 완전히 사라졌다.

오늘날 노예, 노비라는 것은 제도적으로 완전히 사라졌지만, 정신적으로는 아직도 존재한다.

월급노예는 현대에 존재하는 가장 대표적인 노예제도이다. 가장 세련되었고, 가장 현실적인 제도이다. 거의 모든 사람들은 좋은 대학교에 들어가 좋은 회사에 취업하여 월급노예가 되기를 자청한다. 블랙 스완으로 유명한 나심 탈레브는 헤로인, 탄수화물, 월급을 인생에서 가장 해로운 중독 3가지로 꼽는다고 했다. 매우 적절한 표현이다. 사람들은 월급에 중독되어 무의식적으로 기다리고, 항상 부족함을 느끼고, 그 후에는 절망감을 느끼고, 다시 기다린다. 월급중독은 점차 의지와 열정을 마비시키며, 인생 중 월급날을 가장 의미 있는 날로 여기며 살아가게 만든다.

군 간부로 일하며 일반 사병들이 생활하는 환경을 보면서 나는 끌려온 사람이기 때문에 시키는 것만 잘하면 된다는 사고가 버릇이 되어 전역을 하고 나서도 그냥저냥 사는 사람들이 너무나도 많다는 것을 난 일찍 깨닫게 되었다. 한 달이 30일이라면 꿀 같은 월급날 하루를 위해서 29일을 그럭저럭 버티며 살아가는 것이다. 조부모님, 그리고 부모님을 지켜보면서 내 지갑을 남의 판단에 맡기며 살아간다는 것은 정말 잔인하고 혹독한 인생이라는 것을 알았다. 주인이 월급을 주면 밥을 먹을 수 있고, 월급을 주지 않으면 밥을 굶어야 하는 인생은 얼마나 처량한가. 이런 삶을 당연히 여기며 온몸으로 버텨 내어 살아가는 삶은 얼마나 힘든 삶인가.

수천만 명이 함께 사는 이 한국 사회의 삶과 수십억 명이 함께 사는 이 지구의 삶은 아름답고 행복한 공간이다. 그러나 아름다움은 볼 수 있는 능력과 비전을 가진 사람들의 것이며, 행복은 그것을 느낄 수 있는 사람들이라는 것을 기억해야 한다. 그리고 그 아름다움과 그 행복을 보고 느끼기 위한 기본 조건은 우선 자신의 마음과 정신이 자유롭다는 것이라고 생각한다. 자신의 진정한 내면의 가치를 이해하고 자신의 능력을 인정할 때 비로소 가치가 높아진다. 그리고 내면의 가치와 능력이 향상될 때 개인의 삶은 안정적인 발전을 향해 나아갈수록 점차 부를 창출하는 기반이 된다.

하지만 학교에 들어가 교육을 받고 좋은 회사에 들어가 안정적인 월급을 받는 삶이 가난한 아빠라고 지적한 『부자 아빠 가난한 아빠』의 로버트 기요사키의 주장처럼 우리는 좋은 학교에 들어가 졸업한 후 좋은 회사에 들어가 안정적인 월급을 받기를 갈구한다. 어쩌면 평생을 학교에서 노예로 최적화된 삶을 배우는 데 소모하는 것이 아닌가 싶다. 세상과 사업과 비즈니스를 배우기 위해서 남 밑에 들어가 일하는 것은 나쁜 일이 아니다. 정주영 회장님도 처음부터 비즈니스를 시작한 것이 아니라, 하역장에서 노역도 하고 공사장에서 잡부생활도 했고 쌀집에 취업하여 자전거한 대로 배달 일도 하셨다. 시작은 누구나 초라하다. 하지만 평생을 그렇게 살아야 한다는 것을 당연히 여기지 말라. 정주영 회장님이 평생을 노역의 월급과 쌀집 배달부의 월급에 만족하여 성실히 그 일만 했다면 오늘날 현대그룹은 세상에 태어나지 못했을 것이며, 현대자동차는 역사에 존재하지도 않았을 것이다.

배우기 위한 취업과 월급생활은 어쩔 수 없는 일이지만, 그것을 평생 직업처럼 여길수록 인생은 점차 자신의 주도권을 잃게 되기 마련이다. 월급은 나의 주도권이 아니라, 회사와 사장의 주도권이다.

우리가 남의 생각에 갇히기 시작하면서부터 불행은 시작된다. 회사에서 월급만 받으며 일할수록 월급에 복종하는 삶을 살아야 하기 때문에 자신의 생각은 점차 사라진다. 그때부터 내 생각이 아닌, 회사의 입장과 회사의 생각을 내 생각으로 착각하며 살아간다. 수십 년을 회사에서 공장장으로 일하셨던 아버지는 전형적인 회사원이셨다. 회사의 입장과 회사의 업무방식과 회사의 지침을 성실하고 부지런히 평생 실천하셨다. 그렇게 돌아온 것은 월급과 퇴직금 체납, 그리고 빈손 퇴직이었다. 젊음과 체력이라는 단물이 빠져 퇴직당한 아버지, 어머니는 어느 회사에서도 불러주지 않았다. 다 쓰러져 가는 집과 빈곤한 환경을 퇴직 선물로 받았고, 그 고통은 식구들이 고스란히 감내해야 했다.

아버지를 노예, 노비로 생각하지 않는다. 하지만, 그 삶의 방식은 옛날 노예나 노비의 삶과 별 다를 바 없다. 아버지도 한때 젊으셨고, 힘과 시간과 열정이 있었을 것이다. 하지만 언젠가부터 회사월급의 노예가 되어 안정적인 수입만을 쫓다 보니 시간은 어느새 훌쩍 지나 퇴직을 하게 되었을 것이다. 성실하게 열심히 오늘을 일하면 내일은 좋은 결과가 있을 것이라는 막연한 희망을 가지고 오늘을 살아오셨을 것이다. 대부분의 독자들도 이처럼 성실하고 근면하신 부모님이 계실 것이며, 우리 부모님과 크게 다를 바 없는 삶을 살아오셨을 것이다.

노동과 근면과 성실의 가치는 존중해야 마땅하지만, 결과적으로 노동과 근면과 성실은 아버지도, 가족도, 아닌 고용주를 위한 근면과 노동과 성실이었고, 안정적인 것이 가장 좋은 삶이라는 노예 프로그램화 된 삶의 전형이란 것을 알게 된 것은 내가 세일즈와 경영, 그리고 사업을 하면서부터였다.

삶의 도약은 각성으로부터 시작된다. 내가 왜 이렇게 살고 있는지, 그리고 내가 이렇게 살고 있는 것은 누구의 뜻대로 사는 것인지 생각해 봐야 한다. 내가 지금 이렇게 살고 있는 것은 회사 사장님의 뜻인지, 부모님의 뜻인지, 나의 뜻인지 반드시 짚고 넘어가야 한다. 내 삶의 방식을 결정하는 사람이 곧 내 삶의 주인이기 때문이다.

누가 내 삶의 주인인가? 회사 사장이 내 삶의 주인인가, 부모님이 내 삶의 주인인가, 내가 곧 내 삶의 주인인가? 지금 현실을 자각하기 위해 질문을 던져 보자.

관습적인
인생이라는 거짓말

정해진 삶을 살지 않아도 된다

어린 시절부터 우리는 누군가로부터 정해 준 삶을 살아간다. 유치원이 되면 유치원에 들어간다. 혹은 어린이집에 들어간다. 나이가 되었기 때문에 가야 하는 것은 학교생활과 학원뿐만 아니다. 고교를 졸업하고 대학에 들어간다. 꼭 그래야 하기 때문이라고 그렇게 생각한다. 대학을 졸업하면 월급을 받아야 한다고 생각한다. 그래야 하니까 그렇게 생각하며 월급쟁이가 되어야 한다고 생각한다. 누구 월급이 더 많은지 자존심을 건 기 싸움도 친구들끼리 하지만, 시간이 지날수록 그런 자존심은 점점 꺾여 나간다. 시간이 지나면 희망퇴직, 명예퇴직, 구조조정의 칼날이 드리운다. 내가 원하든 원치 않든 회사가 나가라면 나가고 일하라면 일하는 삶을 서로 비교해 봐야 도토리 키 재기일 뿐이다.

아침이 되면 출근하고, 저녁이 되면 퇴근한다. 술 한잔하면서 오늘 회사에서 받은 스트레스를 날린다. 왜 그래야 하는지는 모르지만, 늘상 그래 왔으니까 그렇게 행동한다. 관습이라는 이름으로 말이다.

그런데 생각해 보자, 누가 그렇게 룰을 정해 놨는지 말이다. 평생직장이라는 말은 이미 IMF 시기에 사라졌다. 2008년 금융위기를 거치면서 상시 구조조정과 희망퇴직이라는 단어는 흔하디흔한 단어가 되었다. 조만간 정부의 긴축 영향으로 공무원과 공공기관의 예산은 크게 깎일 것이고 공무원의 수도 점차 줄어들게 된다. 그동안 철밥통이라 믿던 거의 모든 직업은 종말을 맞이했다. 공무원이 그러하고, 교직에 계시는 교직원분들이 그러했다. 몇 년 전에는 누구나 부러워했던 직업이지만, 이제는 입에 풀칠하기도 힘든 직업으로 기피직업이 되었다.

관습적으로 안정적인 직업을 찾아 몇 년이고 시험에 매달리던 공시생들은 멘탈붕괴 직전이다. 관습이란 이름으로 평생직장을 꿈꾸며 퇴근 후 술 한잔하던 사무직원들은 점차 자동화에 밀려 나가기 시작했으며, 생산직과 서비스직 역시 자동화 물결과 로봇의 확산에 점점 일자리를 잃어 간다. 멀리 둘러볼 필요 없이 대형마트만 둘러봐도 캐셔보다 셀프계산대가 더 많아졌으며, 패스트푸드점을 들러 봐도 계산해 주던 아르바이트생보다 화면을 보며 알아서 주문하는 키오스크의 수가 더 많아졌다.

우리가 관습처럼 당연하다고 생각하던 시대의 종말을 우리가 직접 경험하고 있는 중이다. 평생 안정적이라 믿었던 것들에 대하여 배신감을 느끼지만, 시대는 되돌릴 수 없고 변화의 물결은 적응해야 살아남기 마련이다.

정해진 삶, 정해진 각본은 재미가 없다. 정해진 삶은 계획도, 예측도 필요 없다. 그냥 누군가가 정해 준 대로 살면 되기 때문에 도전도 열정도 필요 없다. 그냥 시키는 것만 잘하고, 남보다 더 잘하지도 말고 더 못하지도 않고 딱 중간만 하면 되는 삶이 바로 정해진 삶, 정해진 각본이다. 재미가 없으니 의미도 없다.

관습을 거꾸로 읽으면 습관이다. 늘 해 오던 대로, 늘 하던 방식대로의 삶은 삶을 늘 권태롭게 만든다. 월급이라는 마취제에 길들여지면 늘 하던 대로 일하고, 늘 생각하던 방식대로 일하는 것이 고착화되며 급기야 새로운 생각이 마비된다. 시키는 일만 하면 되고, '왜'라고 묻지 않아도 되니까. 판단과 결정은 사장님과 임원들이 하면 되는 것이고, 회사의 수족으로 월급을 받는 대신 아무 생각 없이 그냥 시키는 일만 열심히 하면 월급은 나오니까 더 이상 생각할 일도, 판단할 일도 없어진다. 삶의 의미도 이유도 없으니 적당히 씹을 거리를 찾다가 댓글을 달며 하루를 보내고, 예능프로그램을 보며, 드라마를 보며 기웃거리다가 웃다가 욕하다가 하루를 마무리한다.

"오징어 씹어 보셨죠? 근데 그게 무지하게 질긴 겁니다. 계속 씹으시겠습니까? 그쵸? 이빨 아프게 누가 그걸 끝까지 씹겠습니까?
마찬가지입니다. 그들이 원하는 건 술자리나 인터넷에서 씹어 댈 안줏거리가 필요한 겁니다. 적당히 씹어 대다가 싫증이 나면 뱉어 버리겠죠? 이빨도 아프고 먹고살기도 바쁘고…."

영화 〈내부자들〉의 이강희(백윤식)의 대사는 딱 들어맞는다. 영화 중 이강희(백윤식)는 대중들의 평균적 수준을 적당히 꼬집어 말하는 기득권층의 생각을 대변한다. 그런데 어쩌면 우리는 아직까지 이런 수준을 못 벗어나는 것이 아닌지 생각해 봐야 한다.

소수는 일부분의 삶의 방식을 정해 주고, 대다수는 소수가 정한 삶의 방식을 충실히 맞춰 살아간다.

이제 각성해 보자. 우리는 도대체 누가 정해 준 삶을 이렇게 열심히 살고 있고, 적당히 술자리의 안줏거리나 씹어 대다가 뱉는 행동만 하며 일생을 살아야 하는지 말이다. 적당한 대중으로 살아갈 것인가, 아니면 그런 프로그램화된 삶에서 벗어나 각성할 것인가.

지금 각성해야 한다.

타인에 의해서 끝이 정해진 삶은 노예가 제도화되었던 시대나 법적으로 노예나 노비가 사라진 세상에서나 변함없이 비참하고 힘들 뿐이다.

이번 주, 오늘 나의 삶은 술자리에서 누군가를 씹어 댈 안줏거리나 찾는 인생이 아니었는지 돌아보자. 적어도 1주일에 2일 이상은 이런 일이 있었다면, 아주 위험한 삶을 살고 있는 것이다. 하루빨리 각성하길 바란다. 그것이 습관이든, 관습이든 하루 빨리 벗어나, 남이 정해 준 삶에서 탈출해라. 정해진 삶을 살아야 한다는 관습적인 삶은 버리고, 남이 정해 준 삶을 살지 않아도 된다고 마음먹어라. 이 작은 차이가 10년쯤 지나면 인생을 바꾼다.

누군가 도와줄 거라는
망상은 버려라

행동하지 않으면 정부도, 회사도,
신도 도와주지 않는다

　　청년 실업의 문제는 1997년 경제위기 이후 기업의 도산과 구조조정 등을 겪으면서 본격화되기 시작하였다. 물론 그 이전에도 전체 실업에 비하여 청년 실업은 높은 수준이었으나 경제성장에 힘입어 상당 부분 해소가 되어 왔다. 그러나 현재 우리나라가 겪고 있는 청년층의 고실업 현상은 이전과는 상당히 다른 양상을 보이고 있다. 즉, 산업구조 및 경제 환경의 변화와 불확실성의 증가로 청년층 노동시장의 수요와 공급의 불일치가 증가해 청년 실업의 심각성이 점차 커지고 있다.

　　취업률은 곤두박질치고 있다. 덩달아 실업률은 치솟는다. 선거철마다 정치권에서는 청년 실업률을 언급하며 지원대책을 내놓는다. 이 같은 청년층 문제와 관련해 정부는 청년 실업 해소를 위한 예산의 대폭적인 증액 등을 골자로 한 청년 실업 종합대책을 마련해 추진 중에 있다. 다만, 매년마다 혹은 매 정부마다 '검토 중에 있다'는 말로 늘 똑같은 대책만 내놓을 뿐이다.

　　실업에 빠진 사람들 혹은 직업을 구하지 못한 청년들은 길거리에 나와서 청년 실업 문제를 해결해 달라며 시위하는 모습을 보면서 늘 답답한 느낌을 받는다. 이들의 마음속에는 '정부가 해 주겠지'라는 막연한 환상과 기대감이 늘 가득하기 때문이다.

그렇다면 회사는 고용을 늘려서 실업을 해결해 줄까? 대기업 총수가 뉴스와 언론에 나와서 신규고용에 과감한 투자를 하겠다고 말하지만, 대부분 정치권을 염두에 둔 립 서비스에 불과할 뿐이지 여윳돈을 털어 가며 청년들에게 일자리를 만들어 줄 이유는 없어 보인다.

사람들은 대기업 총수나 재벌 회장의 과감한 투자 소식을 접하면 안도의 한숨을 쉰다. 하지만 냉철히 생각해 보면 대기업 총수나 재벌 회장이 대규모 투자 소식, 대규모 고용계획을 발표했다고 해서 그것이 나의 삶에 아무런 도움을 주지 않는다는 것쯤은 알아야 한다. 나는 가만히 있는데 대기업이 와서 나를 채용해 주고, 나를 도와줄 것이라는 막연한 환상을 가지고 있는 사람들이 의외로 많다는 데 깜짝 놀랐다. 심지어 삼성과 LG, 현대가 미국에 대규모 투자를 하여 공장을 짓겠다고 서명한 기사에 열광하며 삼성과 LG, 현대를 자랑스러워하는데 이런 사람이 옆에 있다면 멀리해야 한다. 우리나라 기업이 미국에 투자를 하여 공장을 짓는다는 것은 곧 우리나라의 일자리가 미국으로 옮겨 간다는 것을 의미하는데도 그저 우리나라 대기업이니 자랑스러워하며 박수치는 모습은 '바보'나 다름없기 때문이다.

근처에 이런 사람이 있다면 경제 감각이 0에 가깝기 때문에 언젠가 나에게 돈 빌려 달라고 할 확률이 높기에 지금부터라도 멀리해 두길 바란다.

우리는 '누군가 도와줄 것'이라는 기대감을 늘 가지고 있다. 부모님이 도와주겠지, 혹은 정부가 도와주겠지, 회사가 도와주겠지. 신앙심이 투철한 사람이라면 '하나님'이 도와주겠지 하며 기도할 것이지만, 단언컨대 내가 가만히 있으면 정부도, 신도, 회사도, 지인 그 누구도 도와주지 않는다.

주변에서도 많이 봤을 테고, 어쩌면 이 글을 읽고 있는 당신의 이야기일지도 모른다. 생각은 늘 하는데, 생각까지만 하고 행동으로 옮기지를 못한다. 생각만 있고, 행동(실천)이 없다. 그래서 인생에 변화가 없고 기회는 잡지도 못한 채 허송세월 보내게 되는 것이다. 그러면서 온갖 불평, 불만을 늘어놓고 있는지도 모르겠다.

부모 잘못 만나서(가난한 집에 태어난 게 죄라는 등), 나라 탓, 또 온갖 이유들을 갖다 대면서 정작 제일 중요한 본인의 잘못은 단 하나도 생각하지 않는다. 그런 의식을 가진 채로는 어떤 삶의 변화도 누릴 수 없다. 평생 다람쥐 쳇바퀴 돌듯이 가난에 허우적대며, 일상이 불평, 불만투성이인 채로 살다 가게 될지도 모를 일이다.

변화를 원한다면 무엇이라도 노력하고 도전해야 한다. 행동하지 않으면 인생에 변화가 없다. 있을 수가 없다. 그러니, 작은 기회라도 생기길 바란다면, 기적이 일어나길 바란다면 스스로 노력해야 한다. 스스로 노력하지 않는데, 그 누구도 당신을 도와주지 않는다.

'Heaven helps those who help themselves(하늘은 스스로 돕는 자를 돕는다.)'는 말은 시험 볼 때만 외우는 격언이 절대로 아니다.

확실히 지면을 빌려 말하건대, 정부와 정치인을 믿지 마라. 그들이 무슨 말을 하든 다 선거에 표를 얻기 위한 립 서비스라는 사실을 명심하라. 오로지 자신의 생각과 행동을 믿고 실패를 하더라도 반드시 딛고 일어서길 바란다.

누군가 부자이기 때문에
내가 가난해진다는 거짓말

무궁한 부의 세계, 제로섬은 없다

가난이란 것은 물질적인 부분만은 아니다. 가난은 정신적인 부분도 해당된다. 그래서 마음도 가난해질 수가 있다. 주위를 둘러보면 마음이 가난한 사람이 참으로 많다. 물론 본인도 마찬가지다. 마음이 가난하면 여유가 없고 늘 궁핍하게 살아간다. 그래서 본인은 생각한다. 물질의 풍요로움을 추구하는 것도 중요하지만 마음 즉, 정신적인 풍요로움을 위해서도 노력해야 한다고. 그렇지 않으면 늘 삶 자체가 쪼그라들 수밖에 없다.

이 가난한 마음에서 가장 위험한 생각은 '세상의 부는 한정되어 있다'고 착각하는 것이다. 이들은 부익부 빈익빈 현상을 바라보며 부자들 때문에 내가 가난해진다고 생각한다. 이들은 '부'는 돈을 뜻하며, 누가 가지고 있다면 다른 사람은 가지고 있지 않은 한정된 자원이라고 생각한다. 이런 그들이 생각하는 세상은 0이다. 게임에 참가한 모든 사람들의 점수를 모두 합하면 0점이 되는 게임, 즉 부자들은 누군가가 얻는 만큼 잃는 게임을 이야기하며 사회의 부를 빼앗아간다는 것이다. 그렇게 해서 부와 부에 대한 혐오가 생겨나는 것이다.

이들은 매년 봄만 되면 머리에 빨간 띠를 두르고 회사를 마비시킨다. 남자들 때문에 여성이 가난해진 것이라며 혐오를 부추기며, 부자들을 적으로 몰아간다.

그러나 부는 한정된 자원이 아니다. 그것은 무제한이다. 부자들이 더 많은 돈을 가져간다고 해서 사라지는 것이 아니다. 새로운 부를 창출하기 위해 끊임없이 노력하고 노력한다면 시장에서 새로운 가치를 창출하고 있는 것이다.

세상의 부는 한정되어 있다는 믿음을 버려라. 부의 공급은 무한하다.

우리는 신분제 사회에 살고 있는 것이 아니다. 아버지가 노예면 우리도 노예로 살아야 하는 제도권에서 살아야 하는 '정해진 운명'이 아닌 것이다. 그럼에도 부모님이 가난하면 나도 가난할 수밖에 없다는 착각을 신념처럼 믿고 산다. 이러한 근본에는 '부익부, 빈익빈' 즉 부자는 더욱 부자가 되고 가난한 자는 더욱 가난해진다는 생각이 깔려 있다. 하지만 부익부 빈익빈의 양극화 논리는 굉장히 잘못되었다. 자본주의 사회는 돈 있는 사람만을 위해 존재하는 사회가 아니다. 개인의 자유의지와 노력을 존중하고 사회에 기여하는 만큼, 돈을 벌 수 있는 사회가 자본주의 사회이기 때문이다. 노력 여하에 따라서 계층 간의 이동이 자유로워진다. 내가 가난한 공장장의 아들로 태어났으니 나도 공장장으로 일하며 가난하게 살아야 한다는 법이 없다. 근대 이전의 사회에서는 신분제의 제약에 따라서 죽을 때까지 그렇게 살아야 했지만, 지금은 개인의 노력에 따라서 사회적 지위를 쟁취할 수 있다. 사유재산을 인정하고 노동생산성을 향상시켜 경제성장을 촉진하는 사회가 자본주의 사회이다. 결과적으로 사회

전체의 부는 늘어나고 모두가 잘사는 사회로 발전하는 것이다.

부익부 빈익빈, 흙수저, 금수저 등은 자본주의에서 소득격차를 자조하는 말이다. 자본주의 사회에서 소득격차는 개인의 혁신적이고 치열한 노력에 대한 성과이지, 부작용이나 해악으로 봐서는 곤란하다.

2022년 4월 26일, 월급 200만 원으로 4년간 1억을 모은 곽지현 씨의 기사를 보면서 부익부 빈익빈의 세계는 틀렸다고 확신했고, 흙수저, 금수저 탓은 그저 변명에 불과하다고 생각했다. 곽지현 씨의 월급은 총 200만 원, 세후 190여만 원인데 한 달에 8,400원의 식비만을 쓰고 앱에 영수증을 등록하면 50원씩 주는 포인트를 모으거나 커피믹스 상자에 있는 포인트 300원씩을 쌓아 음식 재료를 구매했다고 한다. 또 신규회원은 90% 할인해 주는 이벤트를 활용해 8,900원짜리 부대찌개를 900원에 사기도 했다. 평소 생수 대신 차를 우려먹는다는 곽지현 씨는 설문조사에 참여하고 경품으로 받은 생수는 중고거래로 팔아 부수입을 챙겼으며 "퇴근하고 왔는데 너무 피곤할 때 시켜 먹고 싶다는 생각이 들어도 집에서 해 먹으면 저렴하게 먹을 수 있으니 최대한 해 먹고 있다"고 했다. 걸어서 2시간 정도 거리는 최대한 걸어서 교통비도 아꼈다고 한다.

어디 그뿐인가. 최근에는 아파트 청약까지 당첨됐다고 한다. 19살 때 취업해 지금까지 일하고 있고, 틈틈이 부업하고 절약하며 악착같이 모아 4년 만에 1억을 모았다는 사실을 보면 우리는 너무 쉽게 포기하는 것이 아닐까 생각한다. 이것이 사실인지 다음 기사를 검색해서 보길 바란다.

똑같은 시기 2022년 8월 22일, 20대 청년들이 모였다. 청년들의 가난과 실업은 사회 탓, 자본주의 탓, 대기업 탓, 정부 탓이라며 사회가 우리를 책임져야 한다고 빨간 조끼를 입고 모였다.

아래 기사를 확인해 보자.

이 청년들은 88만 원 세대가 N포 세대이고 청년 5명 중 1명이 실업자이며 2021년 기준 6개월 이상 구직하지 못한 장기 실업자 13만 명 대부분이 2, 30대 청년들이라며 나라 탓, 사회 탓을 하고 있다. 이들은 "사회가 일자리를 만들어야 하며, 이를 요구하며 이제는 우리들이 직접 나서야 한다."라고 목소리를 높였지만, 안타깝게도 세상은 여전히 바뀌지 않는다. 스스로를 구할 사람은 나 자신밖에 없기 때문이다.

이들은 구구절절하게 온갖 논리로 무려 석 달간 사회가 일자리를 만들어야 한다고 시위하였다. 물론 시위할 동안 먹고, 마시고, 잠잘 곳이 필요하지만 이들은 그것을 '후원'에 의존하였다.

한 사람은 자신의 노력으로, 힘들게 200여만 원의 월급만으로 절약하여 4년 만에 1억을 모아 주택을 해결했다. 똑같은 20대인 한 사람은 장기 실업자가 지금 이만큼 되는데 88만 원세대인 우리가 돈을 어떻게 모으며, 집을 어떻게 사냐고 불평하며 이 모든 탓을 사회로 돌리고 사회가 일자리를 마련해 내놓으라며 석 달간 시위하는 모습이 대비된다.

정주영 회장님의 말씀을 빌려 소중한 시간 3개월을 시위만 한 20대들에게 "이봐, 곽지현 씨처럼 해 봤어?"라고 묻고 싶다.

해 보지도 않고, 벌써부터 남에게 의존하려는 모습에 기가 찰 따름이다. 석 달간 시위만 했다면, 이 기간 동안 누군가 이들을 먹여 주고, 재워 주고, 입혀 주는 비용을 제공했을 것이다. 아무런 생산 활동도 하지 않고 시위하면서 누군가 희생해 마련해 준 돈으로 먹고, 마시고, 자면서 시위하는 것을 당연히 생각하는 생각부터가 틀렸다. 젊은 시절부터 대가 없는 혜택과 누군가의 희생을 당연시하며 복지, 사회 책임을 당연시하는 자세는 가난함의 전형이다.

부의 제로섬이란 존재하지 않는다. 곽지현 씨가 돈을 조금 더 모았다고, 누군가가 그 돈을 잃었는가? 그렇지 않다. 부는 언제나 무제한이며, 노력하는 사람에게 더 주어지는 것은 당연하다. 88만 원 세대의 돈을 기성세대와 부유층과 자본가들이 다 빼앗아 가서 가난하다며 시위할 시간에 어떻게 자신의 부를 늘릴 수 있는지 고민하며 소중한 시간 동안 배달을 하든, 영업활동을 하든, 아르바이트를 했다면 더 나은 삶을 살 수 있었을 것이다. 내가 부자가 된다고 해서 누군가는 가난해지지 않는다. 내가 부자가 되면 다른 사람도 더 부자가 될 수 있다.

정주영 회장님의 부가 있었기에 그 덕분에 누리는 부의 효과는 사회 곳곳을 부유하게 만들어 주었다. 삼성의 부가 있었기 때문에 사회 곳곳은 더욱 나은 사회가 되었다.

온갖 가난을 규정하며 자기연민을 부추기는 단어는 다 거짓말이다.

88만 원 세대, 흙수저. 아무리 유명한 학자들이 떠들어도 믿지 마라. 거짓말이니까. 더 중요한 것은 누군가 만든 그 단어 때문에 나의 가능성을 한정 짓고 그 안에 머물러 버린다는 점이다.

성공은 행운아의 것이라는 거짓말

게임에 참여하지 않으면 승리도 없다

미국의 나심 탈레브(Nassim Taleb)는 자신의 저서 『행운에게 속지 마라』에서 행운과 불행은 자연스러운 현상이며 확률분포를 따른다고 말했다. 그러니 이따금 찾아오는 행운이나 불행에 너무 연연해서는 안 된다. 또한 비정상적인 상황에서 나타나는 행운과 불행에 대해 슬퍼하지 말라고 한다. 모든 것은 우연에 불과하므로 확률적 현상으로 받아들여야 한다. 나아가 외부 충격에 대해서는 어떤 상황에서도 스스로 무너지지 않도록 장기적인 전략과 대응책을 강력하게 세워야 한다고 주장한다. 행운에 대해서는 동양에서는 전생의 원인과 결과에 대한 업보로 생각하고, 서양에서는 자연현상으로 보고 있다.

우리는 지식을 효과적으로 사용하고 실행할 수 있는 능력이 기술이라고 생각한다. 우리는 타고난 성격, 육성된 능력, 노력이 성공의 비결이라고 생각한다. 일본 소니 창업자인 모리타 아키오는 1966년부터 회사의 인사제도를 학력과 무관한 제도로 바꿔 왔다.

또한 탈레브는 "성과는 불리한 확률을 미리 계산하고 유리한 확률로 나를 참여시키는 것이다. 즉, 능력이란 내가 감당할 수 있는 범위 내에서 성공 확률이 높은 게임 구조를 선택하는 능력이지 결과 그 자체가 아니라는 것이다."라고 말했다.

성공적인 인생이란 무엇이든 열심히 하는 것보다 성공할 확률이 높은 게임을 선택하여 확률을 높인다는 뜻이 아닐까.

나는 영업으로, 사업으로 조금씩 성공을 일구었고 불과 몇 년 만에 다른 사람으로 탈바꿈해 나가고 있다. 내 주변 지인들은 그저 '운이 좋았을 것'이라며 비하하는 데 여념 없지만, 나는 운도 노력해야 따라 준다는 것을 알고 있다. 석 달 혹은 반년에 한 번 정도는 자격증 시험에 꾸준히 도전하여 자격증 취득을 멈추지 않고 있다. 이 자격증과 이렇게 얻은 지식이 훗날 나의 운을 더욱 강하게 만들어 줄 것이라 생각하여, 일반조종면허 취득 이후 요트자격증도 땄다. 내가 왜 요트자격증을 취득했는지 이유를 아는 사람은 거의 없다.

대한민국에서 차를 가지고 있는 사람들은 많지만, 요트를 가지고 있는 사람들은 극소수 부유층들이다. 국내에서 가장 많이 판매되는 신조 요트들은 평균 3억~5억 원 이상 선에 거래된다는 점을 고려해 보면 여가생활에 3~5억 정도를 쓸 수 있는 부유층의 전유물이 확실하다. 나는 가만히 앉아서 부유층들을 만나고 그들을 배울 기회가 생기리라 생각하지 않기에 적극적으로 그들을 만나고 그들의 삶을 배우기 위해 요트자격증에 도전한 것이다.

그들과 어울리기 위해서 문화, 지식, 자격 등 격과 급을 높이려는 노력이고 이는 나의 운을 더욱 확장하려는 노력의 일환이다.

시간이 허락된다면 나는 국내 최고의 세일즈, 경영, 사업가들을 만난다. 물론 그들이 주최하는 유료강연회에 돈 내고 참여한다. 그분들이 허락해 준다면 1:1로 만나기 위해 노력한다. 그렇게 만남이 성사되면 나는 그분들이 어떻게 그런 성공을 얻었는지, 어떻게 위기에서 탈출하였으며 어떻게 최고의 성과를 이뤄 냈는지 그 노하우를 빠짐없이 메모하고, 머릿속에 가득 담아낸다.

배우고 익히는 데 내가 번 돈의 30~40퍼센트를 소비하는 데 지체하지 않는다. 왜냐하면 이렇게 배우고자 투자한 돈은 나중에 10배로 내게 돌아올 것임을 믿기 때문이다.

운도 노력해야 따라온다. 물론 로또처럼 확률에 의존한 행운이 아닌, 나의 영업과 사업 영역에서는 노력이 전부라 할 수 있다. 노력이라는 양분을 많이 뿌릴수록 운도 크게 상승한다. 영업과 사업에서 매번 느끼는 것이다. 아무리 외부환경이 좋지 않더라도, 주어진 환경이 불행할지라도, 노력과 연구를 멈추지 않으면 12척의 배로 300여 척의 왜적 배를 격퇴시킨 명량대첩처럼 압도적인 성공을 만들 수 있다고 확신한다. 오늘날 일본에서도, 한국에서도, 그리고 세계 해군사에서도 이순신 장군의 승리를 '행운'으로만 보지 않는다.

성공은 행운아의 것이라는 거짓말에 속지 마라. 감나무 밑에서 입 벌리고 누워 감 떨어지기만을 기다리는 것처럼 어리석은 것도 없다. 행동하지 않으면 아무것도 얻을 수 없다.

도움을 주고 문제를 해결하면
자연스럽게 소비자들은 나를 알아준다

세일즈, 경영, 사업을 하면서 포기할 줄 모르는 자세보다 중요한 것은 소비자들의 문제를 공감하고 함께 해결해 주고 도와주려는 자세와 노력이다. 끝까지 고객들을 쫓아가 본인 이윤 추구만을 생각한다면 상당한 민폐지만, 고객의 문제를 함께 고민해 주고 도움을 주려는 자세로 실제 고객들의 고민 한복판에서 고객 입장에서 고객을 도와주면 싫어할 사람이 아무도 없다.

누군가를 도와주기 위해서는 '지식과 능력'을 갖춰야 하고, 그런 자세로 접근하고 성장해야만 '포기'라는 단어를 머릿속에서 과감히 지울 수 있다.

나의 경우 직업군인이었기에 직업군인들의 경제적, 재정적 문제점을 잘 알고 있었다. 또한 어떤 상황에서 어떻게 문제점을 해결하고 어떤 방법으로 해결책을 찾아야 하는지 또한 잘 알고 있었다. 이 문제점을 해결해 줄 수 있는 방법을 찾기 위해 일을 하면서도, 운전을 하면서도, 심지어 숙면을 취하면서도 항상 머릿속에는 온통 문제 해결에 대한 생각뿐이었다. 생각하고 연구하고 답을 찾고 매번 한결같이 노력을 하면서 나도 나의 고객들도 성장을 하게 되었다. 이처럼 군인 및 군무원분들의 재정문제를 연구하고 그것을 해결해 주는 사람이 되기 위해서 피나는 노력을 가했다. 밤낮 없이 2년이라는 시간을 일에만 집중을 하면서, 내 자신의 일이 아니지만 마치 나의 일인 것처럼 상황을 묘사하며 나날이 성장해 나갔다. 또한 시장을 얻기 위해 일면식도 없던 군 재정 담당 기관과 손을 잡고 일하고, 군 동기가 재정상 어려움을 겪는 모습을 직접 확인하면서 다방면으로 경제, 재정 문제 해결을 위해 함께해 주었다. 이와 같이 군인들이 겪는 재정문제를 해결하기 위해 경제 교육을 진행하고 자산을 모을 수 있도록 도움 주는 프로그램을 실행하여 실제로 군인들의 재정문제에 많은 도움과 기여를 할 수 있었다. 항상 그분들을 진심으로 돕고자 하는 마음으로 도움을 드렸고, 그분들이 가지고 있는 고충과 문제를 해결해 드리면서 언제나 소비자들과 함께 성장할 수 있는 동반자로 거듭났다.

한 분야의 전문가가 되기까지 최소 2년이 걸리고 그 2년이라는 시간 동안 정말 피나는 노력을 해 주어야 한다는 것을 독자들에게 반드시 인지를 시켜 주고 싶다. 과정은 힘들다. 하지만 정상에 올라서면 산에 올라 발밑을 바라보면 모든 것이 보이는 것처럼 성과에 대한 쾌감은 이루 말할 것도 없다는 점, 이 점을 반드시 기억해 주길 바란다. 누구나 마찬가지로 누군가가 나를 위해 헌신하고 도와준다면 고맙고 감사한 것처럼 사업을 하든, 경영을 하든, 세일즈를 하든 언제나 소비자들을 위한 진심 어린 마음으로 접근해 주길 바란다.

02

경제적 노예해방
마인드 리셋 2
: 회사와 사회

추구하는 부와 경제의 본질

내가 추구하는 부는 간단하다. 생각한 대로 얻는 것, 생각한 대로 노력하여 행동하고 추구하는 것. 이것이 바로 부의 본질이라고 생각한다. 여기서 부는 경제, 자본, 돈으로 불리지만 쉽게 말해서 우리가 늘 추구하는 '돈에 대한 사랑'이라고 말하고 싶다.

내가 느끼기로는 '돈'은 인격을 가진 것이 아닌가 싶다. 한때 돈이 잘 모인다고 무턱대로 사용한 적이 있다. 내 사람을 아껴 주지 않으면 떠나는 것처럼 돈도 아껴 주지 않고 막 대하면 돈은 나를 거침없이 떠나 버린다. 그렇게 거침없이 떠나 수중에 돈이 없으니 빚을 지고, 그 돈이 내 돈인 것처럼 아끼지 않고 또다시 흥청망청 써 버렸다. 돈을 쓸 때는 행복했다. 하지만 그렇게 써 버린 돈은 어느새 바닥이 났고, 나를 떠나 버린 그 빈자리에는 '불행'과 '고생' 그리고 지옥길만이 남아 있었다. 돈이 있으면 아주 행복하다. 돈이 없어서 겪는 일을 겪을 필요가 없으니 말이다. 하지만 어린 나이에 경제관념도 없고 세상 물정 몰랐던 나는 아무 생각이 없었고 돈을 제대로 다루지 못했다. 거침없이 돈을 빌려 돈이 주는 행복을 누리면서, 온갖 사치를 다 부리며 살았다. 그 결과 신용등급 10등급이라는, 자본주의 사회 낙오자라는 결과를 낳게 되었다.

무생물인 '돈', 그저 화폐, 지폐, 동전에 불과한 돈이지만, 돈이 모이면 경제가 되고 경제는 오름과 내림, 상승과 하락을 반복하며 경제주기를 형성하게 된다. 주식 차트도, 비트코인 차트도, 부동산 차트도 오름과 내림의 연속이다. 사람의 들숨과 날숨이 있듯이, 인생의 오름과 내림이 있듯이 돈과 경제는 오름과 내림을 반복하며 살아 움직이고 있다. 신체 바이오리듬이 존재하듯이 돈의 리듬이란 것이 존재하는데 이쯤 되면 살아 있는 유생물, 인격체가 아닐까 싶다.

돈에 무지하면 돈을 날 싫어하여 떠나 버리고, 돈을 사랑하고 아껴 주면 돈은 그만큼 나를 위해서 일해 준다. 돈이 있어 어깨에 힘이 들어가고, 돈이 있어서 어디서 무시당하지 않으며 돈이 있어 새 건물에서 거주할 수 있고 돈이 있어 맛있는 음식을 먹을 수 있다. 그리고 내가 영위하고 싶은 것들을 영위하며 살아갈 수 있다는 것을 독자들에게 이야기해 주고 싶다.

성경이나 경전에 돈을 사랑하는 것이 모든 악의 뿌리라고 했는데, 그것은 수백억, 수천억이 존재하는 사람들마다 각자 다른 이야기이지 무조건 악의 뿌리라고 할 수는 없을 것이라 생각한다. 하루 벌어 하루 이틀을 살아가야 하는 사람들에게는 돈이 아니라 가난 때문에 돈에 집착하는 것이 모든 악의 뿌리가 아닐지 생각한다. 근본적으로 생각해 보면 돈은 좋은 것이지만, 가난이라는 것 때문에 돈에 집착하게 되고 가난 때문에 돈을 중심으로 싸우며, 가난 때문에 돈으로 사람을 잃는다.

가난이 돈의 본질을 훼손시키는 것이지 돈 자체가 일만 악의 뿌리는 아니다. 돈이 일만 악의 뿌리라면 은행은 악의 소굴이고, 금융 산업은 악마의 산업이라고 보는 것이 정상 아닐까.

학교에서 열심히 공부하면 상을 받듯이, 열심히 일하면 일한 만큼의 성과가 돌아가야 하며, 칭찬이 돌아가야 한다. 하지만 사회에서 열심히 일하면 이상하게도 상당한 종합소득세를 더 내야 하거나 고용이 많으면 원천세를 내면서까지 국가에 환원을 해야 한다. 이것이 자본주의에 살면서 당연히 지불해야 할 통행료와 같은 것이다. 하지만 열심히 일하지 않아도, 복지로 혜택을 받으면서 열심히 일하는 사람만큼의 돈을 버는 구조는 내 머리로 이해가 안 되기도 한다. 그것이 문제가 된다는 것은 아니지만, 내 사업을 하면서 더 많은 부를 누릴 수 있는 방법을 생각하고 선택하라고 이야기하고 싶다.

나는 과거 회사에서 1등을 할 때마다 회사에서 해외여행도 보내 주었기에 쉽게 나가지 못하는 해외에 나가기 위해 매번 1등을 하려고 노력했다. 내 돈 내지 않고도 해외여행을 나갈 수 있는 방법이고, 돈을 아끼면서 견문을 넓힐 수 있는 유일한 방법이었으며, 자기계발 비용을 들이지 않아도 내 분야에서 1등을 하면 해외여행이라는 포상도 함께 받을 수 있기 때문에 항상 수많은 노력을 했었다. 그렇게 해서 미국의 뉴욕, 캐나다, 싱가포르, 코나키나발루, 하와이 등을 가 보았다.

하지만 만약 1등을 했는데 꼴등을 한 사람에게 해외여행을 보내 주거나, 더 많은 성과를 내었는데 1등을 했다는 이유로 돈을 내서 꼴등한 사람을 도와줘야 한다면 나는 1등을 안 하고 싶었을 것이다.

그렇지만 이상하게도, 현재 자본주의에서는 열심히 일해서 1등을 하면 세금을 크게 내야 하고, 사업을 잘하면 노동자의 적 자본주의자, 부르주아라는 이름으로 타깃이 된다. 피땀 흘려 경영으로 이루어 놓은 회사에 노조라는 이름으로 파업을 유도하고, 노동자가 경영에 참여해야 한다며 시위를 하는 모습을 보면 어린아이 떼쓰는 것 같아서 안타깝고 한편으로 화도 난다.

각종 노조나 인권을 지키려는 노력들은 중요하다. 하지만, 노조나 각종 노동자 단체 역시 그 단체의 자리를 사고팔거나 노조의 장이 되기 위해 금권선거, 금품선거를 하거나 혹은, 일자리를 노조단체의 허락과 뒷돈을 받고 낙하산 인사채용을 하거나 기업체 일자리를 노조단체의 간부들이 세습하는 모습을 보면 더 기가 찬다. 기득권을 타파하자는 사람들이 기득권의 수호신이 되어 자신의 직업과 일자리를 세습시키는 모습을 한두 번 본 것이 아니다.

회사와 함께 성장하고 발전하는 노력을 기울이거나, 독립하여 사회에 창조적 사업을 통해 사회에 더 많이 세금을 내고, 더 많은 일자리를 창출하는 것과 인권과 노동권 운운하며 잘 운영되는 회사에 브레이크를 걸어 경영을 멈추게 하는 것 중 어느 것이 더 사람들을 이롭게 하는 행동일지 생각해 봐야 한다.

내가 추구하는 부와 경제의 본질은 노력한 만큼 가져가고, 누리는 것이지 떼쓴 만큼 얻어 내는 것은 아니라고 본다. 사람은 성과와 성취로 삶을 살아야 한다고 생각하며, 내가 열심히 일해서 피땀 흘려 버는 돈을 갖고 세금을 내는 것이 복지비용을 타 먹는 것보다 더 자랑스러운 일이며, 내 스스로 내 가정과 나를 부와 번영으로 이끄는 것이 남에게 손 벌리는 것보다 더 행복한 일이라고 나는 항상 생각한다. 부와 경제는 인격체다. 여러 속담이나 격언에서 남에게 주는 만큼 나에게 돌아온다고 하는데 내가 사업을 통해 부와 경제의 한 축을 담당하며 더 많은 사람들에게 좋은 환경과 복지를 제공해 주고 급여를 지급해 주면서 같이 성장할 수 있는 환경을 만들어 준다면 부와 경제라는 인격체는 내게 더 큰 보답을 해 줄 것이라고 항상 생각한다. 이 긍정적인 마음을 언제나 소장하고자 한다.

능동태 동사형 조직

"'동사형'이란 단순한 움직임(moving)을 일컫는 것이 아니다. 목적도 체계도 없이 공연히 분주하기만 하고, 진정한 성과와는 거리가 먼 일에 매달리느라 밤을 새고, 쓸데없이 우르르 몰려다니고, 자신이 무슨 일을 하는지도 모르는 채 머리를 쓰고 팔다리를 움직이는 것은 진정한 동사형 행동(action)이 아니다. 내가 지금 하고 있는 이 일의 목적지가 어디이며 그 목적지에 도달하기 위해 어떻게 해야 하는지를 뚜렷하게 인식하고, 주도적으로, 실질적으로 수행하는 것이 참다운 동사형 행동이다. 이러한 공유된 인식하에 전 구성원이 일사분란하게 움직이고 각자 맡은 바 업무에서 뚜렷한 성과를 만들어 내는 조직이 바로 '동사형 조직'이다."

- 전옥표, 『이기는 습관』, p.22

문장의 주어가 동사의 동작을 실행하는 것을 능동태라고 한다.

"나는 그림을 그렸다"는 능동태이다. "그림이 그려졌다"는 수동태이다. 나는 능동태형 사람이다. 능동태란 상황에 따라 움직이는 것이 아니다.

상황을 주도하는 힘이다. 능동적으로 개척하는 사람이며, 능동적으로 만들어 내는 사람이다. 책의 초반에 설명했듯이, 내 삶의 30년 가까이는 수동태의 삶이었다. 그렇게 주어진 대로 살게 되었고, 살아 보니 수동적으로 순응해야 했다. 부모님이 그러하셨듯이 가난에 순응해야 했고, 부사관이라는 직업에 순응해야 했다. 돈이 없으면 없는 대로 맞춰 살아야 했고, 시키면 일하고 시키지 않으면 일하지 않는 삶을 살았다. 전형적인 수동태의 삶이다.

하지만 큰 각성과 깨달음을 거치고, 내 삶을 철저히 반성하며 1평 남짓한 회사 쪽방에서 먹고 자며 일할 때 나의 뼛속까지 새겨진 수동태의 삶을 철저히 벗겨 버렸다.

그동안 수동태의 삶에서는 도전이란 존재하지 않았다. 도전이란 기회 앞에서 늘 수동적으로 '내가 그렇지'라는 생각으로 움츠러들었다. 언제까지 이렇게 답답한 수동적 삶을 살 것인지 반성하며 실패에 맞서 과감히 자격증 시험과 자기계발, 독서 등 내게 주어진 모든 기회에 도전했다. 경쟁을 싫어하고, 도전을 싫어하던 내가 아닌 경쟁을 즐기고 실패해도 권토중래 마인드로 항상 '오뚜기'처럼 다시 일어섰다. 얼마 전 작은 배를 운전할 수 있는 일반조종면허 시험에 이어 요트자격증을 취득했고 조만간 선박 운행에 필요한 자격증을 취득할 예정이다. 도전을 계속하면 도전도 습관이기 때문에 계속 도전을 하게 된다. 아침에 MMA를 통해 정신을 일깨우고, 명상을 통해 정신을 가다듬는다. 운동하며 흠씬 두들겨 맞아도 더 연습해야 한다. 그리고 앞으로 더 나아가야 한다. 그래야만 내 지금 삶에 안주하지 않고 계속 앞만 보고 달려가니 말이다.

수동태의 삶과 능동태의 삶을 살아 보니 능동태의 삶이 훨씬 더 쉽고 편하면서 굉장히 뿌듯했다. 수동태의 삶은 늘 조마조마하며, 긴가민가하는 자신감 부족의 연속이었다. 우울과 자기연민의 연속은 도전보다 안전을 선택하며 움츠러드는 삶이었던 반면, 능동태의 삶은 늘 도전하고 앞으로 나아가는 삶, 성취와 흥분의 연속인 삶이었다. 작은 성취가 주는 짜릿한 쾌감, 실패해도 또 도전해서 기어코 해내고 마는 삶은 매일이 축구경기의 결승골처럼 흥분되고 기대되는 축제의 삶이었다.

이 책을 읽는 독자 중에 괜히 움츠러들고, 소심하며 실패할까 봐 아예 도전조차 하지 않고 마음고생하며 어려운 삶을 사는 사람이 있을 것이다. 당장 어려운 삶을 집어치우고 도전하는 능동태의 삶을 살 것을 적극 권장한다. 삶은 선택이다. 수동태를 선택하면 수동적인 삶의 결과가 따라오고, 능동태를 선택하면 능동적인 삶의 결과를 쟁취한다. 수동적으로 삶을 참고, 인내하며 살기보다 능동적으로 누리고 행복하게 살면 어떤가. 어차피 한 번 사는 삶인데 말이다. 어차피 한 번 사는 삶이라면 행복과 자유를 마음껏 누릴 수 있는 능동태의 삶을 살라고 당부하고 싶다.

다시 말하건대, 수동태의 삶 29년, 능동태의 삶 4년을 살아 본 나로서는 능동태의 삶 4년이 지난 29년을 상당하게 압도하며 이루 말할 수 없는 즐거움과 행복감을 느끼고 있다.

그래서 내가 원하고, 내가 만들고자 하는 조직 역시 능동태의 동사형 조직이다. 돈 받은 만큼만 일하고, 월급날만 기다리다가 세월 보내는 사람들이 모인 조직이 아닌 일한 만큼 돈을 만들고, 능동성과 창의성을 발휘하며 성과를 만들어 내는 조직 말이다. 모든 사람들이 전부 나 같을 수는 없지만, 나보다 더 독하게 능동적으로 일하는 사람들이 많이 나올 수 있도록 만들어 서로 시너지를 낼 수 있게 조직을 만들고, 그것을 통해 서로가 발전하는 회사로 성장시키고 싶다. 이것은 앞으로 나의 사업 조직의 목표이자, 특성이 될 것이다.

가난을 참아 내는 것만큼 힘든 것은 없다. 차라리 가난을 부유함으로 바꾸고 능동적으로 움직이면서 모든 직원들이 바라는 열정이 가득한 조직이라면 우리는 얼마든지 1류 조직이 될 수 있다. 우리 삶과 조직에서 수동을 몰아내고 능동형 조직을 만들어야 한다. 직장인, 알바생 등 노동자들이 한 달 중 가장 기다리는 날이 월급날이다. 이것은 당연한 세상의 이치이다. 일한 만큼 보상받는 제도. 하지만, 월급은 스스로가 만드는 것이지 시간이 지나면 알아서 올라가는 것이 아니다. 자기를 성장시켜 몸값을 키우고, 회사와 사회에 많은 기여를 하면서 더 많은 수입을 받을 수 있게 몸소 체계화시켜야 한다. 세상에서 수익과 성과는 연결되지 않는 것이 없다. 성과를 올리면 수익이 올라가고 수익이 떨어지면 성과가 저조한 것임을 나타낸다. 사업을 하든, 영업을 하든, 장사를 하든, 세상의 법칙은 일정하다. 내 자신을 기여할수록 더 많이 성장하고, 복지가 되었든 급여가 되었든 더 많이 가져갈 수밖에 없다. 오너는 어딜 가나 똑같은 생각을 하고 있으니 말이다. 머리에 빨간 띠를 두르고 시위하는 것이 아니라 내가 성장해서 올라가는 것, 이것이야말로 올바른 정의(正義)라고 생각한다.

나는 회사를 운영하는 리더이다. 리더의 가장 큰 덕목은 직원들이 성장하면서 회사도 성장하고, 성장 이후에 번창하는 것을 리더의 역할이라고 볼 수 있다. 더 큰 성공을 얻게 하는 것, 이 점은 어느 회사의 리더이든 다 똑같이 생각하는 것 같다. 멋진 카페테리어와 마음껏 퍼 먹을 수 있는 시리얼과 달달한 간식을 복지란 이름으로 챙겨 주는 것이 리더의 역할이 아니라, 직원들이 회사란 이름으로 모였을 때 리더는 ① 자질과 ② 회사의 성과와 ③ 직원들 급여와 ④ 복지 그리고 ⑤ 성장에 대한 시스템으로 평가받을 수밖에 없다. 가장 나쁜 리더는 몇 푼 쥐어 주면서 그때그때 덮어가려고 하는 리더라고 생각한다. 몇 푼의 사내 복지로 인생의 중요한 시간을 보내게 만드는 것은 오래갈 수 없다고 생각한다. 물론 보상은 따라야겠지만, 앞서 이야기했던 5가지 사항은 직원들이 회사에서 얻어 가야하는 아주 중요한 생존 기술과 패턴이라고 생각한다.

더불어 나는 직원들에게 항상 나의 사비를 들여 배울 수 있는 수많은 책과 온라인 수강까지 결제를 해 준다. 개인이 성장하고, 회사가 성장하면 서로 시너지효과가 극대화되어 빠른 속도로 성장을 할 수 있다고 판단하기 때문이다.

독자 여러분이 취업을 준비하는 사람이거나 앞으로 회사를 선택해야한다면 이런 점을 주의 깊게 보길 바란다. 회사를 선택할 때 성과를 낼 수있는 회사인지 잘 따져 보기를 바란다. 복지만 자랑하는 회사는 들어가도 별로 배울 게 없거나 직원의 성과를 제대로 보장해 주지 않는 회사가되지 않을까 생각한다. 1년 후, 3년 후, 10년 후 여러분은 그 회사에서 어떻게 될지 좀 더 깊게 상상해 보기를 바란다. 가장 중요한 성과를 보장할 수 없으니 사내 복지라는 미끼로 잡아 두고 소중한 시간을 흘려보내게 만드는 회사가 되지 않을까 하는 생각 때문이다.

하지만 제대로 된 회사라면 끊임없이 성장과 기회를 안겨 주는 회사가 될 것이다. 과정은 쓰고 힘들지만 1년 후, 3년 후 우람한 일 근육이 붙어 자신이 사업을 하든, 영업을 하든 성장과 성공의 기로를 만들게 될 것이라고 난 확신한다. 회사에서 배워야 하는 것은 바로 이러한 기본기이며, 회사는 큰 우물로 갈 수 있는 커리어를 쌓는 곳이라고 생각한다.

칼바람과 저격은
직장인에게만 있는 것이 아니다

　직장 생활에서 칼바람은 곧 구조조정을 의미하며, 저격은 사내정치와 인간관계의 갈등을 의미한다. 회사 생활에서도, 나의 회사를 운영하면서도 칼바람과 저격은 여전히 존재한다. 회사라는 울타리를 벗어나 나의 성과로 운영해야 하는 기업체를 경영하다 보니, 회사라는 울타리 안에서보다 급과 격이 다른 칼바람과 저격이 난무한다.

　때로는 경쟁업체와, 때로는 내 부하 직원과, 때로는 고객이 몰고 오는 칼바람과 저격은 늘 존재한다. 믿었던 친구, 동료가 칼을 꽂기도 하며 부지런한 험담으로 내 이미지를 망쳐 놓기도 한다. 나는 내 일을 사랑하고, 강한 자부심을 갖고 있지만 다른 사람에 의해서 내 본래의 모습과 다른 모습으로 유포되기도 하고, 내 말의 진의가 뒤바뀌어 모함과 험담으로 포장되어 살마들에게 '몹쓸 놈'으로 묘사되기도 한다.

　사실 근 30년 가까이 수동태형 인간으로 살아갈 때는 그런 사람들이 내 주변에 많다는 것을 몰랐다. 나 역시 그런 종류의 사람이었기 때문에 유유상종 몰려다녔다. 비슷한 사람끼리 몰려 있으니 나 역시 남을 험담하며 저격하기도 하고, 은근히 잘나가는 친구를 모욕하기도 했다. 하지만 결국 돌고 돌아 내게 돌아오고 또 그 일을 수습하느라 소중한 시간을 낭비했다는 사실을 알게 되면서 남을 험담하는 일을 그만뒀다.

대부분 술자리에서 그런 시간낭비가 지속되었는데, 술자리를 끊고 내 생활부터 바꿔 나갔다. 책을 읽고, 나보다 더 훌륭한 사람들을 만나는 데 할애했으며 그분들을 배우는 데 돈과 시간을 썼다. 자연스럽게 내 주위 사람들은 바뀌기 시작했고, 시간과 에너지와 자원을 빼내려고 내게 연락하는 부류의 사람들과의 접촉이 줄기 시작하면서 자연스레 생산적이고 긍정적인 시간이 많아졌다. 상담비나 컨설팅비의 규모를 떠나서 남을 진심으로 도와주고자 하는 마음으로 그분들의 이야기를 들어주고 솔루션을 제공하는 방식은 내 주위에 더 좋은 사람들을 머물게 하였고, 그런 좋은 분들이 더 많이 머무는 만큼 내 시간과 에너지와 열정을 앗아 가는 사람들의 자리는 줄어들었다.

회사를 운영하고, 나의 일을 할 때 구조조정의 위험이나 어려움은 없을 것으로 생각하지만, 사실과 다르다. 누군가 책임져주지 않는 삶을 살아야 하기 때문에 나는 늘 긴장해야 하고 한 치의 실수와 판단이 직원과 나를 파멸로 이끌 수 있기 때문에 늘 조심스럽다. 나를 막아 줄 사람은 나 외에 없으며 우리 회사를 지킬 수 있는 사람 역시 나 외에 없다. 그래서 누군가를 함부로 모욕하거나 저격하는 일은 하지 않는다.

그런 사람이 있다면 일부러라도 자리를 피한다. 남을 함부로 모욕하거나 저격하는 사람은 경험상 언젠가 그 말에 책임을 져야 하고 또 그 말 때문에 소중한 시간을 수습하는 데 소비해야 하므로 발전이 없다. 회사의 구조조정이나 회사 문을 닫을 만큼의 위기는 리더의 가벼운 생각과 입에 따라 달려 있다고 생각한다. 책임을 져야 할 일을 해야 하는데 책임지지도 못할 일을 떠벌리고 다니는 것이야말로 회사를 위태롭게 하는 칼바람 그 자체이다.

회사는 소중한 곳이고, 여러 사람들의 꿈과 비전과 생계가 얽혀 있는 곳이다. 이런 곳을 가볍게 다룰 수 없다. 회사 한 곳에 얽혀 있는 사람들은 회사의 직원뿐 아니라 그들의 부모, 자녀들이다. 모두 생계의 책임을 지고 있는 사람들인데 생계를 이어 나가야 하는 소중한 회사를 가볍게 운영할 수 없으므로 회사의 운영은 늘 무겁고 진중할 수밖에 없다. 회사원으로 일을 할 때와 달리, 모든 것을 대표인 내가 책임져야 하므로 경쟁업체를 함부로 모욕하거나 남에 대한 험담과 비평을 함부로 하지 않는다.

직장인들은 생산적인 생각을 하는 것이 아닌 주어진 일에만 열심히 하려고 하고, 본인과 뜻이 맞지 않다면 자기 입맛에 맞게 상황을 비추며 욕을 하려고 한다. 또한 자기 상사를 욕하거나 회사에 애사심이 없어 생각 없이 행동하는 이들도 흔치 않게 볼 수 있다.

하지만 대표는 이와 다르다. 대표는 그 회사에 대표이기 때문에 회사가 더 성장할 수 있는 방법만 생각하고 나와 함께하는 직원들에 앞날에 발전을 위해 항상 생각, 고민, 행동해야 한다.

또한 회사의 대표라면 황당한 꿈을 꿔야 한다. 황당하지 않은 꿈, 실현될 수 있는 꿈은 진짜 꿈이 아니다. 도저히 달성할 수 없다고 생각하는 것을 현실화하겠다고 하는 것이 진짜 꿈이다. 정주영 회장님이 허허벌판 갯벌에 세계적인 조선소를 만들겠다고 했을 때, 모두들 개꿈이라 했다. 우리나라 최초의 자동차를 만들겠다고 했을 때 허구에 불과하다고 했다. 그런 기술조차 없는 우리나라가 그럴 수 없다고 모두들 황당해했다. 반세기 동안 닫혀 있던 북한 금강산에 사업을 하겠다는 황당한 꿈은 군사분계선을 넘어 당일로 금강산 육로관광을 다녀올 수 있게 했고 금강산엔 골프장과 해수욕장이 만들어지는 현실을 이루었다.

그래서 꿈은 황당할수록 위대한 것이다. 내게도 이런 경험이 있다. 수십 년 아무런 목적 없이 살다가 금융 분야에서 1등을 하겠다는 허무맹랑한 꿈을 꾸었다. 일가친척 중 아무도 잘사는 사람이 없고 그나마 가난 속에서 정형외과 의사의 꿈을 실현한 큰집 형님을 롤모델 삼아 나도 저만큼 성공한 삶을 살고 싶다는 생각을 했다. 고시원과 회사의 남는 쪽방을 전전했다. 멘토를 찾는 것도 어려웠던 당시, 금융 분야에서 1등 하겠다는 목표, 모두들 깜짝 놀랄 실적을 이루겠다는 목표를 매일같이 되뇌었다. 그러자 그 꿈은 마침내 실현되었다.

금융 분야에 완전히 무지하던 나는 회사에서 실적 1위를 달리기 시작했고, 부지점장, 지점장에 이어 임원까지 승진했다. 꿈에 대한 신념의 힘이라 생각한다.

나는 내 꿈을 생생하게 그림판에 그려 놓고 매일같이 쳐다본다. 무의식까지 젖어 들도록 아예 핸드폰 배경화면은 고 정주영 회장님의 사진으로 바꿨으며 '노윤일의 보물지도'라 불리는 꿈의 지도를 매번 업데이트해 나간다. 반복적으로 내 꿈을 외치고, 반복적으로 내 꿈을 상기한다. 애정을 가지고 계속 다듬어 나가고 있으며 그렇게 야무진 꿈은 하나씩 이뤄졌다.

이런 꿈에 대한 노력이 반복될수록 점차 현실이 되었다.

꿈은 미래에 대한 마음속의 그림이다. 꿈은 믿음이다. 대업은 이런 큰 꿈들이 밑바탕으로 작용한 것이다. 경제가 어려워지는 칼바람의 위기 속에서, 나를 시기하고 모함하는 사람들의 저격 속에서 나는 똑같이 대응하지 않고 오히려 내 꿈과 비전과 목표를 되뇐다. 내가 대응해 봐야 쓸데없는 불필요한 감정, 에너지 소모가 될 뿐이고, 나의 소중한 시간만이 낭비된다. 그 시간에 차라리 나를 찾는 사람, 나를 응원하고, 지지하는 사람들을 만나 이야기하는 것이 유익하다. 꿈을 이야기할 시간도, 미래로 나아가야 할 시간도 부족한데, 모함과 험담을 하는 것은 정말 불필요하면서 아주 비생산적인 일이다.

길을 잃었을 때의 길잡이

꿈이라는 북극성

한번은 태풍이 몰아칠 때 운전을 할 일이 있었다. 이동 중에 큰 비바람을 만났는데 엄청난 비바람 때문에 차의 시야가 보이지 않을 정도로 운전이 매우 힘들었다. 목적지를 알려 주는 내비게이션과 앞 차와의 거리를 가늠하며 간신히 운전하여 목적지에 도착했다.

나는 수동태에서 능동태형으로 삶을 바꾼 지 몇 년 되지 않았고, 워낙 가난한 삶을 살았기 때문에 가난의 습관과 사고가 곳곳에 묻어나올 때가 있다. 부정적인 사람들을 만나서 부정적인 말을 계속 들을 때나, 실패가 가끔 찾아오면 목표와 방향에 대해서 가끔 두려움이 떠오를 때가 있다. 두려움은 이상하게도 걱정을 부르고, 운전할 때의 창문을 흐릿하게 만드는 것처럼 꿈에 대한 시야장애를 유발한다. 항상 성공만 할 수 없고 숱한 도전 속에서 권토중래의 자세로 실패 이후 재도전하며 성취를 이뤄 가는데 그때마다 가끔 길을 잃고 헤맬 때가 있다.

그때마다 바라보고 업데이트해 나가는 것이 바로 앞에서 설명한 '노윤일의 보물지도'이다. 이 보물지도 그림은 내게 '북극성' 같은 역할을 하였다.

지도나 내비게이션이 없던 시대에 고대의 항해술에서 흔히 사용했던 방법은 목적지로 가는 방향의 수평선에서 뜨고 지는 별을 항로로 설정하는 것이었다고 한다. 이 별이 바로 방향을 잡아 주는 '북극성'이었는데, 어설프게나마 꿈을 그린 보물지도는 내가 가장 힘들고 어려울 때, 그리고 방향감각을 상실할 때 나를 일깨워 주는 북극성과 같은 존재다.

다음과 같이 꿈을 이룬 사람들은 단순하지만 명확한 목표를 생생하게 시각적으로 표현했다.

빌 클린턴은 초등학교 시절부터 "나는 대통령이 될 거야"라고 공언하고 다녔고, 청소년 시절부터는 케네디 대통령과 함께 찍은 사진을 보면서 백악관의 주인이 되는 것을 생생하게 꿈꿔 온 것으로 유명하다.

"나는 이 회사를 5년 이내에 100억 엔, 10년 안에 500억 엔, 그 이후로는 수조 원대 규모의 자산을 지닌 기업으로 성장시킬 것이다." 1980년 2월, 아르바이트 학생 두 명을 데리고 유니슨 월드를 차리면서 손정의는 이와 같이 적고 선언했다.

100억 엔은커녕 아르바이트생에게 월급도 제대로 주지 못하는 처지였다. 하지만 오늘날 그의 꿈은 모두 이루어졌고, 손정의는 소프트뱅크 그룹의 창업자이자 일본 최고의 부자로 기록되었다.

빌 게이츠는 "나는 10대 시절부터 세계의 모든 가정에 컴퓨터가 한 대씩 설치되는 것을 상상했고, 또 반드시 그렇게 만들고야 말겠다고 외쳤다. 그게 시작이다."라고 말했다. 그는 마이크로소프트를 공동 창립하여 오늘날 전 인류가 PC를 쓰게 한 장본인이 되었다.

워렌 버핏은 "아주 어렸을 때부터 내 마음속에는 세계 제일의 부자가 된 나의 모습이 선명하게 자리 잡고 있었고 나는 거부가 되리라는 사실을 의심해 본 적이 단 한순간도 없습니다."라고 말하며 투자 역사상 가장 뛰어난 투자가가 되었다.

조지 워싱턴은 "나는 아름다운 여자와 결혼할 것이다. 나는 미국에서 가장 큰 부자가 될 것이다. 나는 군대를 이끌 것이다. 나는 미국을 독립시키고 대통령이 될 것이다"라고 그의 꿈을 말했고 결국 그는 그렇게 미국 초대 대통령이 되었다.

이소룡(브루스 리)는 "나는 1980년에 미국에서 가장 유명한 동양인 배우가 되어 있을 것이다. 나는 1,000만 달러의 출연료를 받을 것이다."라고 말했고, 그는 사후에도 유명한 무술의 아이콘이 되었다.

사람들은 태어나서 성인이 될 때까지 20년 동안 보통의 가정에서 14만 번 이상의 부정적, 소극적, 파괴적인 메시지를 샤워기의 물처럼 받고 산다. 즉 하루 평균 20회 정도 듣는 이런 메시지는 어느새 그 사람의 말하는 습관, 버릇, 사고가 되어 버린다. 그 결과 18만 번 이상의 생각과 사고가 빠르게 머릿속을 지나가게 되고, 대부분 부정적으로 생각하는 것이 프로그램화가 되면서 결국 부정적이고 소극적인 일에 지배당하는 사람들이 늘어나게 된다는 사실을 알게 되었다.

하지만 부정적인 말보다 꿈을 보고 외치는 말을 하게 되면 어떻게 될까? 장담컨대 나는 이 단순한 방법으로 계속 바뀌고 있으며, 꿈을 현실로 만들어 내고 있다는 사실을 독자들이 기억해 주었으면 좋겠다.

결국 나는 나의 북극성이자 꿈의 내비게이션인 '보물지도'를 다시 한번 이야기하며, 소개한다.

나는 이 이미지를 모치즈키 도시타카의 『당신의 소중한 꿈을 이루는 보물지도』를 읽고 바로 만들었다. 책의 저자는 중학 시절부터 이미지 트레이닝, 성공 철학, 명상법 등에 대해 관심이 아주 많았고 독자적 연구를 통해 '기공법'(기를 증진시켜 심신을 단련하고 잠재력을 높이는 수련)을 교육하며 34,000명이 넘는 졸업생을 배출했다고 한다.

모치즈키 도시타카는 서른여섯까지 해고, 실패 등을 겪으며 빚까지 지는 암울한 삶을 살았다고 한다. 평범하다 못해 조금은 암울한 상황에서 꿈을 이룬 방법을 소개하고 있는데 상위 1%의 천재들이 무의식적으로 하고 있는 성공을 위한 방정식을 보물지도라는 매개체를 통해 누구나 쉽게 이룰 수 있도록 소개하였다.

보물지도를 간단하게 설명하자면, 자신이 꿈꾸고 원하는 모습을 그려 보고 그것에 맞는 이미지를 찾아서 코르크판에 붙이고 그 중앙에 내 사진을 붙이는 것이다. 너무 쉽기 때문에 의심스러워한다. 그래서 많은 사람들이 쉽고 간단하기 때문에 하지 않는다. 꿈은 어려운 것이라고 지레짐작 포기하기 때문에 이런 간단한 노력조차 하지 않는 것이 아닐까?

사람들은 꿈을 꾸는 것을 대단히 어려운 것이라고 생각한다. 사실 꿈을 꾸는 것은 매우 간단한 문제이다. 내가 하고자 하는 것을 생각하고 그것을 기억 속에 저장해 놓으면서 어디에 있든 눈에 보일 수 있게 시각화하는 것이라고 생각을 했으면 좋겠다.

나의 핸드폰에는 정주영 회장님의 사진이, 그리고 이 보물지도 그림이 자리 잡고 있다. 힘들고 어려울 때, 그리고 방향감각을 상실할 때 나는 이 보물지도를 펼쳐 놓고 나의 꿈을 매일같이 상상하고 생각하곤 한다.

노윤일의 보물지도

꿈과 비전은 늘 그 자리에 있다. 비가 오는 날에도, 햇빛이 비추는 날에도, 구름이 낀 날에도 태양은 늘 그 자리에 있다. 다만 보이지 않을 뿐이다.

보이지 않는 길도, 흐릿한 목적도 나만의 보물지도 이미지를 보면 생생해진다. 지금 내가 해야 할 일이 떠오르고 이대로 멈춰 있으면 안 된다고 각성하게 된다. 방향이 설정되고, 움직이면서 내 삶에 원동력을 내가 그려 나간다.

"이 나이에 무슨 꿈이냐…. 이 나이에 뭘 바라냐"며 지레짐작 포기의 쓴웃음을 짓는 독자들도 있을 것이다. 이분들에게는 정주영 회장님의 명언으로 일갈하고 싶다.

"이봐, 해 봤어?"

부디 한번 해 봤으면 좋겠다. 내가 원하는 것이 무엇인지 그 꿈을 이루어 나가기 위해 꼭 한 번쯤 도전하고, 도전 후 내 삶이 변화한다는 것을 맛보고 나서 그다음 것을 생각했으면 좋겠다. 나는 벌써 이 방법으로 몇가지 꿈을 계속 실현시켜 왔고, 지금도, 앞으로도 실현시키며 나갈 것이다. 꿈에는 저작권이 없다. 당장 좋은 꿈을 여러분의 꿈으로 시각화하여 여러분의 꿈으로 만들길 간절히 바란다.

팽창,
전쟁과 경쟁으로 조직은 정교해진다

사람은 늘 혼자 일할 수는 없다. 팀 단위로 일하며 더 나은 성과를 지향한다. 백짓장도 둘이 들면 가볍듯이 아무리 큰 목표라도 팀 단위로 움직이면 더 큰 성과를 만들어 낼 수 있다. 개인이 혼자 하면 티끌 모아 동산밖에 못 만들지만, 함께하면 티끌 모아 태산도 가능하다. 군대라는 조직이 왜 함께 작전을 펼치는지 생각하면 이해하기 쉬울 것이다.

회사라는 조직은 살아 있는 유기체이다. 함께 이익을 공유하며 비전을 나눠 갖는 곳이 회사라 볼 수 있다. 하지만 회사든 개인이든 '경쟁'은 필연적이다. 경쟁이라는 것은 매우 좋은 것이다. 나를 진단하고 내가 어느 정도인지 가늠하게 해 주며 어제보다 나은 나와 결별하고 더 나은 나를 만들어 주기 때문이다. 경쟁이 지속되면 전쟁 수준에 치닫게 되는데 어떠한 조직도 경쟁과 전쟁에 준하는 치열함은 피할 수 없을 것이다.

언젠가 회사에서 연수를 통해 가 본 미국이라는 나라는 전쟁으로 만들어진 국가였다는 사실을 알게 되었다. 또한 우리가 누리고 있는 거의 모든 것들이 전쟁 중에 나온 산물이며, 전쟁과 경쟁이 인류를 계속 발전시켜 왔다는 사실에 깜짝 놀랐다.

인류 역사상 가장 큰 인명 및 재산 피해를 낳은 제2차 세계대전 때는 세계 각국의 치열한 과학기술 경쟁 덕분에 수많은 발명품들이 탄생했다. 이제 우리의 생활에서 없어서는 안 될 필수품으로 자리 잡은 인터넷과 컴퓨터가 대표적이다.

　경영학이라는 학문 자체는 전쟁에서 파생, 발전했다. 경영에는 대체로 세금이나 투자, 인사 같은 용어가 많이 나온다. 경영은 기업이라는 살아 있는 조직을 움직이는 행위이며, 돈을 굴려 더 많은 돈을 움직여 나가는 행위는 더 많은 영토를 차지하는 전쟁의 행위와 다를 바 없다. 수많은 경영인을 미디어나 신문, 뉴스 혹은 책을 통해서 본 결과 경영이라는 것은 더 많은 돈을 효과적으로 벌기 위한 전략을 구사하는 일이 아닐까 하는 생각이 들었다.

　경영에는 '결정'의 과정이 필연적인데 결정이라는 것은 경영의 핵심이다. 최고경영자(CEO)는 항상 결정해야 한다. 마치 최고사령관이 전쟁 중 전략적 결정을 하는 것처럼 말이다. 경영은 늘 결정 과정의 연속이다. 좋은 결정은 기업을 영속시키고 직원을 더 많이 뽑게 되는 부흥을 누리지만, 잘못된 결정은 하루아침에 기업을 분해시켜 버리거나 다른 기업에 흡수되게 만드는 위험한 일이기도 하다. 결정을 내리기까지 좋은 정보와 희망, 그리고 미래를 보는 혜안과 투자 철학이 뒷받침되어야 한다. 수많은 사람들이 자신의 돈을 날리는 이유는 친구 따라 강남을 간다든가, 뜬소문에 자신의 돈을 배팅하는 과정에서 일어난다고 생각한다. 최근에는 자영업자들이 많이 생겨나고 있는데 창업하는 과정에서 자신의 회사가 그저 '잘될 것이다'라는 막연한 희망과 근거 없는 낙관만을 가지고 전 재산 혹은 퇴직금을 투자하지만, 결국 남는 것은 '쪽박'밖에 없음을 알게 된다.

경쟁은 정말 좋은 것이라 생각한다. 경쟁을 하면서 내가 더 성장하고 발전할 수밖에 없기 때문이다. 영업조직에 있으면 하루하루가 경쟁이다. 그 경쟁 속에서 살아남으면 어디를 가든 정말 멋진 인생을 살 수밖에 없다고 장담한다.

나는 과거 연도 챔피언을 하기 위해 이기는 방법만 생각했다. 24시간 365일 머릿속에는 온통 일하는 방법과 반드시 승리하겠다는 생각만 하면서 열심히 움직였다. 나를 제외한 나머지 인원들과 엄청난 경쟁을 펼쳤고, 내 자신과의 싸움에서 반드시 승리하겠다는 생각뿐이었다. 나와 함께 경쟁을 펼치는 사람들과 말도 섞을 시간 없이 정말 치열하게 움직였으며, 일부 인원들은 공정치 못하게 움직이는 것을 알면서도 그에 굴하지 않고 더욱더 치밀하게, 매우 전략적으로 움직였다. 결국 그해 대상을 거머쥐게 되었고, 그 쾌감은 이루 말하지 못할 정도였으며 승리의 기쁨을 감추지 못하였다.

전쟁에서 과학이 발전했듯 나 역시 경쟁 속에서 엄청난 성장을 하게 되었고, 지금도 나태해진다면 그때를 생각하면서 더 높은 성장을 위해 노력을 하고 발전을 하며 성장을 하고 있다. 앞으로는 지금보다 더 발전할 수밖에 없다고 확신한다.

앞으로 나는 회사 성장과 개인 영향, 성장까지 고려하여 나와 함께하는 이들이 따뜻한 경쟁을 할 수 있도록 환경을 만들어 주는 것을 꿈꾸며 경영을 이어 나갈 것이다.

배우는 조직,
성장하는 조직은 반드시 승리한다

나는 직원이 책이 필요하다면 개인 사비로 직원 성장을 위해서 책을 구입해 준다. 물론 책은 회사에 비치하여 다른 직원도 볼 수 있게 만든다. 아무리 바빠도 나는 사무실로 들어와 하루 1~2시간 정도 집중하여 책을 읽는다. 나의 부족함을 알기 때문이고, 이를 채워 줄 수 있는 것은 책밖에 없다고 믿기 때문이다. 그리고 빠르게 변화하는 세상에서 나와 경쟁자를 이해하기 위해서 늘 책으로 학습한다. 적어도 책을 통해서 세상을 읽어 나가므로, 위험에 빠지지 않으리라 생각하고 있다.

나는 부를 이루는 큰 기회 중 하나가 바로 '공부'라고 생각한다. 그런데 그런 공부가 학식을 위한 공부, 공부를 위한 공부, 이론을 위한 공부를 뜻하는 것은 아니다. 물론 '학력'과 '학벌'이 큰 기회를 주는 것은 사실이다. 이 사회로부터 기회를 얻느냐 못 얻느냐 하는 갈림길이 일단은 학력과 학벌에 의하여 결정이 될 수 있기 때문이다. 일을 배워 독립을 하려면 어떤 조직이나 정보 공유 집단 속에 우선은 들어가야 하는데 학력이 부족하다면 그 문턱에 접근조차 하지 못하는 경우가 있을 수 있다.

하지만, 나는 사람의 능력이 학력과 비례한다고는 생각하지 않는다. 그러나 개개인이 능력이 있는지 없는지, 당신이 인재인지 아닌지를 판가름하고 검증할 수 있는 방법은 그 사람의 꾸준한 자기계발을 통한 학습으로 이루어진 생각과 태도라고 생각한다.

꾸준한 자기계발만이 자신을 성장시키고, 회사를 위해 더 많은 아이디어를 낼 수 있으며 우리나라 발전을 위해서도 더 많은 기여를 할 수 있다고 나는 생각한다.

그런데 내 주위에 자기계발을 통해 성장하고 발전하려고 하는 사람은 극히 드물다. 그런 현실이 너무나도 안타깝다. 지금도 나는 나와 함께하는 이들이 같이 성장을 하기 위해 매일같이 노력한다. 발전하기 어려워하는 사람들에게도 수없이 많은 조언을 한다.

최근 우리 회사에 있는 직원 한 명이 퇴사했다. 그 이유는 자신이 노는 것을 좋아하고 워라밸을 상당히 중요하게 생각하기 때문이다. 그렇다면 그 사람과는 인연은 여기까지인 것이다.

또 다른 직원을 예를 들어 설명해 보겠다. 나는 그 직원에게 회사에 있는 많은 책들을 읽어 보라고 권유하였고 읽고 싶은 책이 있다면 언제든 이야기하라고 하였다. 그 말을 한 지 1주일 채 되지 않았을 무렵 자기 책상에 읽고자 하는 책 두 권이 올라와 있었다. 그것을 보고 기특하고 대단하다는 생각을 하게 되었다. 같은 사람이라도 생각의 차이는 이렇게 클

수 있으며, 행동하는 것도 이렇게 다를 수 있다는 것을 다시 한번 깨닫게 되었다.

퇴사를 한 직원에게는 진심으로 고마울 뿐이다. 같은 공간에 있는 사람의 매우 이기적이고, 발전하려고 하지 않는 행동 때문에 열심히 하려고 하는 직원도 똑같이 물들고 오히려 그 직원이 정신적으로 피폐해지기 때문에 남에게 피해를 주기 전에 자신이 발전하고 싶지 않다면 하루빨리 자신에게 맞는, 본인에 연못으로 돌아가기를 바란다.

다시 한번 강조하지만 끼리끼리, 유유상종 변할 수 없는 사람은 그 물에 가서 놀아야 한다는 것을 독자들에게 다시 한번 이야기한다. 고 삼성 이건희 회장님께서 "자기가 발전하기 싫으면 남한테 피해는 주지 마라. 다른 사람의 발목을 잡지 말라"고 강조하셨다. 나는 이 말에 매우 공감하는 사람 중의 한 명이다.

자기계발은 내가 죽을 때까지 해야 할 숙명이고 그것을 통해 더욱더 발전하며 내가 주어진 일들을 능숙하게 해낼 수 있는 가장 핵심적인 무기라고 이야기하고 싶다.

왜 일하는가 생각하고 일한다

일은 '왜'로 시작해서 '어떻게'로 나아가야 한다. 왜 일하는지 생각하면서 일해야 한다는 뜻이다. 왜 일해야 하는지 생각하며 일해야 하는 이유는 '노예'로 살지 않기 위해서이다. 노예는 시키는 일만 한다. 시키는 일도 눈치를 봐 가면서 일한다. 최저시급과 최저생계비를 계산하며 오늘 먹을 만큼만 대충 일한다. 그래도 먹고 사는 데는 문제가 없으니까.

사람들이 남의 노예가 되는 이유는 딱 한 가지이다. 생각은 하기 싫고 그냥 편하게 일을 하면서 돈을 벌고 싶기 때문에 그렇다. 모든 사람들은 나름대로 고충이 있다. 그것은 바로 다들 자기 기준에서 힘든 이유 때문이다. 세상이 편하고 쉽다고 생각하는 사람들은 존재하지 않는다. 다만 올바른 생각을 얼마나 하고, 내가 주인의식을 갖고 책임을 지는 행동을 하느냐 그렇지 않느냐 차이이다. 나는 과거 공무원 생활부터 프리랜서로 일할 때까지 많은 사람들을 관찰했다.

한 번 사는 인생, 정말 내 주관대로 내 철학대로 살아가면 얼마나 멋있고 재미있는 인생을 살아갈 수 있는지 나는 실제로 경험을 하면서 느끼고 깨달을 수 있었다. 남들이 시키는 일만 하면서 살아가는 노예가 된다는 것은 정말 비참하고 힘든 삶이다. 많은 사람들이 왜 일해야 하는지를 제대로 생각하지 않고 그냥 남의 밑에서 열심히 일을 하면 노후에 편안한 인생을 살 수 있다는 착각 속에 살아간다. 내가 직접 경험을 하면서 느낀 것도 있지만, 나의 할아버지, 할머니 그리고 부모님을 지켜보면서 남의 노예로 살아간다는 것은 정말 잔인하고 혹독한 인생을 살아갈 수밖에 없다는 것을 깨달았다.

왜 일하는가를 보여 줘라. 급격하게 변화하는 시장에서 나의 포지션과 시장이 원하는 아이템을 찾았고, 우연과 필연이 교차하는 지점에서 사업이 시작된 것이기 때문이다. 이 사업에서 일하게 된 것이 비록 우연이라 할지라도 우리 인생에 깃든 목적이나 신념, 대의, 즉 변하지 않는 '왜'에 대한 답변이 있다면 위대한 성취와 성공을 이루어 줄 수 있을 것으로 생각한다.

'왜'에 대한 답변을 분명히 설정하면 그 믿음을 공유하는 사람들에게 끌리게 되고 그런 일에 참여하고 싶어진다고 한다. 즉 '왜'에 대한 답변이 조직 구성원과 사람의 마음을 흡입력 있게 끌어당기는 것이고 노예 생활로부터 벗어나는 길이다. 노력과 재능만으로도 훌륭하지만, 노력과 재능만으로는 다른 사람을 이끌 만한 카리스마의 조건이 되지 못한다. 여기에는 또 다른 재료가 필요하다. 꿈과 영감이라는 조건과 티핑포인트를 만들어 낼 플러스알파가 바로 그것이다.

회사 생활과 사업을 해 보며 느낀 것이지만 왜 일하는지 모르면서 몰려다니며 술 마시고 떠들다가 하루를 보내는 사람이 생각보다 매우 많았다. 회사에 출근한 목적, 영업을 하는 목적, 내가 공부하는 목적을 따져 보면 지금 내가 왜 일하는지 알게 된다. 왜 일해야 하는지, 왜 열심히 살아야 하는지를 아는 사람은 몰려다니면서 쓸데없이 험담이나 비판하는 데 시간을 허비하지 않는다. 차라리 그 시간에 자기계발을 하며, 책을 읽고 자격증에 도전하는 데 집중할 수밖에 없다. 일 끝나고 힘들다는 이유로 항상 술을 먹고 워라밸을 즐기는 그런 사람들을 보면 항상 나는 생각한다. "나만큼은 저러지 말아야지." 그래서 나는 요즘 나보다 더 우위에 계시는 분들을 만나며 삶에 지혜에 대해 많이 배우고 있다. 물론 과거에 나도 몰려다니며 술 마시고 흥청망청 돈을 쓰고 했던 시절이 있었기에 지금의 내가 탄생했다는 것을 이야기하고 싶다. 젊은 독자들이 이 책을 보고 있다면 하루빨리 이 모든 것들을 깨달았으면 좋겠다.

다시 한번 말하지만 '왜'에 대한 답변을 분명히 설정하면 그 믿음을 공유하는 사람들에게 끌리게 되고 그런 일에 참여하고 싶어진다. 즉 '왜'에 대한 답변이 조직 구성원과 사람의 마음을 흡입력 있게 끌어당기는 힘이 되고 원동력이라고 강조한다. 노력과 재능만으로도 충분한 삶을 살아갈 수 있지만, 그에 덧붙여 강한 내가 하고자 하는 마음과 행동력으로 나 자신을 무장하라고 독자들에게 전하고 싶다.

운도 실력이다

로또 같은 행운을 맞은 사람 10명 중 9명은 인생이 파탄 난다는 것은 입증된 사실이다. 내게도 행운이 몇 번 찾아왔다. 물론 로또에 당첨된 것은 아니다. 열심히 일해서 소기의 성과를 달성했더니 월급도, 성과급도 두둑하게 받았다. 나는 이것을 '횡재'라고 생각했고 이 돈이 영원할 것이라 착각했다. 결국 로또 당첨자들의 결과처럼 큰 빚을 지고, 신용등급 10등급의 나락으로 떨어졌다. 영업이라는 직업을 통해 나 자신을 벼랑 끝에 몰았고 노력과 행운이 따라 줘서 당시 나이로서는 제법 큰돈을 벌었지만 큰 행운이 결국 큰 불행으로 탈바꿈하는 데 몇 개월이 걸리지 않았다. 나는 돈과 행운이 가져온 기회를 불행으로 엿 바꿔 먹었다.

어떤 일들을 잘 이룰 수 있는 것을 운수라고 생각을 하는데 내가 긍정적으로 생각하고 항상 배움에 자세로 접근하며 내 실력을 쌓는 순간 모든 것이 잘 풀릴 수밖에 없다고 생각한다. 경험만큼 중요한 것은 없다. 그 경험을 살려 좋은 결과물을 만드는 것이라고 나는 확신한다.

지금 만약 로또에 당첨되거나, 로또에 준하는 사업적 횡재를 만나게 된다면 나는 기필코 나의 허세를 위해 돈을 쓰지 않고, 현재 사업 시스템에 100퍼센트 재투자할 계획이다. 돈은 아무리 지갑에 두둑이 있어 봐야 내가 관리하지 않고 아껴 주지 않으면 돈이란 인격체는 나를 얼마든지 떠날 수 있다는 사실, 떠나면서 심각한 불행을 남겨 놓는다는 사실을 깨달았기 때문이다. 한 해 내 통장에 스쳐 지나간 돈만 10억이 넘는다. 그 돈이 어디로 갔는지 모르겠다. 물론 부모님 가게를 차려 드리는 데 사용했고, 학습에 투자했지만 나머지 돈은 어디로 갔을까. 돈이라는 것은 아무리 많아도 완전히 내 돈이 아님을 알게 되었고 언젠가는 손가락 사이로 빠져나가는 모래알처럼 어디론가 새어 나간다는 것을 체감했다. 만약 로또에 당첨된다면, 혹은 사업에서 잭팟이 크게 터진다면 돈이 떠나가지 않도록 지금 추진하고 있는 여럿 사업에 재투자를 하거나 부동산에 재투자한다면 그것은 제법 훌륭한 선택이라고 생각한다. 하지만 나는 지금 후회하지 않는다. 왜냐하면 나는 돈으로 살 수 없는 경험을 하면서 더 성장했고 앞으로 이 모든 것들이 기반이 되어 더 성장할 수밖에 없을 것이라고 확신하기 때문이다.

명심하자. 큰돈을 만졌다고 내 돈이 아니라는 사실을. 허세와 과시를 멀리하고 돈을 아껴 주면 돈도 나를 아껴 준다. 영원한 내 돈은 존재하지 않는다.

03

경제적 노예해방
마인드 리셋 3
: 일과 삶, 워라밸은 잊어라

가난한 삶을 따라 살 이유는 없다

"직업에는 귀천이 없고 재물에는 주인이 없다"는 말이 있다. 지금은 누구나 노력에 따라서 수입을 얻을 수 있다. 해 보지도 않고 가난하니 흙수저니 하는 사람들은 정말 노력이라는 것을 해 보기나 했는지 묻고 싶다.

고소득 시대의 가난은 '절대적 가난'이라기보다는 '상대적 가난'임을 잊어서는 안 된다. 소비생활 격차로 인한 상대적 박탈감이 더 큰 문제가 되기 때문이다. 어떤 사람은 가난한 사람들은 무엇인가 하고 싶어도 시작할 자금이 없다는 것을 지적할지도 모른다. 그러나 과연 그럴까? 몇 년만 이를 악물고 일을 한다면 얼마든지 수천만 원을 모을 수 있음에도 불구하고 상대적 빈곤감이라는 마약에 취해 소비를 늘리기 시작한다. 돈이 쌓이지 않는 것은 왜 생각하지 않는다는 말인가. 게다가 피땀 흘려 일하는 것을 싫어하는 태도에서 무슨 목돈을 기대한다는 것인지, 설령 목돈이 쥐어진다 할지라도 이런 사고방식을 가진 사람이 무엇을 제대로 할 수 있겠나 하는 생각이 든다. 어떤 사람들은 전·월세금의 인상이 너무나 빨라 셋방살이 탈출은커녕 비슷한 수준의 셋방을 지키기도 어렵다고 이야기한다.

나의 직업 특성상 대기업에서 근무하는 사람들, 여러 공공기관에서 근무하는 공무원들을 많이 만나곤 한다. 그 사람들은 정말 복지 하나만 믿고 평생을 살아간다고 해도 과언이 아니다. 하루살이 인생을 살아간다고 표현을 하고 싶을 정도로 생각과 마인드가 바뀌지 않는다. 다음 달에 들어올 급여만 생각하며 오늘, 내일만 살아갈 생각으로 그 순간의 즐거움만 상당히 만끽하며 살아간다.

친구들을 만나고 수다를 떨 수 있는 사람들과 값비싼 음식을 먹으며, 수준에 맞지 않는 비싼 술을 마셔 댄다. 그뿐만 아니라 매일같이 명품 쇼핑과 한 번 입고 마는 불필요한 옷들을 구매하면서 그때그때 삶을 생각 없이 살아가는 사람들이 대부분이다. 그 사람들의 재정상태를 관리하다 보면 항상 마이너스 인생을 살아간다는 것을 알게 된다. 수중에 모은 돈은 단 1원도 없고 나는 남들이 하는 모든 것들을 해야 한다면서 소비를 즐기며, 본인은 흙수저니까 어차피 열심히 살아 봤자 변화는 없지 생각하며 사회구조 탓, 남 탓 그리고 부모 탓을 하며 살아간다. 또한 자신은 변할 생각은 없지만 남을 이용해 모든 상황들을 교묘하게 속여 자신의 이익과 행복을 추구하는 사람들도 정말 많다는 것을 참고해 주길 바란다.

본인 형편에 맞지 않게 좋은 차를 타고, 명품이란 명품에 사치는 다 부리면서 하루건너 하루를 즐기며 살아간다면, 평생 가난이라는 이름에서 벗어나지 못한다고 독자들에게 전한다. 내 삶은 내가 주인이고 나만이 바꿀 수 있다는 말 반드시 명심해 주길 바란다.

이런 사람들의 특징적인 말 하나가 있다.

"인생 뭐 있어? 한 방이야. 로또 당첨되면 그만이야. 비트코인으로 한 방 인생이지."

3년 정도 이런 사람들의 재정상태를 관리하면서 이 사람들도 분명 변화하는 날이 오겠지 생각을 했던 내 자신이 참 미련하다고 생각하고 느낀 적이 한두 번이 아니었다.

최근 들어 절실히 깨달았다. 그들은 절대 '변할 수 없다'고. 데어 봐야 삶의 전환이 가능하다는 것을 그때 깨닫게 되었다. 일을 통해 부를 일부분이라도 축적하기 전에 좋은 복지를 찾고 즐길 것만 찾는 사람들 중에서는 가난함이 낭만이니, 부족하지 않을 정도로만 있으면 된다고 위선 떠는 사람들이 정말 많다.

가난함을 따라 살 필요가 어디 있는지, 가난함을 청빈으로 가장하고, 경제적 무능을 안빈낙도의 삶으로 가장하며 살아야 할 필요가 어디에 있는지 다시 한번 진중하게 생각해 보자.

부모님이 가난하게 살았으니까 나도 가난하게 살아야 한다는 생각은 반드시 머릿속에서 지웠으면 좋겠다. 그리고 부모님이 지금까지 나에게 모든 것들을 맞춰 주고 해 주었으니 앞으로도 해 주겠지 하는 생각도 반드시 머릿속에서 지웠으면 좋겠다. 부모님도 부모님 인생이 있고 나이를 먹으며 시간은 계속 흘러간다. 이 현실을 사람들은 잘 모른다. 이것을 깨닫는 시기는 사람마다 차이는 있지만 대부분 가정이 어려워지고 내가 힘들어질 때 비로소 깨닫게 된다. 하지만, 그때는 이미 늦었다는 사실을 이야기해 주고 싶다. 수습할 수 있을 때 또 나와 내 가족이 성장할 수 있을 때 독자들은 깨닫길 바란다.

고객 중심

소비자들이 원하는 기준에 맞춰라

1996년 다보스 포럼 이후 10년이 지난 2007년, 다보스 포럼에서 '힘의 이동시대'에서 소비자의 영향력이 커지고 있다는 점을 재차 강조했다. 그동안 고객의 소리를 경청하고, 고객의 관점에서 생각하고, 고객을 만족시킨다는 고객 중심 경영을 위해 CRM의 도입이나 고객 전담 조직의 구성과 같은 인프라 구축부터 시작해서 다양한 시도들이 있어 왔다. 하지만 고객 중심이라는 마인드는 회사 벽에 걸린 액자 안에 머무는 경우가 많다.

회사원이라면 회사원의 고객인 상사, 동료, 대표자의 입장에서 생각하고 행동해야 한다. 고 정주영 현대그룹 명예회장님은 청년 시절 가출해 서울에서 처음 쌀 배달꾼으로 일을 하게 됐던 서울 중구 인현동의 쌀가게 복흥상회에서는 청년 정주영을 이렇게 평가했다고 한다.

"다른 일꾼과는 사뭇 달랐어요. 밤이 되면 항상 책을 붙들고 있었지요."

또 청년 정주영이 워낙 열심히 일하고 신뢰심을 주었기 때문에 쌀 배달꾼으로 취직한 지 얼마 되지 않아 그에게 장부를 맡길 정도가 됐다고 한다. 청년 정주영은 가출 직후 얻은 단순 쌀 배달꾼 일자리라 하더라도 청년 정주영의 고객인 쌀집 사장과 손님 입장에서, 고객 중심으로 일했다는 것을 알 수 있다.

지금 당신이 회사원일지라도 고객은 존재한다. 오늘만 대충, 워라밸을 즐기며 주말, 연휴와 월급날만 손꼽아 기다리며 남이 보지 않을 때 유튜브를 즐기다가 사장이 오면 일하는 척하는 것은 고객 중심의 행동이 아니다.

내게는 매출 수억 원의 대표자들부터 수백억 기업체 대표자들까지 대기업 사원, 자영업자 등등 여러 분야의 고객들이 많다. 나는 이분들의 고민과 문제를 함께 연구하고 해결해 주는 역할을 한다. 이분들의 입장에서 지금 가장 중요한 것이 무엇인지, 어떤 것들을 고민하고 있는지 생각하며 문제를 해결해 준다. 세무, 금융관리 등의 분야는 내가 지식이 있어야 알려 줄 수 있기 때문에 지속해서 공부해야 한다. 따지고 보면 공부 자체는 수익률이 가장 좋은 투자이다. 공부할 때마다 이런 세계가 있다는 사실에 놀랍고 공부에 투자한 것이 계속 부로 돌아온다는 사실을 체감하니 공부를 멈추지 않을 수 없다. 여기서 공부란 학교 시험을 위한 공부, 교과서를 보며 하는 이론에 대한 논문, 연구 공부가 아니라 실제 현실에서 필요하고 유용하게 활용할 수 있는 경제에 대한 공부와 그에 대한 원리 그리고 CS(Customer Service)에 대한 사람 공부를 말하며, 주로 서점에 있는 유용한 자기계발서를 가지고 독학하는 공부를 말한다. 제일 중요한 것은 경험이라고 이야기해 주고 싶다. 이런 학습을 기반으로 발로 뛰어 실무 경험을 하지 않는다면 그것은 단지 활용가치가 떨어지는 무(無)가치 지식에 불과하다고 이야기해 주고 싶다.

일찍이 피터 드러커는 "비즈니스의 시작과 끝은 고객과 함께다"라고 말했다. 고객이 왕이 된 것은 어제오늘의 일은 아니지만 최근 굴지의 대기업들은 최고 고객 책임자라는 자리를 만들고, 고객 중심 경영을 전 계열사에 설파하면서 고객의 가치를 새삼 강조하고 있다.

고객이 중심이어야 하는 이유는, 고객이 부의 원천이기 때문이다. 나의 물건이나 서비스를 사 주는 사람이 있어야 비즈니스가 성립이 된다. 물론 땅을 파서 금을 캐거나 우연히 얻어걸린 로또가 부의 원천일 수도 있다. 하지만, 땅을 파서 확보한 금을 사 주는 사람이 있어야 부를 얻을 수 있으며 로또를 사러 가는 것 또한 고객이 있어야 살 수 있는 것이라고 생각하면 되겠다.

가장 보편적인 부의 확보수단은 사업을 하거나, 회사에 다니는 것이다. 대부분의 사람들은 회사를 다니면서 부를 확보하는 수단으로 삼는다. 이후 사업을 하거나 장사를 하거나 무역을 하여 돈을 확보하는데 이 모든 것들이 고객이 있기 때문에 내가 돈을 버는 것이며, 부를 얻을 수 있게 되는 것이다.

회사원에게 무슨 고객이 있겠느냐 싶겠지만, 내부의 동료, 직장상사, 사장님도 회사원의 고객이다. 회사원이 만나야 하는 거래처 사람들은 물론 회사의 서비스나 상품을 구매해 주는 고객들도 회사원의 고객들이다. 즉 나에게 돈을 주는 사람이 나의 상사이고, 보스라고 생각하는 것에서부터 고객 중심의 마인드가 나올 수밖에 없다.

최저임금과 최저생계 마인드

나는 월급만큼만 일할 거예요

"나는 월급만큼만 일할 거예요."

"월급이 왜 이 정도밖에 안 되는지 모르겠습니다."

직장인들을 상담하거나, 직원들을 만나 이야기하다 보면 이런 말을 자주 듣는다. 불행하게도 돈 받은 만큼만 일한다거나, 월급이 왜 이 정도밖에 되지 않느냐고 말하는 사람치고 직장에서 인정받거나, 성과를 내는 직원은 드물었다. 월급은 자신이 만드는 자신의 능력에 대한 성과이자 지표이지 그냥 대기업에 다니기 때문에 저절로 상승하는 것은 아니다.

물론, 국가에서 '최저시급'이라고 하여 일용직 근로자들을 보호하기 위해 기준을 정하긴 한다. 하지만 '최저임금'의 개념으로 나의 일에 접근하면 일의 수준과 일을 대하는 태도는 그저 최저수준일 뿐이고, 더 이상 최고가 될 수 있다는 자부심은 사라진다.

정부든 회사든 누군가 정해 준 시급과 시간당 급여 기준에 맞춰 내일의 수준과 퀄리티를 알아서 하향평준화시켜 버리는 자세는 단돈 몇 푼에 영혼을 팔아 버리는 저급한 행동이지 않을까 생각한다. '최고'가 되기 위해서 노력하는 사람에게는 임금의 최고수준이 주어진다. 하지만, '최저' 임금의 수준에 맞춰 노력하는 사람은 임금의 최저수준에 그치게 되어 있다. 무엇을 하든 이 원리는 변함이 없다. 내가 한 만큼 돌아오는 법이고, 반드시 뿌린 대로 거두는 것, 그것이 세상 진리이다.

월급을 받는 만큼만 일할 것이고, 나는 내가 받은 돈만큼만 일해 주겠다는 가치는 점점 삶의 좌우명이 되어 일생을 그렇게 살아간다. 안타까운 것은 이런 사람들은 평생을 최저수준에 맞춰 살아간다는 점이다. 인간의 가치는 최저에 맞춰지지 않았으며, 노동과 근로의 가치는 최저를 따르지 않음에도 나의 생각과 주문처럼 "월급만큼만 일하고, 받은 돈만큼만 일해 주겠다"고 하루를 되뇌며 그냥저냥 살아가는 하루살이 인생을 살아가는 사람들이 많다. 삶에는 정말 해야 할 것들이 많고 배워야 할 것들도 많다. 따라서 내가 어떻게 생각하고 움직이는지에 따라 그 결과와 보상은 상당히 달라질 수밖에 없다. 일용직 근로자들을 비하하는 것은 아니다. 다만 일용직 노동자분들처럼 고생은 고생대로 하고, 스트레스는 상당하다면 나는 오히려 내가 더 성장하고 발전할 수 있는 방법을 찾아 모험을 선택할 것이다. 이 세상에 대한 도전은 자유다. 그것을 어떻게 받아들이고 행동할 것인지, 내가 선택을 해야 한다. 받는 만큼만 일하겠다고 생각하면 하는 일에 대한 자부심도, 창의성도 사라지고 그저 60분을 버티면 최저임금을 받을 수 있다는 생각만 하기 때문에 더 이상의 노력도, 노력할 의지도 사라진다.

정말 답답한 일은 명문대를 나오고, 좋은 학교에서 공부를 한 사람들도 이런 개념으로 일을 시작한다는 데 있다. 시작부터 '최저임금'만 머릿속에 가득하니 성과를 낼 생각, 창의적으로 일할 자세를 갖는 것이 아닌 오너가 시키면 하는 그런 수동적 삶을 살아간다.

연예인들이 가만히 앉아서 받은 돈만큼 TV에 출연하는 것은 아니다. 받은 돈만큼 TV에 출연하는 사람은 엑스트라와 일용직 관객 아르바이트밖에 없다. 국민MC 유재석의 회당 출연료는 약 1,500만 원이지만 엑스트라, 일용직 관객 아르바이트는 66,800원만 받는다. 유재석은 오랜 무명생활에서 자신의 재능을 먼저 보여 주었고, 프로그램과 관객을 리드하는 진행 능력을 선보이며 점차 더 많은 시청자들이 자신을 더 자주 찾게 만들었다.

유재석이 '받는 돈만큼만 일할 것이며, 월급만큼만 일해 주겠다'라는 생각으로 일에 전념했다면 무명생활로 끝이 나지 않았을까 조심스레 생각해 본다.

자기 몸값은 이렇게 높이는 것이라고 이야기하고 싶다. 월급이란 여러분의 몸값이고 이것을 높이는 두 가지 법칙이 존재하는데, 첫 번째는 당신이 성과를 먼저 보여 주지 않는 한 최저시급은 나에게서 떠나지 않는다는 것이다. 월급을 더 많이 받으면 열심히 일할 수 있다고 말하는 사람들이 있다. 하지만 세상은 절대로 당신의 그런 다짐을 먼저 믿어 주지 않는다. 무명 시절의 유재석에게 회당 출연료 1,500만 원을 준다고 지금과 같은 성과를 만들지는 못한다. 지금과 같은 성과가 있기 때문에 유재석이 회당 출연료 1,500만 원을 받는 것이다.

두 번째, 보상의 대가는 언제나 처음에 천천히 다가온다는 것이다. 보상의 가속도가 붙기까지는 일정 시간이 소요된다. 사람들은 겨우, 몇 주에서 몇 개월 열심히 해서 일을 했다고 보상이 안 온다고 생각하고 포기와 실망을 한다면, 곧 '최저시급의 본성'을 드러낼 수밖에 없다. 최저생활을 벗어나려면 몇 시간을 일하고 얼마를 받는지는 머릿속에서 반드시 잊어버려라. 일의 질적인 결과에만 관심을 두어야 한다. 몇 년 후 받게 될 대우와 그에 걸맞는 일솜씨를 지금 먼저 보여 주면 된다. 부자가 아니라면 가진 것은 몸과 시간밖에 더 없으므로 그것들을 바쳐 일의 질을 높여 나갈 수밖에 없다.

나의 경우 2평짜리 고시원과 회사 내 1평짜리 쪽방에서 하루 몇 시간밖에 못 자며 목숨 걸고 일한 몇 년의 시간이 바로 일의 질을 높여 나가던 기간이었다. (모든 사람이 나처럼 쪽방에서 몇 시간 못 자고, 때론 밤을 새워 가며 일할 필요는 없다. 그러나 위에 언급한 바와 같이 용광로 같은 열정의 시간을 보내지 않았다면 지금의 나는 없었을 것이라고 자부한다.)

항상 투입한 시간과 노력에 비해 보상이 충분치 않은 경우도 있을 것이다. 하지만 인내는 이때 하는 것이다. 곧 많은 사람들이 여러분의 이름을 찾을 것이고 여러분의 몸값은 저절로 높아질 수 있다. 더 이상 '최저임금' 따위에 맞춰 '최저생계'만을 부르짖는 비참한 삶을 살아가지 말고 내가 해야 할 일에 능동적으로 최선을 다하는 그런 삶을 살아가길 바란다.

치솟는 몸값에 주변의 견제와 시기가 여러분을 괴롭힐 날이 반드시 온다. 그때는 그냥 무시하면 된다. 적어도 3년~4년 후에는 최저시급, 최저 생계만 부르짖는 그들과는 전혀 다른 세상에서 살게 될 것이니 말이다.

기회는 하기 싫은 일에서 나온다

우리나라에는 수많은 일들이 존재한다. 그중 많은 사람들이 하기 싫어하고 힘들어하는 일들이 많은데, 세탁업, 외식업, 세차장, 운전 등 내가 피하고 싶거나 하기 싫은 일들은 모두 돈을 주고 맡기게 된다. 즉 생각해 보면 하기 싫은 일, 하고 싶지 않은 일에서 돈이 많이 모일 수밖에 없다는 것이다. 하기 싫은 일일수록 다른 사람들도 하기 싫어하고 그만큼 기술력과 경쟁력이 동반한 직종이기 때문이다. 다른 사람들도 하기 싫어하기 때문에 누군가가 그 일을 해 주어야 한다. 세상의 모든 비즈니스는 여기서 시작된다. 남이 하기 싫어하는 일, 누군가는 해야 할 일을 할 때 그곳에 돈이 몰리는 것이다.

처음부터 금융 영업을 좋아하지는 않았다. 영업이라는 분야가 내게 그리 썩 잘 어울리는지도 몰랐다. 군 생활을 오래 했던 나로선 표현력도 서툴고, 과정은 중요시하지 않고 결과만을 갖고 논하는 집단에서 생활을 하다 보니 그 점이 몸에 배어 있었기 때문이다. 그래서 나는 더욱더 노력을 해야만 했다. 내가 하고 싶은 일에서 무엇인가 성취를 이룰 수 있어야 한다는 절박함과 간절함은 하기 싫은 금융 영업에서 엄청난 성과를 보여 주었다. 하기 싫어하는 일, 모두가 기피하는 것이 영업이라 한다. 많은 사람들을 만나야 하고 수많은 사람들로부터 거절을 당해야 한다. 그 거절을 수천 번 이상을 겪어 보면 어떻게 풀어 가야 하는지 답이 나올 수밖에 없다. 그 속에서, 나는 사람들이 기피하던 영업이라는 분야에서 비즈니스를 배웠고, 사업의 기본을 다지기 시작했다. 수많은 실패도, 성공도 다 뒤로한 채 오늘은 내가 고객의 어려움을 해결해 주는 날이자, 수많은 기회를 만나는 날로 생각했다. 그렇게 기대감을 가지고 고객들을 만났다. 물건이나 상품, 서비스를 팔려고 노력하지 않았다. 오히려 팔려고 할수록 고객들은 멀어져 갔다. 하지만 진심으로 고객의 편에서 고객들을 도와드릴 때 고객들은 내가 가지고 있는 서비스와 내가 보여 드리는 가치에 관심을 보이기 시작했다. 심지어는 주위 사람들을 소개해 주기도 하였다. 하기 싫은 일을 한다는 것은 결코 녹록지 않은 일이지만, 남들이 기피하는 일은 경쟁이 없는 블루오션과 다름이 없다고 생각한다. 힘들수록, 까다로울수록 블루오션의 영역들이 매번 펼쳐졌다.

기회는 하기 싫은 일에서 나온다. 이것은 사실이다. 하지만, 진짜로 재능도 없고 하고 싶지도 않은 일을 억지로 하면서 나 자신을 성장시킬 수가 있다. 군대에서 부사관으로 근무하며 상명하복 조직문화에 적응하기도 어렵고, 하고 싶지도 않은 마음뿐이었다. 정복 판타지가 있어 군 간부로 입대를 했지만, 내 적성과는 전혀 맞지가 않았다. 그때는 생각도 마음도 어렸을 때이다 보니 어떻게 해야 할지 눈앞이 캄캄하기만 했다. 그래서 정말 심각하게 앞으로 내 인생에 대해 고민을 하게 되었다. 더군다나 부모님은 나라에서 지급하는 안정적인 급여를 받아 너무 좋다, 정년까지 직업군인을 했으면 좋겠다고 말했다. 나는 이 지옥과 같은 일상이 반복되는 것이 너무나도 싫었다. 그저 인내심을 가지고 하루하루 버티는 것의 대가로 월급날에 몇 푼 안 되는 돈이 통장에 들어오지만, 그리 유쾌하지도 기쁘지도 않았다. 흥미가 없다 보니 그리고 목표와 꿈이 없다 보니 인내의 대가로 술을 마시며 흥청망청 돈을 쓸 수밖에 없었다.

전역 후 금융 분야 세일즈 스킬을 배우기 시작하면서, 내가 도전적인 것을 좋아한다는 것을 처음 알았다. 또한 나는 그 어떤 도전도 두려워하지 않았다. 물론 처음에는 매우 어색하고 힘들었다. 30년 가까이 소심하고, 가난한 집안에서 매일 위축된 삶을 살았기에 자신감은 부족했고 고객 앞에서 말이 쉽게 떨어지지 않았다. 하지만 사람은 하고자 하는 마음을 먹고 도전한다면 쉽게 변할 수밖에 없고 내 안에 잠들어 있는 거인을 깨울 수 있다고 나는 항상 다짐하며 자기 최면을 하기 시작했다. 배움이라는 것을 항상 숙명처럼 생각했고, 이런 내가 나날이 발전해 나갈 수 있다는 점을 깨닫게 되었다.

어쩌면 하루 안에도 변할 수 있는 것이 사람일 수 있다는 점도 꼭 기억해 주었으면 좋겠다. 물론 사람이 변화하는 데는 최소 21일이라는 시간이 걸리는데, 마음을 먹는 데는 개인마다 천차만별이라는 것을 이야기해 주고 싶다. 나는 뭐가 되었든 하고자 하는 것이 있으면 그날 바로 생각하고, 계획하고 실천을 한다. 이것이 나의 유일한 장점이고 그렇게 행동하다 보면 나도 모르게 성장해 있다. 이처럼 자기 자신을 바꾸는 것은 그리 어려운 일은 아니라는 것을 독자들에게 알려 주고 싶다. 그냥 시도하고 행동하고, 안 되는 이유는 안 했기 때문이고, 못하는 것이 아니라 겁을 먹고 도전해 보지 않아서 못 하는 것이라고 나는 확신한다. 그래서 "도전은 아름답다"라는 말이 있듯이 나는 MMA(종합격투기)도, 요트자격증도, 나에 일대기를 수록하는 책 집필과 더불어 사업 확장과 많은 자기계발들도 생각나는 족족 도전하고 있다. 이렇게 도전하니 성과가 나오는 것은 당연한 것이고 하루하루가 정신없이 지나갈 뿐이다.

그렇다 보니 영업에서 자신감을 얻고, 노력이 성과로 나타날 즈음 부지점장, 지점장에 이어 회사 임원으로 승진을 할 수 있었다. 사업과 비즈니스를 배우며 자신감이 더욱 생겨났고, 남들이 하지 않는 곳을 파고들며 도전해 나갔다. 내가 그토록 싫어하던 군 부대 간부들을 대상으로 금융경제 교육에 도전하기도 했다. 높은 분들을 만나 브리핑을 하며 실력은 점차 늘어 갔고, 동료들이 하기 싫어하는 일, 기피하는 일에 자청하여 무조건 들이댔다. 이때 확실히 느꼈다. 내가 못하는 것이 아니라, 안 해서 안 되는 것이라는 사실을 말이다. 사람에게는 누구나 두려움이라는 것이 존재한다.

내가 군 간부 시절 유격 교관 임무 수행을 하면서, 또 실탄 사격 통제 임무를 수행하면서 깨달은 점이 있다. 사람들이 왜 이렇게 사격을 두려워하는 것일까? 실탄 사격장에서 왜 이렇게 긴장을 하고 초조해하는 것일까? 그의 답은 머릿속에 '잘못되면 어떻게 하지?'라는 두려움을 갖고 있기 때문이라는 것을 알게 되었다. 훌륭한 간부라면 이 점을 머릿속에서 빨리 지워 주고 자신감을 갖고 훈련을 받고 자신 있게 방아쇠를 당길 수 있도록 만들어 주어야 한다. 실탄 사격장에서 안전 고리를 연결하고 실탄을 결합한 뒤 방아쇠를 당기는 순간 실탄 사격이 시작된다. 이때 총구를 뒤로 돌린다면 상상도 못 할 초유의 사태가 발생한다. 그래서 긴장감과 고도의 집중은 필요할 수 있지만 어느 상황이 발생할지는 상상 그 이상으로 맡기고 싶다. 하지만 그것을 통제하는 간부인 내가 그것 또한 두려워하면 안 된다는 사실은 변함이 없다. 순간적으로 몸을 날려 막아야 하며, 내 희생으로 다수의 인명 피해를 막아야 하는 중책이 언제나 깔려 있었기 때문이다. 그래서 그런지 지금도 항상 책임감을 갖고 살아가고 있다. 나와 함께하는 사람들과 같이 성장하는 방법을 연구하며 실천할 수 있도록 하는 점 말이다. 세상에는 쉬운 것이 존재하지 않는다. 다만 내가 이 기회를 어떻게 잡을 것인지만 머릿속에 생각한다면 그 어떠한 것들도 잘 해낼 수 있다는 점을 독자들에게 알려 주고 싶다.

실제로도 내 사로에 있던 병사가 자신도 모르게 순간적 패닉에 빠져 이러지도 저리지도 못하는 상황에 방아쇠를 당기지도 못하고 있었던 적이 있었다. 사로에 들어가 내가 조치를 하는 것은 그 병사에게 두려움을 극복할 수 있는 방법을 알려 주는 것이 아니라 오히려 독이 될 수 있다는 사실을 나는 알고 있었고, 사로 밖에서 병사에게 사격장이 떠나가도록 소리를 질렀다. 그제야 병사는 순간적 패닉에서 벗어날 수 있었고, 20발의 실탄 사격을 안전하게 종료할 수 있었다. 나도 순간 당황스러웠지만 내색하지 않았고 그 병사는 사격이 끝나고 내게 와서 감사하다는 말을 전하며 안도의 웃음을 지어 주었다. 이렇듯 내가 겁나고 하기 싫은 일을 한다면 그 누군가는 나에게 감사함을 느낄 수밖에 없다는 사실과 나의 성장과 발전에도 크게 기여한다는 사실을 독자들도 느껴 봤으면 좋겠다.

나는 지금도 이 방법을 동일하게 사용한다. 신입직원들이 들어와 교육을 받고, 이 내용을 들을 때면 늘 이들은 불안해한다. 잘할 수 있을지, 영업은 힘들지 않은지 안 해도 될 걱정을 미리 한다. 그러다 보니 생각이 많아지고 위축되어 업무 자체의 페이스를 잃어버리게 된다. 본인조차도 불안이라는 것에 잠식당하는 줄도 모르고 있기 때문이다. 그래서 내가 지금 왜 이런 상황을 겪고 있고 어떻게 헤쳐 나가야 하는지만 안다면 그다지 두렵지도 무섭지 않다는 것을 이야기해 주고 싶다.

방법은 단순하다. 소비자들의 마음을 헤아리고 상품과 서비스를 연구하며, 내 분야에서 최선을 다하면 된다는 사실을 말이다. 실제로 그렇게 하자 신입들도 자신감을 갖게 되었다.

당신이 신입이라면, 새로운 분야를 익히는 사람이라면 반드시 남들이 기피하는 일에 자청하여 도전하길 바란다. 한두 번 도전하다 멈추지 말고 최소 3개월 이상 도전하기 바란다. 남들이 기피하는 곳은 돈이 모이는 핫스팟이고, 남들이 기피하는 영역은 돈이 흐르는 블루오션이기 때문이다.

아무것도 안 하는 것이
세상에서 가장 나쁜 태도다

"안 된다고 보는 사람이 많을수록 기어코 해내고 말겠다는 결심은 더 굳세어 지고, 일이 되도록 하기 위한 노력을 더욱 더 치열하게 할 수밖에 없어진다."

"생각하며 사는 사람은 보통 사람의 10배, 100배의 일을 해낼 수 있다. 노 는 자리에 가서 노는지 마는지, 일하는 시간에 일하는지 마는지, 자는 시간 에 자는지 마는지 하는 사람을 질타하는 이유도 바로 이 때문이다."

- 고 정주영 회장의 어록 중

고 정주영 회장님은 이렇게 생각의 중요성을 설파하셨다. 모든 사람들 은 다 저마다 생각을 가지고 있다. 다만 생각대로 안 하는 것이 가장 큰 문제라 생각한다. 생각만 하고 행동하지 않는 것은 가장 큰 죄악이라 생 각한다.

나는 부자가 될 것이고, 그렇게 부유한 삶을 살아갈 것이라 믿고 있다. 그래서 나는 행동에 옮겼다. 부지런하고 성실한 것은 물론, 돈을 제법 많이 번다고 펑펑 써 대지 않았다. (단, 배우는 것에는 아끼지 않는다.) 돈은 인격체이기 때문에 내가 제대로 대우하지 않고 돌봐 주지 않으면 나를 어김없이 떠나가는 것을 알기 때문이다. 부자가 될 것이라 믿고 행동했다.

생각만 하는 것으로는 안 된다. 상상만 하는 것으로는 부족하다. 나는 생각과 상상에 행동을 더하고 싶다. 생각과 상상에 행동을 더하면 폭발적인 추진력이 생긴다. 내가 끊임없이 시각화된 나의 보물지도를 보면서 나의 목표를 끊임없이 되새기는 이유는 비전이나 목표를 많은 사람들이 자주 망각하기 때문이다. 나 또한 그렇다. 일을 하다 보면 내 꿈과 목표가 무엇인지 자주 잊어버린다. 수시로 나의 목표와 꿈이 담긴 '보물지도'를 핸드폰에서 꺼내 보며 마음껏 상상을 하고 다시 마음을 잡으며, 일에 집중하고 전념한다.

이게 무슨 효과가 있고, 이런 방법이 무슨 의미가 있는지 모르는 사람들이 많다. 나도 이것의 근거를 어떻게 설명할까 많이 고민했는데, 우연히 읽은 책에서 이나모리 가즈오 회장의 말을 읽으며 이거다 싶어 무릎을 쳤다.

"거대한 성공을 거두기 위해서는 성공하고야 말겠다는 강렬한 열망이 당신의 잠재의식 밑바닥까지 스며들어야 한다."

무일푼으로 시작해서 세계적인 기업 '교세라 인터네셔널'을 세운 이나모리 가즈오 회장은 큰 성공에 대하여 이렇게 대답하였다. 그렇다. 바로 무의식까지 성공을 심어 버리는 일이 중요하기 때문에 꿈과 목표가 담긴 보물지도를 수시로 본다고 말할 수 있다.

다만 이런 꿈과 목표가 중요하다는 것, 이렇게 행동하면 성공한다는 것은 누구나 머릿속으로는 알고 있다. 하지만, 생각을 현실로 가져와 행동으로 옮기는 사람은 주변에 거의 없었다.

아무것도 하지 않으면, 아무 일도 일어나지 않는다. 세상은 뿌린 대로 거두는 것인데, 내 주위의 사람들은 내가 아무리 이렇게 꿈과 목표를 시각화하여 수시로 보라고 일러 주어도 하는 사람들을 정말 100명 중 1명밖에 없었다. 그 친구라도 있어서 다행이다 위안 삼았지만 돌이켜보면 정말 슬픈 현실이라고 말하고 싶다. 나는 이 보물지도를 보며 항상 꿈을 그리고 또 목표를 새로 하고 시각화하여 나를 지금의 자리까지 올려 두었는데 말이다. 내가 관찰한 바에 의하면 유튜브와 SNS에서 지금만 웃고 즐기고 떠드는 콘텐츠를 보며 시간을 죽일 뿐이고, 우울한 노래와 울적한 가사에 심취하여 따라 부르며 자신에 감정을 심취하는 사람들이 정말 많다. 이렇듯 우울한 노래에 멜로디와 가사를 자기에 무의식까지 심는 데 노력을 정말 많이 한다. 나는 그 노력을 보물지도를 그리고 시각화하며 목표를 달성하는 데 쏟으라고 많은 사람들에게 알려 준다. 하지만 사람들은 모른다. 자신들이 심은 행동에 의해서 오늘이 만들어진다는 것을 말이다.

부와 성공을 갈망하지만, 꿈과 목표를 제대로 떠올리지 않으며 오늘 살고 오늘 만족하는 그런 하루살이 인생에 만족하며 사는 사람들이 정말 많다. 나와 전혀 맞지 않는 사람들, 그런 사람들은 하루빨리 곁에서 멀리하는 것을 추천한다. 그게 가족이라도 말이다. 심지어 이러한 사람들과 대화도 소통도 눈길도 주지 말아야 한다. 왜냐하면 그런 모든 것들이 나에게 전염이 되기 때문이다. 오늘만 대체로 즐기고 수월하게 웃고 떠들며 친구들, 사람들을 만나 술 한잔 기울이며 취한 상태로 오늘을 마무리하고 내일은 숙취로 시작해 또다시 멍하게 오늘만 대충 수월하게 보내는 삶을 반복하게 된다. 이것이 한때 '나의 이야기'였기에 너무나도 잘 알고 있다.

진심으로 지면을 통해서 호소하건대, 아무것도 하지 않으면 아무 일도 일어나지 않는다. 오늘 우울함과 실패와 좌절의 생각을 심으면 내일 실패와 좌절과 우울함이라는 행동의 결과가 돌아온다. 우울함과 자기연민에 빠져 '나는 흙수저니까, 나는 가난하니까, 나는 원래 공부를 못했으니까, 나는 원래 이런 사람이니까'라는 변명으로 아무 일도, 아무 시도도 하지 않으면, 정말 아무 일도 일어나지 않고 변화할 수 없으며, 지금처럼 정체된 삶을 평생 살아가게 된다. 그러면서 남의 것을 쉽게 탐하는 못된 습관과 버릇이 생기고 결국 이용당하는지도 모르고 친구들 사이에서, 자신의 인생에서 도태되는 그런 모습들도 많이 보았다.

대부분의 사람들이 이렇게 '학습된 무기력'에 빠져서 하루를 소진한다. 안 봐도 그만인 유튜브를 보며 낄낄대며 시간을 죽이고, 나와는 0.1도 관련 없는 사람들을 욕하고 평론한다. 그러다가 비판과 비평은 친구들로 옮겨가 비난과 험담으로 시간을 낭비한다. 이런 일은 하지 않는 것만 못한 일이다. 내가 말하는 것은 '생산적으로', '미래를 향해 발전할 수 있는 행동'을 의미하는 것이다.

우리는 변화라는 것을 너무 급격하게 생각하는 경향이 있다. 금융 분야에서 종사해 본 나는 0.1%, 아니 1%의 변화가 얼마나 중요한지, 이 변화로 내 삶이 어떻게 달라지는지, 그것으로 내가 얻는 것이 무엇인지 그 누구보다 잘 안다. 이렇게 생각하면 좋겠다. 하루에 단 0.1%씩만 성장을 위해 개선한다면 3년이면 3배, 10년이면 38배 성장하게 되는 것이고, 하루에 무려 1%씩 성공을 위해 개선한다면 1년이면 38배, 3년이면 5만 배 성장하게 되는 것이다. 내가 오늘 0.1%씩 혹은 1%씩 긍정적이고 진취적으로 무엇인가를 해낸다면 적어도 1년 후면 괄목할 만한 성장을, 3년이면 폭발적인 성장을 하게 된다는 뜻이다.

반대로 내가 하루에 0.1%씩 부정적으로 마음먹고 어제보다 더 논다면 3년이면 3배로 망하는 것이고, 10년이면 38배 망하는 것이다. 이게 누적된 복리의 효과다. 나는 지금 오늘 0.1%라도 성장하는 것, 앞으로 나가려고 노력하는 것, 그렇게 몸부림치는 것은 당장 가시적 효과를 가져오지 않는다. 하지만 1년 후, 3년 후, 5년 후, 10년 후 폭발적인 성장을 가져오는 것이기에 지금 당장 아무짝에도 소용없어 보이는 꿈과 비전과 목표를 보며, 배우고 익히려고 노력하는 이유이다. 나의 1년 후, 3년 후, 5년 후, 10년 후의 미래는 지금보다 38배, 3년 후 5만 배 그 이후 수많은 성장을 할 것이라고 나는 확신하고 있다. 독자들은 이 책을 낸 1년 후, 3년 후, 그리고 5년 후, 10년 후 노윤일이 어떻게 성장했는지 확인할 수 있을 것이다.

욜로, 워라밸이라는
선동과 거짓말에 속지 마라

뉴스에서 혹은 미디어에서 MZ세대는 욜로와 워라밸을 즐긴다고 말한다. 거꾸로 생각하면 욜로와 워라밸을 즐겨야 MZ세대이고 세련된 삶을 사는 것처럼 생각하게 만든다.

욜로(YOLO). 'You Only Live Once(한 번뿐인 인생)'의 두문자를 딴 이 말은 현재를 즐기며 사는 태도를 일컫는 신조어다. 매년 이듬해 트렌드를 예측하는 서울대 김난도 교수와 소비트렌드분석센터가 2017년 트렌드로 선정해 주목받기 시작했다. 이른바 미래를 위해, 또는 희생하지 않고 현재의 행복을 만끽하기 위해 소비하는 새로운 소비 트렌드라는 것이다. 또한 서울대 소비트렌드분석센터는 일과 삶의 균형을 의미하는 말인 '워라밸(Work&Balance)'을 2018년에 가장 주목해야 할 트렌드 키워드로 손꼽았다고 한다.

나는 '욜로'와 '워라밸'이란 단어를 매우 싫어한다. 이유는 간단하다. 첫째는 나는 그렇지 않은데, 나를 그 틀에 끼워 넣으려고 하기 때문이고, 둘째, 욜로와 워라밸을 하지 않으면 마치 MZ세대가 아닌 것처럼 말하기 때문이다. 사실 나는 MZ세대라는 말도 싫어한다. 소고기 부위마냥 세대를 구분하여 마치 MZ세대라면 이렇게 살아야 한다고 '정해 놓은 삶'을 강요받는 것 같아서 매우 싫다. 내 삶은 내가 만드는 것이지 서울대 교수님들이 정해 주는 것이 아니다. 그래서 나는 욜로족도, 워라밸족도 아니다. 이런 말을 하면 주변으로부터 "MZ세대가 왜 이렇게 꼰대냐"는 말을 듣는 것도 매우 싫다. 이쯤이면 MZ세대라는 말은 세대별 갈라치기 용어가 아닌가 싶다.

나는 그저 젊은 시절에 '시간의 중요성'을 빨리 깨달았고, 과거 지독한 가난함 속에서 알게 된 비참함과 비굴함을 온몸으로 느끼면서 지난 30여 년을 되돌아보기 시작했다. 무엇보다 두 번 다시는 가난이라는 이름 아래 내 삶이 비참해지지 않기 위해 매일같이 바쁜 일상을 살아가며 발전하는 삶을 사느라 매우 분주하다. 무엇보다 열심히 노력하며 뒤처지지 않는 삶을 살아가고 가치 있는 하루를 살아가며, 항상 최상의 컨디션을 유지하고, 발전하는 나의 인생을 살기 위해 내가 하고자 하는 업무와 현재 진행하고 있는 모든 프로젝트들에 정통하느라 상당히 분주하고 그 누구보다 노력하며 살아간다. 이처럼 내가 노력하지 않으면 아무도 나를 책임져 주지 않는다는 사실을 알고 무가치한 시간을 보내고 있지도 않는다.

수십 년간 시달려 왔던 가난이라는 정신적 질환에서 이제 갓 벗어났다. 그렇기에 '오늘만 즐기고, 우리나라가 정해 놓은 테두리 안에서 노동 시간만 준수하며 일하다가 또다시 가난이라는 늪에 빠지고 싶지 않다'고 생각한다. 또한 '욜로'와 '워라밸'은 굉장히 위험하고 무책임한 말이라는 것을 난 잘 알고 있다. 이런 말에 내 인생을 끼워 맞춰 살고 싶지 않으며, 모두가 생각하고 있는 그때만 즐기는 그런 삶 자체를 나는 살아가고 싶지가 않다. 반드시 시간은 복수를 한다는 것을 그 누구보다 잘 아는 나로선 더더욱 회피를 하고 싶을 뿐이다.

나는 꿈을 위해 달려야 하고, 목표를 달성해야 한다. 그런데 '욜로'나 '워라밸'이 규정한 일하는 시간만으로 꿈과 목표를 이루기엔 절대적으로 부족하다.

욜로, 워라밸을 만든 분들, 그 자신들은 서울대 교수님들이고 적당한 부와 명예가 있는 상태에서 이 같은 말을 만들었기 때문에 이 말이 얼마나 무서운 말인지 잘 모르실 수 있다. 하지만 나는 밑바닥 인생에서부터 지금의 위치까지 올라왔기에 MZ세대 젊은이들이 하고 있는 행동들이 얼마나 무서운지, 그들의 행동과 태도만 보아도 그 누구보다 잘 알고 캐치할 수 있다고 자부한다. 그분들은 젊었을 때 욜로나 워라밸로 적당히 인생을 놀면서 서울대학교에 입학하셨는지, 욜로와 워라밸로 적당히 놀면서 적당한 연구 결과를 내어 서울대학교 교수님이 되셨는지 묻고 싶다. 그래서 단언컨대, 욜로와 워라밸이라는 말은 기득권층이 만들어 놓은 선동이라고 생각한다. 세상에 학교 공부 8시간만 해서 서울대학교에 들어가는 학생이 없는 것처럼, 8시간만 일해서 부자가 되거나 사업적으로 큰 성공을 이룬 사람은 절대로 존재하지 않는다고 난 확신한다.

한 번뿐인 인생, 오늘만 즐겨서 일과 삶의 균형을 잡는다고 워라밸 노래를 부르며 하루 주 5일, 8시간만 일해서 성공이란 결코 찾아오지 않는다고

MZ세대 젊은이들에게 단호하게 이야기해 주고 싶다. 지금 당장은 힘들더라도 죽기 살기로 3년만이라는 생각만 하며 하루하루를 반드시 노력하고, 죽을힘을 다해 가치 있는 자신만의 삶을 살아가 달라고 당부하고 싶다.

내가 아는 한 동서고금을 막론하고, 주변의 회사 대표자들까지도 샅샅이 살펴보면 하루 8시간, 주 5일만 일해서 부자가 된 사례가 단 1명도 존재하지 않는다. 나 역시 미친 듯이 몇 년을 하루 몇 시간 쪽잠을 자고 일해서 영업과 사업 그리고 경영을 배웠고, 내가 하는 일에서 1등을 만들었으며 일의 질을 향상시켜 간신히 살림살이가 나아졌을 뿐이다.

자신의 주위에서 3~4년 전 욜로와 워라밸을 열심히 외쳤던 사람들은 다 어디로 갔는지 살펴봐라. 법정근로시간을 줄이면 삶이 나아지는 것이 아니라, 오히려 줄어든 근로시간에 비례하여 수입도 줄어들어 대부분 배달과 아르바이트, 대리운전 등 투잡, 쓰리잡까지 해서 간신히 먹고사는 중 아닐까. 욜로, 워라밸이라는 선동과 거짓말에 절대로 속지 않았으면 좋겠다.

욜로와 워라밸은 젊은이들을 절대 먹여 살려 주지 않는다. 욜로와 워라밸을 주장하는 정치인, 기업인, 자칭 지식인들을 주의해라. 틀림없이 욜로와 워라밸을 주장하고 확산시키려는 의도와 목적이 있다. 욜로와 워라밸을 믿고 그대로 따라 살면 몇 년 후 100퍼센트 쪽박 확정이라고 장담한다.

덧붙여 우리 부모님께 2022년 4월 식당을 차려 드린 이후 아버지께서는 하루도 빠짐없이 식당 냉기가 올라오는 찬 바닥에서 돗자리만 펴고 3

시간 쪽잠을 주무신다. 새벽 3시에 취침하여 아침 6시에 일어나시는데, 지금 삶에 매우 만족하고 계신다. 부모님께서 부지런한 것은 알고 있었는데 이 정도로 부지런하신 줄은 몰랐다. 무엇보다 지난 50여 년이라는 시간을 의미 없이 살았다고 생각을 하신 것인지 아버지께서도 자극을 받으며 남은 여정을 알차게 살아가고 계신다.

한편으로는 많이 안쓰럽지만 마지막 남은 인생이라고 생각을 하면서 내가 더 노력해야겠다고 생각하고 있다. 그래서 난 더욱더 책임감을 갖고 부모님께 하나라도 더 알려 드리고, 반드시 편안한 노후를 사실 수 있게 막중한 책임감을 갖고 장남으로서 우리 집을 더 튼튼하게 일으켜 세워 보겠다는 신념을 가슴 깊이 새길 수 있게 되었다. 진심으로 부모님께 위로와 감사에 말씀을 올린다. 내가 더 노력해서 우리 집안이 더욱 성장할 수 있게 최선을 다하겠다고 독자들 앞에서 다시 한번 약속을 하겠다.

이런 직원은 사절한다

　나는 아래와 같은 사람들을 매우 싫어하며 이런 부류의 사람들과는 같은 하늘 아래 살고 있어도 절대 나의 시간을 활용하지도, 같은 밥상에서 함께하지도 않는다. 당연히 같은 회사의 직원으로도 채용하지 않는다. 이런 분류의 사람들이 과거 친구였어도 연락도 이야기도 하지 않는다. 괜히 부정적인 생각만 공유하고 시간만 빼앗기며 가치 있는 시간을 보낼 수가 없기 때문이다. 사상과 이념이 다르고 그들과 시간을 보낸다고 할지언정 서로 생각의 깊이가 다르기 때문이다. 과거 이런 사람들이 내 지인, 친지, 친구라고 할지라도 이제는 내가 과감하게 행동하고 결단을 해야 하는 시기이기 때문에 외롭고 고독하고 힘들지라도 나의 핸드폰 전화번호부에서 모든 연락처와 내용들을 삭제하고 있다. 나와 함께 성장하고자 하는 정말 유능하고 훌륭한 사람들, 긍정적 에너지와 시너지를 공유하는 분들께 실수하지 않기 위해서는 이제 내가 결단을 해야 하기 때문이다. 이것이 내가 정해 놓은 규칙이자 기준이라고 독자들에게 이야기해 주고 싶다.

　첫째, 자기 발전을 하지 않는 사람.
　둘째, 잘하는 직원에게 앙심을 품으며 시기, 질투하고 욕하는 사람.
　셋째, 노력은 하지 않고 남의 것만 쉽게 탐하고 쉽게 얻고자 하는 사람.
　넷째, 책을 쳐다도 보지 않는 사람, 자기계발에 인색하고 무기력증에 빠진 사람.

다섯째, 해 보지도 않고 머릿속으로나 이론만으로 세상을 판단하는 사람.

여섯째, 돈 받은 만큼만 일하겠다고 말하는 사람.

일곱째, 안 되는 이유만 찾고 주위 환경 탓만 하는 무시무시한 사람.

나는 이런 분류에 속한 사람들을 이미 수차례 경험을 해 보았고, 내 부하 직원들로도 이미 많은 경험을 해 보았기 때문에 몇 마디만 섞다 보면 이미 많은 것들을 캐치하고 알 수 있다. 물론 이런 것들을 100% 내가 판단하는 것은 옳지 않지만, 경험에서 나온 지식에서부터 비롯된 것이기 때문에 내가 틀렸다고 생각해 본 적은 없다. 이런 분류의 사람들은 입사 면접 때 애초에 제외할 뿐 아니라, 우연히 뽑혔더라도 승진은 기대하지 못하게 되거나 본인 스스로 이런 행동을 바꾸지 않으면 스스로 짐을 싸서 나가게 된다.

반면, 나와 함께하는 직원들은 수단과 방법을 가리지 않고, 반드시 그 사람 자체를 성장시키기 위해 안간힘을 쓰고 있다. 내 수많은 경험을 토대로, 내 모든 것들을 동원해서 반드시 말이다.

나는 내 직원들이 너무나도 소중하고, 그들에게 아낌없는 사랑을 주고 싶다. 지금까지 그래 왔고, 앞으로도 그럴 것이고, 나의 진심을 잘 알고 있는 사람들이라면 더더욱 잘 알 것이라고 생각한다. 물론 나를 떠나간 사람들이 수두룩하다. 하지만 난 내가 잘못했다고 단 한 번도 생각해 본 적이 없다. 나와 뜻이 맞지 않고 결이 달랐던 사람들이었기 때문이며, 더 좋은 사람들이 내게로 들어온다고 확신하기에 두려울 것이 없다는 것을 독자들에게 이야기해 주고 싶다. 독자들도 경험을 통해 내가 하고 있는, 어려우면서 쉬운 이 말들을 잘 이해해 주기를 바란다.

04

경제적 노예해방
마인드 리셋 4
: 돈에 대한 마인드

◆ '돈'에 대한 위선은 버려라
◆ 무소유가 고귀한 건 아니다
◆ 장사꾼보다 사업가 마인드
◆ 자유는 경제적 자유를 얻어야 성립된다
◆ 노윤일의 시크릿 성공노트 7

'돈'에 대한 위선은 버려라

모든 사람들이 다 돈을 벌기 위해 노력한다. 많은 고객들을 만나면서, 혹은 지인, 친구, 친지까지 돈에 대한 가치는 제각각이란 사실을 발견했다. 대체로 사람들은 돈에 대해서 위선과 허무맹랑한 판타지를 함께 가지고 있다. 주로 사업을 하지 않는 사람들, 돈을 제대로 벌지 않는 사람들이거나 벌어 보지 못한 사람들은 돈에 대하여 위선 혹은 판타지로 무장하고 살고 있다.

이들이 가진 돈에 대한 위선과 판타지는 다음과 같다.

첫째, 돈을 많이 벌면 타락하니 적당히 있어야 한다는 것이다. 도덕적인 타락이 두려워서 돈을 멀리한다는 것은 엄청난 위선이다. 아니, 그럴 만한 돈을 벌지도 않았으면서 스스로 성인군자처럼 이야기하는 모습이다. 이들은 도덕, 종교라는 이름으로 자신의 무능을 포장한다. 도덕적으로 옳지 않다며 재벌을 욕하고, 부자에게 각을 세운다. 그러면서 미래의 꿈은 '건물주'라고 말한다. 자신이 부자가 되면, 자기가 건물주가 되면, 자기가 사업을 하면 얼마든 이웃과 직원을 위해 쓸 거라고 말한다.

하지만 타락이 두려워서 지금 삶에 안주하며, 들어오는 족족 돈을 쓰는 것이라고 포장하지 않았으면 좋겠다. 무엇보다 돈을 안 벌겠다고 생각하는 것이 아닌, 버는 방법을 모르는 것이라고 깨우쳤으면 좋겠다. 세상에는 돈을 벌 수 있는 수단과 방법이 무궁무진하게 많다. '돈을 갖고 있으면 불행해지는 것을 이미 많이 봐서'라고 생각하지 말고 지금이라도 스스로 깨우치고, 모르면 배우는 그런 삶을 살아가기를 간절히 바란다. 돈을 한 번이라도 제대로 벌어 본 사람이라면 자신의 무능을 절대로 포장하지 않는다. 오히려 인정하고, 그 인정함에서 나오는 간절함으로 이미 정상에 있는 사람들에게 배우려고 하는 자세로 가치 있는 시간을 만들어 나간다.

오히려 돈을 많이 벌수록 더 효율적이고 더 창의적으로 벌 수 있는 방법을 연구하려고 하며, 없는 시간까지 쪼개어 배우고, 일하므로 도덕적으로 타락할 시간조차 없으며 그런 생각이 사치라는 것을 그 누구보다 잘 알고 있다. 그러다 보니 더욱더 배우려고 하고, 그것을 즉각 삶에 반영하여 더욱더 성장하려고 노력한다는 사실을 정상에 계시는 분들은 이미 잘 알고 있다는 것을 가슴 깊이 새겨 두었으면 좋겠다. 누군가가 지켜보고 누군가가 원하고 지시해서 하는 수동적인 삶 말고 스스로 지금의 삶에 만족하지 않고, 굶주림을 통해 한 발 한 발 터득하면서 성장해 나가는 그런 삶을 살아가기를 바란다.

둘째, 부자, 회사 대표자들은 돈이 많으니 아무렇게나 마구 써도 돈이 곳간에 풍족하기에 늘 호화로운 삶만 산다고 착각하는 것이다. 이것은 영화나 드라마에서 나오는 부자들에 대한 이미지만 알고 있는 촌스러움의 극치라고 본다. 마치 미국에 한 번도 가 보지 않은 사람이 미국 사람들은 다 톰 크루즈, 안젤리나 졸리처럼 생겼다고 믿는 것과 같다. 부자들은 절대로 자신의 돈과 자원을 허투루 쓰지 않는다. 10억 가진 사람이 4천만 원짜리 차량을 타는 것이 사치가 아니듯, 100억 가진 사람이 4억짜리 차를 타는 것은 사치가 아님에도 자기 기준에서 비싸 보이는 옷이나 명품, 차를 산다고 부자들은 아무 때나 얼마든지 돈을 펑펑 써 댄다고 비판한다. 오히려 10억 정도도 가지지 못한 사람이 4억짜리 사는 것을 비판해야 한다. 왜? 주제넘어 망하려고 작정한 일이기 때문이다.

돈에 대한 위선에서 나오는 착각과 판타지적인 내용은 자신이 직접 벌어 보지 못해 발생하는 망상 따위에 불과하고, 돈을 다뤄 보지 못했기 때문에 생긴 위선을 판타지 소설로 과대 포장한 것에 불과하다고 난 말해 주고 싶다. 이런 잘못된 생각, 기준, 개념, 사상으로 돈과 부를 누리는 부자들을 판단하는 것이라 생각한다.

나 역시 잘못된 기준에서 부자와 돈을 바라보았다. 가난한 집안에서 자라다 보니 돈은 그저 안정적으로 꼬박꼬박 매월 25일에 나오는 월급이 전부인 줄 알았으며, 돈을 어느 정도 갖고 있는 사업주나, 건물주 더 나아가 졸부들이 돈을 빼앗아 가는 사람, 자신의 것들을 모두 다 가져가는 사람인 줄 알았다. 그들이 비싼 차라도 타면 비꼬아 생각하고 욕을 해 댔으며, 비판에 비판을 해 댔었다. 돈 많은 사장님이나 부자들이 비싼 식당에라도 갈 때면 사치를 부린다고 생각까지 했으니 더 말할 필요가 없었다.

하지만, 부자, 경영자, 오너, 기업체 대표자들을 만나며 나의 생각이 180도 바뀌게 되었다. 아니, 반성하고 각성했다고 표현하는 것이 맞겠다. 내 스스로가 한때 그런 생각을 했던 사람이었음을 철저히 반성할 수밖에 없었던 것이다. 매도 맞아 봐야 안다고, 내 스스로가 사업을 해 보면서 부자, 경영자, 오너, 기업체 대표자들이 얼마나 중요한 역할을 해야 하는지, 얼마나 많은 체력과 정신을 쏟아 가며 일해야 하는지, 얼마나 많은 스트레스를 받으며 24시간 365일 쉬지 않고 일해야 하는지 알게 되었다. 전 재산과 다름없는 사업을 운영하고 유지하기 위해 연구하고 생각해야 겨우 간신히 사업체가 굴러가기 때문이다. 때로는 경제 위기 같은 엄청난 대외변수나 생각지 못한 코로나 사태처럼 외부 리스크도 대비해야 하고, 수시로 바뀌는 정부규정과 업종에 관련된 사항들을 체크하며 매 순간 생각하며 일해야 한다는 사실을 늦게나마 깨닫게 되었다.

나의 경우도 부모님께 차려 드리고 내가 부대표로 일하는 완미족발 식당 운영과 경영지원센터 운영, 금융 분야에서 해야 하는 업무들을 해 나가며 잠자는 시간 하루 4~5시간 외에는 모두 고객을 만나고, 공부하고, 사업 구상을 위해 연구해야 하고 직원들을 다독이고 격려하며 경영해 나가야 했다. 새벽 2시든 3시든 일어나 고객이 요청한 일, 고객이 원하는 일과 마주해야 했다. 도무지 드라마나 영화처럼 뭔가 과시하면서 여유 부릴 시간이 없었다. 물론 과거에 여유 부리고 과시하다가 신용등급 10등급까지 떨어진 위기가 있었고, 그 고통이 얼마나 큰지, 돈을 아끼지 않으면 단숨에 나락으로 떨어질 수 있다는 사실을 경험해 봤기에 나는 무조건 돈이 많고 적음을 떠나서 돈 앞에서 겸손해진다. 절대로 과시하지 않게 되었고, 나를 포장하고 자랑하고 싶어 하지도 않게 되었다. 물론 돈이 어느 정도 있다면 내가 노력해 온 결과에 대한 보상을 충분히 주고 싶은 마음은 존재하지만, 내가 열심히 번 돈에 대해서는 단돈 1원도 허투루 사용하고 싶지 않다는 마음은 지금도 확고부동하다. 내가 하고 있는 일에 대한 자부심은 언제나 지금처럼 앞으로도 가지고 있을 수밖에 없고, 늘어난 수입을 나의 노력에 대한 성적이라 생각하며 자신감을 갖지만, 과거처럼 내 자신을 포장하고 과대 자랑은 하고 싶지 않다. 왜? 나보다 100배, 1,000배 뛰어난 부자들은 나보다 아주 겸손히 살아가고 있기 때문에 자칫 잘못하면 번데기 앞에서 주름잡고, 부처님 앞에서 불경 자랑하는 망신살이 뻗칠 수 있기 때문이다. 세상에서 가장 쓸데없는 짓이 돈 자랑하는 일이다. 진짜 엄청난 부자들은 돈 이야기와 돈 자랑을 즐거워하지 않는다. 수백억, 수천억 자산가들에게 100만 원, 1,000만 원, 수십억 돈 자랑은 별 재미도, 의미도 없는 일이기 때문이다. (오히려 부자들은 미술과 철학과 역사, 문화에 관심이 있다.)

생각해 보라. 부자들이 유튜브를 시청해도 '부자 되는 법' 따위의 동영상을 보겠는가? 부자 되는 부동산 특강을 듣겠는가? 그들은 이미 다 가지고 있기 때문에 재미없어서 안 본다. 오히려 없는 사람들이 돈 자랑과 명품 자랑에 열을 올린다. 과거의 노윤일 내 모습처럼 말이다.

사람들이 부와 관련하여 가장 큰 오해를 하는 것은 돈은 나쁘다는 것이다. 돈이 많으면 사람들이 탐욕스러워지고, 돈이 많으면 사람들이 인정머리가 없어지며, 돈이 많으면 사람들이 예절도 없고 뻔뻔해진다고 생각한다.

하지만 내가 경험한 바 그 반대이다. 부유할수록 예절을 알고, 여유가 있기에 남을 등쳐 먹을 생각조차 하지를 않는다. 여유가 있기에 이웃 사람과 인사를 나눌 수 있고 여유가 있기에 뻔뻔하지 않다.

대체로 여유가 없고 가난할수록 뻔뻔하고, 악에 받쳐 살며, 일과 삶에 대한 자부심 따위는 존재하지 않는다. 대체로 가난할수록 관심 있고 밝은 분야는 연예인과 정치인에 대한 이슈이다. 걱정 안 해 줘도 잘사는 연예인과 정치인들의 일거수일투족에 관심이 많고, 오늘 환율이 어떨지와 내일 금리가 어떨지는 전혀 관심이 없다. 정치인들을 욕하느라 밤을 새도, 창의적으로 돈을 벌기 위해 연구하고 책을 읽기 위해 밤새웠다는 이야기는 들어본 적이 없다.

돈에 대한 잘못된 위선과 잘못된 판타지를 바로잡아야 할 때이다. 돈은 많을수록 좋은 것이고, 인간을 인간답게 해 주는 버팀목이란 사실을 당연히 인정해야 한다. 아무리 고귀한 삶을 살더라도 돈이 없으면 길거리에서 객사하며, 아무리 훌륭한 사상을 가졌다 할지라도 돈이 없으면 인간다움을 상실해 버린다.

돈으로 열리지 않는 문이 없다. 돈으로 행복을 살 수는 없지만 행복을 불러오는 데 큰 역할을 한다. 돈이 인생의 전부가 아니라고 말하는 사람에게는 죽을 때까지 돈이 쌓이지 않는다. 집안에 돈이 있으면 집안에 평화가 있으며, 인간의 동물과 다른 점은 돈 걱정을 하기에 인간다운 것이다. 돈보다 더 좋은 약은 없으며 지식이 많은 사람은 늙어도 돈을 많이 가지면 젊어진다. 돈은 어떤 문제도 열 수 있는 황금 열쇠라고 생각해야 한다. 돈이 많으면 "귀신도 부릴 수 있다"라는 말이 있듯이 말이다.

내가 이렇게 나열한 내용은 속담과 격언이다. 오랜 세월 검증된 격언과 속담은 하나도 틀린 말이 없다. 부디 사람을 가난하게 만드는 돈에 대한 위선과 잘못된 판타지에서 벗어나길 바라며 지금 이 책을 읽고 있는 우리 독자들은 돈 앞에서 부디 솔직해졌으면 좋겠다.

무소유가 고귀한 건 아니다

얼마 전『멈추면 비로소 보이는 것들』의 저자 혜민 스님이 엄청난 돈을 벌었고, 남산 뷰의 건물 소유주라는 사실에 무소유가 아닌 '풀소유', '등기 치면 비로소 보이는 것들'이라는 패러디와 비판이 온라인을 핫하게 달궜다. 물론 나 역시 스님이 저렇게 돈을 밝히면 쓰나 싶었지만, 거꾸로 조금만 더 생각해 보니 가진 것이 있어야 남도 도와주고 세상에 기여도 할 수 있다는 결론에 이르렀다. 게다가 혜민 스님은 그 돈을 어디서 훔친 것도 아니고 스님의 명상과 통찰이 담긴 책이 엄청난 인기를 얻어 강연과 출판으로 수입이 쌓였고, 이어 명상이나 각종 활동을 통해서 얻은 수입이 일반인 수준을 뛰어넘었을 뿐이지 혜민 스님이 돈을 많이 벌었다고 무조건 나쁘다고 할 이유는 없어 보였다.

혜민 스님이 비판을 받은 이유는 스님은 무소유여야 하며 가난해야 고귀하다는 대중의 편견이 자리 잡은 곳에 있다고 생각한다. 사람들은 대부분 가난하면 청빈한 것이고, 무소유 지경까지 가면 고귀하다고 착각한다.

우리가 삼성공화국이라고 걸핏하면 비판하는 삼성전자가 벌어들인 외화는 134조 5,000억 원이며, 2021년 하루 평균 11억 6,000만 원을 벌어들이는 것으로 추정하고 있다. 삼성전자는 매년 6,200억을 사회에 기여하는, 우리나라에서 제일가는 기업이다. 이 기업은 시각장애인 안내견 훈련비용 1~2억 원을 꾸준하게 제공하고 있으며, 이와 별개로 삼성은 국내에만 11조 8,000억 원을 국가 세금으로 납부를 하고 있다.

이처럼 부가 있기 때문에 개인적으로, 또 사회 공헌에 이바지하고 있으며, 무엇보다 우리가 그만큼 많은 혜택 또한 누리고 있다. 혜민 스님도 그만큼 부를 쌓고 사회에 기여할 수 있었지만, 우리나라 사람들의 섣부른 '부자 비판'과 '무소유는 아름다운 것'이라는 착각 때문에 그 싹을 지레 짐작하여 잘라 버린 것일 수도 있다고 판단하게 되었다.

그런데 가까이 잘 아는 대표님께서 법정 스님이 말한 '무소유'에 대한 진짜 의미는 아무것도 가지고 있지 않은 것이 아닌 '소유에 대한 집착이 없는 무집착 상태'라는 점이며, 부처님이 말한 진짜 핵심이라고 이야기하셨다. 나는 잘못 이해하고 있었던 것에 대해서 반성을 하게 되었고, 바람직한 유소유를 창조하여 사회에 공헌해 보겠다고 매일같이 다짐할 수 있었다.

내가 비판하는 것은 무소유에 대해 제대로 이해하지 못하면서 무소유를 주장하는 사람이다. 무소유로 아무것도 걸치지 않고, 땡전 한 푼 갖지 않는 사람을 우리는 '거지'라고 부른다. 집까지 없으면 '노숙자'이다. 우리는 결코 이런 사람을 부처님 같은 고귀한 성인이라고 부르지 않는다. 오히려 무소유를 주장하는 사람은 이웃과 친지, 가족들 혹은 사회에 짐이 된다. 누군가는 이 사람을 먹여 살려 줘야 하기 때문이다. 배고프면 먹여 줘야 한다. 옷이 없으면 입혀 줘야 한다. 우리는 이것을 '복지'라고 착각한다. 복지의 재원은 누군가가 열심히 일해서 낸 돈으로 충당한다. 그것을 세금이라 부르든, 헌금이라 부르든 상관없다. 어차피 남의 노력으로 거둔 돈이니까 마구 써도 된다고 생각한다. 복지라는 이름으로 말이다. 그런데 이 돈이 눈을 멀게 하는 돈이 되고, 누군가의 주머니로 무심코 들어가게 된다. 매년 반복되어 국가의 재정과 신뢰를 좀먹으면서 말이다.

엉뚱하게도 무소유를 주장하는 사람들 대부분은 '무노동'을 함께 실천한다. 무소유=무노동이란 공식이 거의 일치한다. 일하지 않으니 돈을 벌 수 없고 돈이 없으니 먹을 게 없어진다. 그럼 또다시 누군가에게 손을 벌리게 되고 자신을 책임져 달라며 거침없이 부담을 지게 한다. 복지라는 이름으로 돈을 마음대로 쓰는 나라일수록 국가 부도의 위험성이 매우 크다. 복지라는 이름으로 모든 직원에게 후하게 쳐 주는 회사는 그다지 발전 가능성이 없다. 열심히 일하는 사람이 손해를 봐야 하는 이유를 '정의'라는 이름으로 포장하므로 대체로 사람들은 열심히 일할 동기를 잃게 되기 때문이다. 열심히 일하든 일하지 않던 똑같이 받는 복지로 그냥 오늘만 적당히 일하면 되므로 열심히 일할 이유가 사라지기 때문이다.

이처럼 무소유는 뜻밖의 부작용을 부르게 된다. 부자일수록 더 많은 사회에 기여할 수 있음에도 우리는 이유 없이 부자들을 경멸하고 비판해 왔다. 하지만, 서점의 베스트셀러 항목에는 1위부터 10위까지 '부자'와 관련된 책은 항상 절반이 넘으며, 유튜브에서도 사람들은 돈과 부자가 될 수 있는 채널을 구독한다. 이를 통해 사람들이 주장하는 '무소유'라는 것은 대단한 착각이고 위선임을 알게 된다. 사람들은 저마다 '무소유'가 아닌 '유소유'를 원한다. 오히려 무소유를 찬양할 게 아니라 무소유를 부끄러워해야 하며, 무소유는 사회에 큰 부담으로 이어지면서 악순환이 반복될 수 있다는 것을 독자들에게 이야기해 주고 싶다. 이처럼 자세히 따져 보면 무소유는 절대로 고귀한 것이 아니라, 폐망의 지름길로 가는 것이라고 당당하게 이야기하고 싶다. 오히려 아무 힘도 없는 '무소유'보다 나눠 줄 뭐라도 있는 '유소유'가 자본주의 사회에서 이웃과 사회, 더 나아가 국가에 기여를 많이 할 수 있다는 사실을 반드시 알았으면 좋겠다. 다시 한번 말하지만 무소유는 절대 고귀할 수가 없다.

무소유냐 유소유냐의 길은 개인의 선택이다. 나는 진정한 무소유의 길은 존경하지만, 자발적으로 원하지는 않는다. 무소유를 실천하기에는 세상은 넓고, 하고 싶은 것, 해야 할 일은 너무나도 많다. 내가 선택한 길은 '소유의 삶' 그 자체이다. 다만 내가 추구하는 소유는 더 큰 사업과 사업 영역에 있어 투자의 종잣돈을 마련하여 더 큰 부를 쌓기 위한 자산이며, 따라서 불필요한 소비를 최대로 억제하는 것이라고 말해 주고 싶다. 즉 소유를 하기 위해 무소유에 가까운 '절약'을 하는 생활이지, 무소유 자체가 될 수 있는 것은 아니다. 항상 가슴 깊이 새겨 두길 바란다. 내가 하고 있는 일의 기준이 무엇이며 나는 소유를 하기 위해 무엇을 노력하고 있는지. 세상에 공짜는 없다. 노력하는 자는 반드시 그 노력에 대한 대가를 받을 것이고, 그 대가를 어떻게 활용하느냐를 통해 무소유의 삶을 살아갈 것이냐, 유소유의 삶을 살아갈 것이냐를 선택하게 될 것이다.

장사꾼보다 사업가 마인드

'장사'라는 단어를 사전에서 찾아보면 "이익을 얻으려고 물건을 사서 파는 것"이라고 되어 있다. '사업'을 사전에서 찾아보니 "어떤 일을 일정한 목적과 계획을 가지고 짜임새 있게 지속적으로 운영하고 관리하는 것"이라 설명한다.

돈을 버는 행동은 장사나 사업이나 똑같다. 하지만, 장사와 사업은 마인드에서 차이가 난다. 간단하게 말해 '당장의 이익'만을 위해서 일하면 '장사'고, 장기적으로 미래를 보며 일하면 '사업'이다.

나의 사업 기준은 이러하다.

첫 번째 원칙, 내가 먼저 반드시 해 볼 것.

두 번째 원칙, 노력에 노력을 지속적으로 반복할 것.

세 번째 원칙, 소비자 입장에서 생각해 볼 것.

네 번째 원칙, 당장 이익이 생기지 않아도 소비자의 문제를 이해하고, 그 문제에 대한 해답을 찾아 해결해 줄 것.

나는 해 보지도 않고 조언하는 사람, 본인이 겪어 보지도 않고 이론상으로 이렇다 저렇다 말하는 사람들을 혐오한다. 유튜버나 전문가라고 하는 사람들 중에는 소위 이런 사람들이 많다. 부동산 전문가, 경제 전문가라고 하며 신나게 방송해 놓고 나중에 가 보면 자신들이 책임질 말들은 다 삭제되어 있다. 직접 해 보지 않고 사람들에게 투자를 유도하거나 문제를 해결해 준답시고 책에서 본 이론적인 대안만 제시해 준다.

매우 위험한 사람들이다. 그래서 나는 무조건 내가 먼저 해 본다. 소비자들이 처한 상황, 입장을 이해하기 위해서 내가 함께 고민하고 문제 해결의 실마리를 찾기 위해서 매일같이 노력하고 발전을 한다.

회사 대표자들과 수많은 이야기를 할 수 있는 크나큰 이유는 내가 먼저 그들의 입장에서 고민을 하고 일선에서 경영을 운영해 봤기 때문에 알 수 있는 내용이 대다수이고, 대표자들이 어려워하는 고충들을 경청하여 잘 들어주고 해결해 주기 때문이다.

나는 내가 실제로 경험해 보지 않은 것들을 함부로 이야기하는 것을 상당히 꺼려하고, 말로만 하는 것을 매우 유감스럽게 생각한다.

나는 절대로 책에서 본 내용을 외워서 말하지 않는다. 가급적 내가 경험해 보고 난 후 고객이 처한 상황과 입장을 이해하고 해결책을 제시하고 있다.

또한 내가 노력에 노력을 거듭하는 이유는 내가 아직 해 보지 않은 일이 많기 때문이며, 한두 번 실패를 맛봤다고 해서 물러서고 싶지 않기 때문이다. 앞서 설명한 권토중래의 자세로, 자격증도 도전하고, 매출 상승을 위해 매일같이 연구하고 생각하며 도전에 도전을 거듭한다.

이쯤 벌면 노는 데 좀 쓰면 좋지 않겠냐는 주변의 지적도 많지만, 과거에 인생이 파탄 날 정도로 놀아 보았기 때문에 다시는 그 인생을 살고 싶지 않아 노력에 노력을 반복하고 있는 것일 뿐이다. 일을 하다 보면 반드시 실패도 찾아온다. 하지만 두 번, 세 번, 그것도 안 되면 네 번, 다섯 번. 이렇게 도전을 하다 보면 노력은 배신하지 않고 나에게 좋은 결과물로, 좋은 성과물로 돌아왔다. 노력은 절대로 거짓말하지 않고 내게 성과라는 선물을 가져다준다는 사실을 우리 독자들이 가슴 깊이 새겨 두었으면 좋겠다. 물론 과정은 정말 고독하고 힘들 수밖에 없다. 쉽다고 이야기하는 것은 거짓말이고 전부 다 사기이다. 하지만 내가 하고자 하는 목표, 정확한 계획 그리고 빠른 판단력과 실행력만 있다면 그 어떤 두려움도 존재하지 않을 것이라고 난 확신한다. 일단 해봐라. 부딪히면서 생각해 봤으면 좋겠다.

그리고 내가 소비자의 입장에서 생각하는 이유는 모든 비즈니스는 고객이 있어야 성립되기 때문이다. 아무리 책과 이론서에 나오는 여러 가지 이론들이 있다 하더라도 지금 당장 고객들이 원하는 것을 해결해 주지 못하고, 고객이 원하는 것이 무엇인지를 간과한 상태로 이론대로 나가서는 결코 좋은 서비스가 나올 수 없다. 소비자의 입장에서 생각하고 움직여라. 그리고 난관에 부딪히더라도 다시 고민하고 뒤돌아보지 말고 열심히 달려 나가라. 그러면 해결책이 보인다.

가장 중요한 당장의 이익 대신 소비자와 관계를 장기적으로 바라보고 함께 고민해 나간다고 생각해라. 상담을 오랜 시간 하는 것은 내게 별로 도움이 되지 않는다. 하지만 나는 고객의 입장과 처지를 이해하고 소비자들이 지금 닥쳐 있는 문제가 해결되었으면 하는 마음으로 상세히 경청하고 내가 아는 범위 안에서 솔루션을 제공한다.

나는 돈만이 목적이면 장사꾼이고, 소비자 중심적이면 사업가라고 생각한다. 한 번 보고 말 사람이니 대충 이익만 얻고 모른 척하자는 생각이 아니라, 직원들과 함께 어떻게 같이 성장할지, 그리고 나의 일을 통해서 소비자들의 문제가 해결될 수 있는지를 고민한다.

지금 부모님이 운영하시는 완미족발 요식업장은 단순히 장사가 아니다. 사업이 될 수 있게 하기 위해 시스템을 갖춰 놓고, 손님들이 식당 안에서 최고의 음식과 서비스를 제공받을 수 있도록 항상 최상의 노력을 다한다. 직원, 아르바이트 할 것 없이 동일한 조건을 제공하며 항상 최선을 다할 수 있도록 지도와 교육을 통해 나날이 성장해 나가고 있다. 나도 신이 아니기 때문에 분명 부족한 것은 있다. 하지만 나에게는 포기란 존재하지 않기 때문에 어제보다 오늘, 오늘보다 내일 반드시 발전하고 성장한다고 난 확신한다.

언젠가 아르바이트생이 그만두면서 자신이 못 받은 돈이 있다고 노동청에 신고해서 처벌받을 뻔한 적이 있었다. 하지만, 계약된 급여보다 더 많은 급여를 받았다는 사실을 밝혀내면서 아르바이트생이 민망해지는 상황이 되었다. 물론 부담스럽지만, 이 사업을 통해서 나는 당장의 이익이 아닌 장기적인 운영과 사업이 되길 바라는 마음으로 임했고 이런 자세가 밑천이 되어 준 것이라 생각을 하게 되었다.

　당장의 이익만을 쫓았다면, 몇 푼 안 되는 아르바이트생에게 줄 급여를 착복하거나 모자라게 주어 결국 노동청에서 징계를 받았을지도 모를 일이고, 급여도 떼먹는 못된 사업주라고 이름났을지도 모른다. 이처럼 장사와 사업은 비슷한 듯하지만, 엄밀히 따지면 180도 다르며 돈을 벌려면 장사로 시작해 사업으로 철저히 변화해야 한다고 확신한다. 함께하고자 하는 직원, 혹은 파트너가 있다면 당장의 이익만 쫓는 장사꾼이 아닌 위에 언급한 장기적 플랜과 사업 계획을 갖춘 사업가 마인드로 나와 같이 함께해 주었으면 좋겠다. 적어도 이런 '사업적 마인드'와 '경영에 임하는 마인드'가 서로 맞는다면 나는 최고의 성과와 보상을 해 줄 자신이 있으니, 언제든 이메일(yoonil5106@naver.com), 문자, 전화(010-8794-7905)를 통해 서로 시너지를 주고받기를 원한다. 직접 만나서 생산적인 이야기로 미래를 함께 그려 나갔으면 좋겠다. 동업이 아닌 비즈니스 친구로서 말이다.

자유는 경제적 자유를 얻어야 성립된다

유튜브를 보면 경제 유튜버들이 다루는 분야에서 가장 많이 다루는 말은 '경제적 자유'라는 말이다. 모든 사람들이 원하는 것, 그렇지만 쉽지 않은 것이 바로 '경제적 자유'이다. 경제적 자유를 갈망한다는 의미는 많은 사람들이 지금 경제적 자유에 놓여 있지 않다는 말이다. 마치 노예가 자유를 갈망하듯이, 경제적 노예가 된 사람들이 경제적 자유를 갈망하고 있다. 신기하게도 수백억 자산가, 부자들이 경제적인 자유에 대해 갈망을 하지는 않는다.

그렇다면 많은 사람들이 경제적 노예 상태라는 말인데, 경제적 노예는 이 책에서 설명했듯이 가난한 생각과 가난한 자세에서 비롯되는 것이고, 정신병에 가까운 빈곤한 생각이 개개인들을 강력하게 지배해 경제적 노예상태로 만드는 것이다.

세상에서 가장 자유로운 사람은 노숙자와 거지들이다. 그들은 아무것도 없기에, 자유롭게 보인다. 배고프면 아무 곳에서나 주워 먹고, 졸리면 아무 곳에서나 숙면을 취한다. 하지만 노숙자들과 거지들의 삶을 자유로운 삶이라며 부러워하는 사람은 단 한 명도 없다.

우리가 살고 있는 현실은 돈이 중심이 되어 돌아가는 자본주의 세상이다. 돈이 중심이 되기 때문에 돈을 많이 벌수록 우리는 자유를 더욱더 얻을 수 있다. 물론 돈으로 행복을 구입할 수는 없지만, 돈으로 행복한 환경을 만들 수는 있다. 옛날에는 노예라는 제도가 없었지만, 현대사회는 돈의 유무에 따라서 노비와 자유인으로 구분을 했다. 명확히 제도적으로 노예나 노비는 사라졌지만, 돈의 유무에 따라서 노예 혹은 자유인이 되는 선택지가 남았고, 자신이 노비, 노예가 될지 자유인이 될지는 본인의 선택에 달려 있다.

사람들은 가난해지고 싶지 않았지만 가난해졌다고 포장한다. 하지만, 그 포장지를 면밀하게 뜯어보면 가난한 행동은 가난한 생각에서 나왔고, 가난한 습관에서 비롯되어 시작되었다. 더 정확하게 말하면 그 가난은 자기가 만든 행동과 사고의 결과물인 것이다. 그럼 바꿔 생각해 보자. 나의 사고와 행동 때문에 지금 내가 가난한 것이라면, 나의 행동과 사고를 부유하게 바꿔 지금의 가난을 부유함으로 되돌릴 수 있다는 말이다.

가난한 집안에서 태어나 '난 태생이 가난하다'는 말을 입버릇처럼 하면서 가난을 당연하게 여기거나, 내가 한 번도 부자가 되어 보지 않았기 때문에 부자들의 삶이 어떤 것인지, 무엇인지 모른다는 것은 현 시대에 살면서 모두 거짓말을 하고 있는 것이며 변명이라고 생각한다. 요즘 유튜브나 TV에만 봐도 부자들이 어떻게 행동하는지 관찰할 수 있는데도 말이다. 당신이 가난한 이유는 부자가 되는 삶을 시도조차 하지 않았기 때문이며, 실패 후 내 인생을 한탄하며 '내가 그렇지 뭐'라고 생각하고 그 자리에 주저앉기 때문이다. 내가 제일 싫어하는 행위이다. 다시 도전할 생각을 하기는커녕 그 자리에 안주하며 잘하는 사람을 시기, 질투하는 모습을 상당히 많이 봐 왔다. 그렇다면 여기서 한 가지 묻고 싶다.

처음부터 가난한 사람이 부자가 될 수 없다면, 정주영 회장님은 가난한 농사꾼의 아들로 태어나 죽을 때도 가난해야 하지 않은가? 일본 제일의 부자 손정의 회장님도 마찬가지이다. 어린 시절 가난한 재일교포 가정에서 태어났다면, 지금도 가난하게 살아야 했을 것이다. 나 역시 빈곤한 가정에서 태어나 30살 가까이 가난하게 살았으니 지금도 나는 가난한 상태여야 한다. 하지만 정주영 회장님도, 손정의 회장님도, 나도 과거와 동일한 삶을 살아가고 있지 않다. 즉 가난이라는 말에서 한 발자국 멀어졌다는 말이다. 물론 내가 정주영 회장님, 손정의 회장님과 같은 레벨은 아니다. 그러나 지금 내 위치는 과거의 가난에서 벗어나기 위해 노력하고, 이를 악물고 한 평도 안 되는 회사 사무실에서 먹고 자며, 2평 남짓 하는 고시원에서 2년 가까이를 일을 하며 버텨 내고 끝없이 배우며 성장한 결과이다. 아마 앞으로 더 노력하고 성장한다면 지금보다 더 많은 부와 명예를 누릴 수 있지 않을까 생각한다.

무엇보다 나의 현 모습은 정주영 회장님이나 손정의 회장님처럼 엄청난 부자는 아니지만, 동일한 나이 대에 비하면 제법 괜찮은 수입을 창출한 편이고, 부모님에게 식당까지 차려 드릴 만큼 효도할 기회를 잡을 수 있었다. 내 자랑이 아니다. 유세를 떨고 싶은 마음도 없다. 다만, 포기하지 않고 노력한다면 반드시 성장하고 인생이 바뀔 수 있다는 것을 허심탄

회하게 말해 주고 싶다.

지금 경제적 자유를 원한다면, 유튜브에 나오는 부자들을 보면서 대리 만족만 느끼지 말고, 당장 나가 내가 하고자 하는 일을 하길 바란다. 유튜브에 나오는 부자들은 진짜가 아닐 수도 있고, 해 본 적도 없으며 콘셉트 잡고 방송을 하는 사람들일 수도 있다. 유능한 유튜버 분들도 상당히 많다. 그분들을 욕하고 모함하는 것이 아니다. 다만 실제로 몸소 부딪혀 경험해 보고 그 경험을 통해 진짜 배울 만한 사람을 구분해 성장하기를 바라는 마음으로 독자들에게 이야기하는 것이다. 진짜 부자들이 자기 부를 과시하고 자랑한다는 것은 적어도 내 경험상 존재하지 않았고, 있어도 겸손하고 우아하게 과시했다.

지금 경제적 자유를 원한다면 유튜브를 끄고, 공장이든 회사이든 영업이든 개인 사업이든 미친 듯이 일하고 저축하면서 결과적으로 돈을 쌓아 나에게 맞는 결과물을 만들어 나가길 바란다. 적어도 경제적 자유를 원한다면 일할 때 워라밸을 즐기고 욜로를 따지면서 일해서는 안 된다는 점만 기억해 주길 바란다. 누누이 강조하지만 하루 8시간만 공부해서 서울대학교에 들어간 학생이 없듯이, 하루 8시간만 일해서 괜찮은 경제적 자유를 얻은 사람은 존재할 수 없다고 말하고 싶다.

돈을 벌기로 했다면, 죽기 살기로 일해서 벌어야 한다. 자기의 모든 것을 다 걸고 시도하지 않으면 이도 저도 안 된다는 점을 머릿속 깊이, 가슴속 깊이 각인하길 바란다. 내가 하면 다르다는 것을 세상에 보여 주고, 나의 가치를 먼저 증명하면 회사나 직장에서 나의 가치를 인정받게 되고,

그 결과물로 돈은 자연스레 알아서 따라오게 된다고 나는 확신한다.

최저임금과 최저시급 운운하며 시간을 때워도 저절로 연봉이 늘어나는 시대가 아니다. 진짜 자유는 경제적 자유를 얻어야 된다. 경제적 자유를 얻기 위해 자유를 반납하고 열심히 일하며 내 자신을 업그레이드하길 바란다. 일정 수준의 성과를 낼 때까지 군말 말고 미친 듯이 일해라. 역설적으로 열심히 자유를 반납하고 일에 몰입을 하는 순간 자유는 알아서 따라오게 되어 있다. 하지만 반대로 자유를 얻으려고 지금 쓰고 즐기고 놀며 욜로와 워라밸을 외치면 자유는 나이를 먹으면 먹을수록 점차 줄어들 것이며, 나이를 먹어도 거지근성을 벗어던지지 못하고 내 처자식에게 부끄러운 가장이 될 것이라고 호언장담한다. 나는 이 점을 과거 많은 가정들의 금융경제를 관리하면서 숱한 간접 경험을 하게 되었다. 반드시 기억하길 바란다. 자유는 경제적 자유를 얻었을 때 비로소 보인다는 것을.

돈이 없다고 초라해질 필요는 없다, 학력이 없다고 위축될 필요도 없다

TV나 뉴스에 나오는 여러 부자들의 자산과 비교하면 내 자신이 가진 자산이 얼마나 초라한지 느끼며 초라함을 느낄 때가 있다. 방송에 나오는 여러 사람들의 학력과 학벌에 비교되어 위축될 때도 있다. 나도 그러했다.

하지만 내게는 기회와 시간이 있다고 믿으면 된다. 학교는 나처럼 뒤늦게라도 들어가면 되고, 모르는 분야는 사람을 만나서 배우든지, 책을 통해서 배우든지 그때그때 보충하면 된다.(그래서 독서의 중요성은 두말할 필요가 없다.)

돈은 어떤 직업이든 '성실함', '꾸준함'만 있다면 적어도 중간 이상은 벌 수 있다. 경험상 중간 이상을 뛰어넘어 벌기 위해서는 '성실함'과 '꾸준함' 위에 '탁월한 생각'과 '가치'를 더할 필요가 있다. 성실함과 꾸준함이 기본이라면 '탁월한 생각'과 다른 사람 혹은 다른 기업보다 탁월한 '가치'를 가져야만 부가적인 수입을 더 올릴 수 있기 때문이다.

우리는 돈에 대한 다양한 가치 기준을 잡지 못하고 돈에 대하여 제대로 배우지 못하다 보니 대출을 남발하고, 부채로 미래를 저당 잡히고 만다. 우리는 돈에 대하여 배워야 한다. 경제적 자유와 경영은 '돈을 다루는 것'에서부터 시작되기 때문이다.

가정에서 돈을 못 배웠다면, 돈을 가르쳐 주는 회사에서 일을 통해 '철저히' 배우면 된다. 일에 대하여 '성실함'과 '꾸준함'으로 접근하되 독서와 생각으로 '가치'를 더할 수 있을 때 학력을 뛰어넘는 돈을 벌어 경제적 자유를 얻을 수 있는 것이다.

PART
04

Just do it!
오늘이 가장 가난한 날이다

01

대표가 젊다고
생각마저 가벼운 건 아니다

35세까지 가난한 건 내 탓이다

"가난하게 태어난 것은 죄가 아니지만 35살까지 가난하면 그건 당신 책임이다."

월급 1만 5,000원을 받던 영어강사에서 인터넷 회사를 창업해 지난 19일 뉴욕증권거래소에 약 26조 원의 가장 큰 규모의 기업 상장을 했던 '알리바바' 창업자 회장 마윈은 이렇게 말했다.

35세 이후 인생에 대해선 부모 탓도, 나라 탓도, 구조적 문제 탓도 할 수 없다고 이야기했다. 마윈 회장이 사업을 결심한 뒤 24명을 모아 놓고 자신의 계획을 밝혔을 때 23명이 반대의견을 냈다. 할 수 없고, 될 수 없는 방법만을 사람들이 이야기하면서 불가능하다고 소리쳤을 때 그는 자신이 할 수 있는 일만 하기로 결심을 하게 된다. 그것은 바로 "열심히 일하는 것" 그리고 방법만을 찾는 것을 머릿속에 되새긴 것이다. 그리고 사업자금을 모으기 위해 열심히 뛰어다녔고 사업을 키우기 위해 피땀 흘려 노력했다.

우리나라 사람은 평균적으로 19살까지 입시를 준비하며 학교를 다니다가 수능시험 이후 대학교, 남자라면 군 생활 포함 25세~29세 정도에 학교에 복귀하거나 이르면 아르바이트를 시작하여 진로를 찾게 된다. 그러다가 약 29~30살 정도까지 아무것도 이루지 못하다가 30살 이후부터 무엇인가를 이루기 시작한다. 20~30대에는 늘 가난하고 빈곤하다. 경험도, 돈도 없으니 늘 힘들고 아플 수밖에 없다. 물론 평균에서 벗어난 사람들은 20대 초반에 성공하기도 하고, 20대 중반에 대박을 터뜨리기도 한다. 하지만 경험 부족 탓인지 그 성공이 30대 이후까지 계속 가지는 않는다. 보통 30살부터 체력과 경험이 누적되면서 사회를 이해하고 이익에 눈을 뜨며 어떻게 하면 내가 세상에서 인정받는 존재가 되는지 깨닫게 된다.

한 취업사이트 조사에 따르면 남자는 29살, 여자는 27살 정도에 신입사원이 된다고 하니, 거의 30살 정도에는 새로운 일을 시작하는 것이 평균적이라고 볼 수 있다.

나 역시 29살 정도까지 별 볼 일 없는 인생이었고, 더 이상 가난을 못 참아서 내가 하고 있는 분야에서 1등이 되려고 나의 모든 에너지를 집중했다. 고통스러운 과정이었지만, 성과는 꿀맛 같았고 내가 할 수 있다는 자부심과 자신감이 넘쳐났다. 작은 성공은 곧 큰 성공을 만들었고 그 성공은 성취감을 배로 불려 나갔다. 성취는 자기계발과 발전에 대한 원동력이 되어 공부와 독서에 열을 올리며 선순환이 계속되었다. 물론 실패도 있었지만 내게는 마윈이 말한 대로 "더 열심히 일하는 것" 외에는 선택의 여지가 없었다고 보면 된다. 자본도, 유산도, 학벌도, 경험도 없는 20대 후반의 나에게는 체력과 열정과 실패해도 다시 할 수 있는 시간이 있었기 때문에 앞만 보고 미친 듯이 달려 나갔다. 워라밸의 유혹과 욜로의 즐거운 생활에 대한 유혹도 있었고, 그 늪에 빠져들기도 했지만 결국 돌아오는 것은 처절한 인생의 쓴맛이었다. 나는 부자가 아니고, 부유한 사람이 아니므로 일정 수준에 오를 때까지는 그저 꾹 참고 경험을 쌓고 성과를 내는 것만이 나의 재산이라 생각했다. 그렇게 20대 후반~30대 초반에 큰 경험을 쌓게 되었다. 돈 주고도 바꿀 수 없는 실패와 성공의 경험치가 누적되니 그다음은 내가 스스로 사업을 해도 될 만큼 성장한 내 자신을 발견하게 되었다.

나 역시 마윈이 한 말대로 35살까지 가난한 것은 누구도 아닌 스스로의 탓이라 생각한다. 부자들은 욜로든 워라밸이든 얼마든지 즐겨도 상관없다. 하지만, 부자의 축에도 끼지 못하는 사람들이 부자 흉내를 내면서 워라밸이며 욜로를 즐기는 것은 나로서는 이해할 수 없었다. 그러면서 부자처럼 놀러 다니면 그가 받을 계산서는 뻔하다. 모든 것은 뿌린 대로 거두는 법이다. 오늘 걷지 않으면 내일은 뛰어야 한다. 그런데 오늘도 놀고 내일은 더 큰 부자가 될 것이라 생각만 하는 사람들은 오늘도 어김없이 유튜브로 '부자 되는 법'과 '경제적 자유 얻는 방법'을 검색하며 시간을 소모하게 된다.

큰 부자는 하늘로부터 나오고, 작은 부자는 부지런함으로부터 나온다. 나 역시 작은 부자에서 큰 부자가 되기 위해 더욱 부지런하게 움직이게 되었다. 다행히 35세 이전 나는 수많은 활동을 하면서 부지런히 일한 결과 나와 내 부모님의 인생이 송두리째 바뀌었고 앞으로 더 성장할 수 있는 발판을 만들게 되었다.

직업에는 귀천이 없고 재물에는 주인이 없다. 내가 배달을 하든, 사업을 하든, 식당을 운영하든 마인드는 동일하다. 다만 나는 월급쟁이가 아닌 사업을 선택했고, 작은 일도 '노윤일이 하면 작은 일도 다르게 한다'는 생각으로 얼마 안 되는 돈을 받아도 식당을 운영하고, 고객을 만나며 고객의 편에서 생각하는 서비스를 항상 연구, 기획을 한다. 자산 규모가 수천 억 되는 큰 부자가 되지 못할지라도 나와 내 가족을 건사하고 어디 가서 인간적인 존엄을 지킬 수 있는 최소한의 작은 부자를 꿈꾼다면 누구나 될 수 있다고 나는 확신한다. 나 또한 신용등급 10등급이라는 밑바닥 인생에서 생각의 변화를 통해 지금의 자리까지 올라왔다. 나도 했으니 독자분들이라면 더더욱 가능하다고 나는 확신한다.

망설여지는 이유, 즉 작은 부자가 되지 못하는 이유는 지금 하는 일에 최선을 다하지 않았거나, 주말과 휴일만 기다리며 회사에서 시키는 것에만 집중했다거나, 주어진 일에 감사하지 않고 대충 일했다거나, 노력을 하지 않았다거나, 귀찮아서 오늘 할 일을 내일로 미루면서 생기는 나태함과 미련함 때문이라고 볼 수 있다. 이 점이 35살까지도 가난에서 벗어나지 못하는 큰 이유일 것이다.

나는 아직도 몇 시간 못 자면서 일하고 공부하며 사람들을 만난다. 지난해 내 통장에 들어온 돈이 10억 정도 되었다. 이를 아는 사람들은 나보고 좀 편히 살라고 유혹하지만, 나는 그럴 생각이 없다. 과거에 놀아도 너무 놀아서 더 놀고 싶은 생각도 없고, 노는 것만큼 어려운 일이 없다고 생각하면서 매일같이 노력하는 내 자신을 발견하게 되었다. 가난하게 태어

난 것은 내 죄가 아니지만, 35살 이후의 가난함은 분명 내 잘못이라고 생
각을 하기 때문에 지금도 나는 내 업무에 정통하려고 노력하고 있으며,
한 번 사는 인생, 부자의 반열에 올라 보자는 마음으로 오늘도 난 '노윤일
의 보물찾기'를 통해 부자의 반열에 좀 더 가까워지고 있다.

리더는 리더를 키우고
대표는 대표를 키운다

    회사를 운영하면서 항상 리더와 대표를 키워야 한다는 생각을 한다. 나 역시 한때 한 회사에 소속된 직원이었지만, 훌륭한 선배들과 기업의 대표 자들을 만나면서, 회사의 리더이자 대표 자리를 맡을 수 있었다. 마찬가 지로 나 역시 내가 진정한 리더이고 회사 대표라면 사회 경제에 기여할 수 있는 리더, 기업을 대표하는 사장을 육성해 나가야 한다고 생각한다.

    과거 지점장으로 일할 때 나는 큰 실패를 맛본 적이 있다. 직원 한 명이 과거의 가정사로 큰 충격에 사로잡혀 열정은커녕 우울과 자기연민, 비관 에 빠져 있어 매사를 그렇게 접근한 나머지 다른 직원들에게 열정 대신 비관과 냉소를 전염시켰다. 자기 삶에 대한 열정은 전혀 찾아볼 수 없으 면서 세상에 대한 불만과 냉소만 토해 내는 사람이 존재하면서 조직은 급 속도로 와해되고 나 역시 지점장이었지만 내가 해야 할 일에 집중을 한다 고 해도 그 분위기에 동요되어 흔들릴 수밖에 없었다. 이런 쓰디쓴 경험 을 맛보면서, 나는 학벌이나 각종 스펙, 자격증으로 무장한 사람이 아닌 긍정적인 사고와 하고자 하는 도전정신을 지니고 있는 사람이 곁에 있어야 한다는 사실을 깨닫게 되었다.

　우울과 자기연민, 비판과 비관, 냉소가 가득 찬 사람들은 자신의 무능
력과 무력함을 세상에 대한 비난으로 감추면서 상대방까지도 감염시키
려 한다. 세상에 대한 불만을 쏟아 내는 사람들의 가장 큰 문제는 다른 사
람들의 인생까지 불만족스럽게 만든다는 사실이다. 그들은 자신을 둘러
싼 환경을 비난하면서 그것을 바꾸어야 한다고만 주장한다. 때로는 정치
적인 관점으로, 때로는 진보라는 이름으로, 때로는 정의라는 이름으로 말
이다. 그러나 그들은 환경이 바뀌어야 한다고 주장해도 자신의 생각은
좀처럼 바꾸지 않는다. 자신의 문제에 대해 극복할 의지가 없는 사람들
은 아무리 좋은 처방전을 제시해도 그 문제를 해결할 수 없으며 도움 받
을 준비가 되지 않은 사람을 도울 수는 없는 일이기에 나는 이런 열정이
없는 사람들과 대화를 꺼린다. 같이 성장하려고 해도 이미 많은 자기연
민에 도취해 있어 변화에 기미가 보이지 않는다고 해도 과언이 아니다.
과거 이런 사람들과 이야기를 나누면서 들었던 생각은 도망칠 수 있을 때
하루빨리 그 곁에서 벗어나야 한다는 것이다.

　내가 원하는 인재, 내가 육성하고 싶은 인재는 바로 과거에 사로잡힌
사람이 아니라, 현재와 미래를 중요하게 여기는 사람이다. 누누이 말했
듯이 우리는 모두 금수저, 은수저가 아니기 때문에 항상 자기 위치에서
최선을 다하고 끊임없이 노력해야 하며, 하루하루를 발전하는 자신을 발
견해 더 높이 성장해야 한다는 사실을 잊어서는 안 된다. 물론 이런 점이
싫어서 지금 삶에 안주하는 사람들도 있겠지만 자기의 출신 배경과 집안

환경에 대한 실망으로 20대와 30대를 허무맹랑하게 살아가는 사람들이 많은 것이 현 실정이다. 경제가 어려워지면서 신용불량자가 되었을 수도 있다. 하지만 그것은 과거의 일이고, 과거에 발목 잡히지만 않는다면 과거와 결별할 수 있다는 점만 기억해 주길 바란다. 이렇게 과감히 과거와 결별할 수 있는 사람, 과거에 발목 잡히지 않는 사람이라면 과거보다 더 소중한 현재와 미래를 위해 앞만 보고 열심히 달려야 한다. 날아가는 새는 뒤도 돌아보지 않기 때문이다. 오로지 죽은 새만 뒤를 돌아본다.

현재와 미래를 살고 싶은 사람이라면, 나는 리더로, 대표로서 육성할 자신이 있다. 물론 나에게 오면 억대 연봉 혹은 연봉 10억을 보장해 주겠다고 섣불리 말하지는 않는다. 이런 말은 사기꾼들이나 할 수 있는 말이다. 한 가지 약속할 수 있는 것은, 본인의 생각이 바뀌고 기준이 명확하다면 위에 언급했던 말은 그리 어렵지 않다는 사실이다.

개개인마다 능력의 차이와 성향의 차이가 있겠지만, 무슨 꿈을 가지고 있든지 그 사람이 가지고 있는 꿈의 인접까지는 올려 줄 수 있다고는 확신을 갖고 이야기해 줄 수 있다. 물론 초고속 엘리베이터처럼 원하는 목표에 직접 도달할 수는 없다. 인생은 직선이 아니라 곡선이기 때문에 여러 우여곡절도 있을 것이고 그 꿈을 이루기 위한 충분한 자기계발과 노력의 시간도 필요할 것이다. 하지만 그 과정을 잘 버티고 믿고 따라와 준다면 나는 충분히 그 경험치와 능력을 확장시켜 그 사람이 가진 꿈의 인접까지 도달할 수 있는 코칭과 감독을 해 줄 수 있다.

하지만 아직까지 이런 사람을 만나지 못했다. 나는 직원들이 원하는 책을 모두 다 사 주겠다고 말한다. 직원들의 자기계발과 발전은 곧 회사의 발전이기 때문에 나는 전적으로 지원해 준다. 원하는 책이 있으면 모두

사 주겠다고 말하고 실제로 그래 왔지만, 안타깝게도 꿈과 비전을 위해 읽고 싶은 책을 사 달라는 직원보다 생일케이크 쿠폰과 커피 쿠폰을 사 달라는 직원이 더 많았다는 점에서 실망감과 상실감이 컸다.

장담컨대, 과거에 발목 잡히지만 않으면 충분히 오늘보다 나은 내일을 만들 수 있다. 하지만 자신의 문제에 대해서 극복할 의지가 없다면 아무리 좋은 훈련을 시켜 주고, 또 주위에 훌륭하신 분들이 좋은 내용의 교육과 대안 방법을 제시해 준다고 해도 문제를 해결할 수가 없다는 점을 반드시 기억해 주길 바란다.

"군대가 해 줄 수 있는 가장 큰 복지는 훈련이다."

제2차 세계대전 당시 롬멜 장군이 한 말이다. 혹독한 훈련을 받은 군인은 전쟁터에서 죽지 않고 살아남을 수 있기 때문이다. 삶과 죽음이 교차하는 전쟁터에서 살아남을 수 있도록 해 주는 것만큼 훌륭한 복지가 어디 있는가?

나는 회사에서 회사 대표가 직원들에게 해 줄 수 있는 가장 큰 복지는 바로 철저히 성과를 낼 수 있는 혹독한 업무 훈련이라 생각한다. 회사 안에서는 실수와 실패가 일부 용납된다. 하지만, 회사 밖에서는 실수와 실패는 곧바로 폐업이나 실업으로 연결된다. 수많은 자영업자들이 그렇게 망한다. 회사에서 얻을 수 있는 최고의 복지는 그저 몇천 원짜리 커피쿠폰, 케이크 쿠폰이 아니라 이 회사를 나가서도 본인 혼자 사업을 할 수 있는 능력과 역량을 기르는 것이라고 장담한다. 훈련의 고통을 견디는 것이 후회의 고통을 견디는 것보다 낫다. 훈련의 고통은 가볍지만 후회의 고통은 인생을 무겁게 만들기 때문이다. 생존의 기적은 어디서나 훈련이 만든다는 사실을 기억해 주었으면 좋겠다. 내가 만약 예전 회사에서 치열하게 훈련받지 않았다면 아마존 정글 같은 사업의 세계에서 살아남지 못했을 것이다. 아니 확신한다.

부자가 되는 기적을 만드는 것은 부자가 되는 방법을 보여 주는 유튜브 방송이 아니라, 오늘 내가 할 일을 내일로 미루지 않고 바로 지금 하는 것이다. 리더나 대표가 되고 싶다면 음주가무를 즐기고 사람들을 만나 남을 험담하고 디스하며, 자기 삶을 위안하고자, 안주하고자 하는 것이 아닌 자기 발전을 위해 책을 읽고, 필드에 나가 열심히 활동하고, 현장에서 깨지고 터지면서 수많은 경험을 쌓아 봤으면 좋겠다. 이런 경험은 회사 밖을 나서는 순간 당신을 실업자에서 사업가로 만들어 줄 것이라고 나는 확신한다.

회사에서 일을 한다는 것, 일을 배운다는 것, 사업을 배운다는 것은 취미생활과는 완전히 다른 것이다. 일을 한다는 것은 아니면 말아도 되는 취미를 하는 행동이 아니라 돈을 버는 직업을 수행하는 일이다. 직업은 돈을 받는 일이다. 돈을 받으려면 어떻게 해야 할까? 자기 업무에 정통하며, 실력을 쌓고 올바른 길로 성장을 해야 한다.

김연아, 박태환처럼 타고난 운명 같은 직업을 찾을 필요는 없다. 타고난 운명이 있다고 한들, 자기를 통제하고 훈련하지 않는다면 결과는 안 봐도 비디오라는 사실을 기억해 주길 바란다. 같은 직무에서 같은 환경이 주어질 때, 자기 통제와 자기 훈련을 통해 남들보다 더 버티고, 또 그 시간을 쌓아 자신을 훈련하고 그 훈련을 경력으로 만들 수 있다면 그것이 바로 적성이며 나의 직업이 되는 것이다. 이런 과정이 반복되면 나도 모르는 사이에 특정 직무의 전문가로 성장할 수 있는 발판이 생기게 된다. 버티다 보니 소질이 되는 것이고, 계속하다 보니 잘하게 되는 것이다. 어느 날 갑자기 자신이 잘하는 일, 재능을 발견하는 것은 상당히 어려운 일이다. 하지만 자신이 어디에 놓여 있는지, 무엇을 하고 있는지 되돌아보지 않는다면 성장은 멈추게 된다는 사실을 반드시 기억해 주었으면 좋겠다.

나는 지금까지 그래 왔던 것처럼, 앞으로도 리더와 대표자들을 양성하고 성장시킬 것이다. 내 도움이 필요로 하는 사람들이 지금도 많지만 마인드와 생각이 바뀌지 않는 사람들이라면 내가 도와줄 수 있는 것이 한계가 있다는 것을 이야기해 주고 싶다. 하지만 생각이 바뀌고 마인드가 올곧은 사람이라면 내가 아는 모든 노하우들을 공유하고 성장시켜 줄 수 있다.

리더와 대표는 하는 일을 버텨야 하며, 잘해야 한다. 그런 과정을 건너뛰고 갑자기 리더와 대표가 될 수는 없다. 능력 없는 리더와 대표가 조직의 장이 되는 순간 그 조직은 순식간에 망할 수 있기 때문에 매우 위험한 일이다. 따라서, 고통은 잠시뿐 힘들더라도 미래의 나 자신을 위해 지금 당장 앞만 보고 나아가라고 말해 주고 싶다.

피할 수 없는 리스크

사업을 하면서 필연적으로 마주해야 하는 것은 리스크이다. 사업을 하다 보니 크고 작은 리스크가 넘실거리며 사업을 위협한다. 때로는 거래하던 곳에서, 때로는 고객들과의 리스크가 발생하기도 하지만, 더 큰 리스크는 우리가 살고 있는 나라가 어려워지는 금융, 경제적 리스크이다.

'이 리스크는 어떻게 헷지를 해야 하는 것일까?'를 두고 항상 고민하지만, 정해진 답은 없다. 상황에 맞춰 문제를 정확히 판단하여 해결하는 것만이 답이고, 멈추지 말고 지치지 말며 위기 속 강인한 정신력으로 살아남는 것이 해답이 될 것이다.

내가 멘토로 여기는 유튜브 채널 안대장TV의 안규호 대표님은 영업의 현장과 그 현장에서 살아남기 위해 어떻게 해야 하는지 『나는 인생에서 알아야 할 모든 것을 영업에서 배웠다』 책에서 이렇게 말씀하셨다.

"영업의 현장은 언제나 치열한 전쟁터다. 더 많은 것을 요구하고 영리해진

고객들, 계속해서 늘어나는 수많은 경쟁자, 그리고 너무나 빠르게 변화하는 '마케팅'의 치열한 전쟁이다. 이런 전쟁에서 살아남기 위해 억대 연봉자들은 다음의 5가지 원칙을 철저하게 지킨다. 첫째, 의식을 통째로 바꿔라. 둘째, 아주 디테일하게 뚜렷한 목표를 세워라. 셋째, 목표를 이룰 방법을 만들어라. 넷째, 지금 당장 움직여라. 다섯째, 반복하라."

이 부분에 깊이 감동했고, 나 역시 어떠한 리스크에도 살아남을 수 있을 것이라 확신하게 되었다. 이유는 대장님의 말씀대로 의식을 바꿨고, 디테일한 목표를 세웠으며, 목표를 이룰 방법을 마련해 지금 당장 움직이고 있기 때문이다. 지금까지 영업 분야에서 강한 훈련을 받고 성과를 내왔으며, 회사를 나와서도 영업력으로 성공해 나의 사업을 일궈 왔기 때문이다. 무형의 상품을 다루는 분야에서 성과를 내어 왔기에 무에서 유를 창출하는 데 자신 있다. 이러한 성과는 고스란히 수입으로 이어졌다. 다행스럽게도 내가 고객들의 문제를 함께 해결해 주고, 진실한 자세로 사업에 임했던 경험과 함께 고객에게 내가 해 드릴 수 있는 범위 안에서 고객에게 최고의 해결책을 제시해 주었다는 점은 지속성 있는 사업을 보장하고 있다. 이는 과거 힘들게 훈련한 경험에서 배운 성과이기도 하다.

나라가 망하는 경제위기에서도 기업마다 커지는 곳은 영업부이다. 영업은 회사를 먹여 살려 주는 부서이기 때문에 구조조정이란 게 존재하지 않는다. IMF나 글로벌 금융위기를 겪으면서도 영업직에 종사하는 사람들은 오히려 돈을 더 크게 벌거나 회사를 차려 더 크게 성공했다는 사례들은 수없이 많다. 사업을 하고 싶다면 영업을 먼저 배우고 그곳에서 1등이 된 다음 사업을 해도 충분히 늦지 않는다.

앞으로 다가오는 리스크는 피해야 하고 피할 수 없으면 대비해야 한다. 그만큼 충격이 크고, 힘겨운 과정이기 때문이다. 사업을 하면서 피할 수 없는 리스크가 항상 존재했다. 소송도 있었고 직원 관리에서 오는 리스크도 있었다. 내게는 큰 리스크가 바로 직원 관리에서 오는 리스크였다. 회사라는 조직은 직원들의 단결된 구조에서 유지되기에, 직원들이 와해될 때 조직은 무너지게 되어 있다. 이때 크게 느낀 것은 대표가 되려면 '확고부동한 자세와 마인드'가 있어야 한다는 점이었다. 어떤 풍파가 몰아치고, 리스크가 덮쳐도 묵묵하게 견뎌 가며 미래를 보고 걸어야 한다는 것이다. 직원이 흔들고, 경제가 흔들려도 대표는 우직하게 견딜 수 있는 힘이 있어야 한다.

과거 지점장으로 일을 하면서 멘탈이 크게 무너진 적이 있었다. 직원에 흔들리고, 세파에 흔들리면서 조직이 와해되었다. 멘탈이 무너지고 조직이 와해된 것은 직원의 문제가 아니라 바로 나 자신의 문제였음을 깨달았다. 힘들다고 술에 빠지고, 유흥에 빠져서 과거에 얽매여 내 스스로를 일으켜 세우지 못했다. 그 결과 조직은 완전히 와해되고 만 것이다. 이 경험 때문에 내가 아직도 부족한 사람이고, 이런 부족함을 채우기 위해서 자기계발에 힘써야 한다고 생각하여 계속 공부하는 계기가 되었다.

이와 비슷한 상황이 사업을 하는 가운데 자주 발생했다. 직원 문제, 거래처 문제, 경제적 리스크 문제가 발생하고 이전보다 더 크게 나를 흔들 기세로 다가왔다. 하지만 가장 중요한 나와 내 가족, 직원과 그 가족까지 책임져야 하는 대표의 자리에서 내가 흔들리면 안 된다는 것을 알았기 때문에 나는 흔들리지 않고 묵묵히 미래를 보며 열심히 달려가는 중이다.

내가 일만 아는 일벌레라고 비난하기 전에, 왜 일해야 하는지 그 이면을 읽었으면 좋겠다. 충분한 자본과 경험을 축적을 하기 전까지는 성실하고 꾸준하게 일해야 하기 때문에 나는 앞으로도 계속 지금과 같이 누가 뭐라고 해도 일벌레처럼 보일 정도로 성실하고 꾸준하게 일에 집중할 예정이다.

생계의 무게는 생각보다 무겁다

아버지는 식당에서 일을 하시면서 발에 심한 습진이 걸리셨다. 습진은 점점 더 퍼져 병원에 가지 않고는 안 될 정도의 상태에 이르렀다. 비록 가족 기업이라 할지라도 아버지는 장화를 신고 계속해서 일을 하시면서 습진이 악화되었던 것이고 급기야 새벽에 병원에 갈 정도로 심각해졌다. 아버지는 왜 제때 병원에 가셔야 할 때도 가지 못하시고 건강 상태를 악화시켰을까. 수십 년간 일을 해 오시면서 생계의 무게를 아는 분이기에 병원에도 빨리 가지 못했다고 생각한다.

이처럼 일을 열심히 하는 이유는 생계가 달려 있기 때문이다. 솔직히 나는 일용직 노동자가 아니기 때문에 생계 자체가 굉장히 어렵다고 생각한 적은 없다. 가진 기술이 없고, 특별한 노하우나 사업 경험도 없어 그저 몸으로 때우며 시급 단위로 돈을 벌어야 하는 일용직 노동자에게는 생계란 것이 어렵겠지만, 일정 수준 사업 경험을 갖추면 그다음부터는 생계 문제가 아니라 어떻게 하면 더 좋은 사업 성과를 낼 수 있을지에 대한 문제이기 때문이다.

하지만, 생계라는 것은 대단히 어렵고 성스러운 일이다. 갑자기 생계가 끊어지면 길거리로 나앉아야 하기 때문이고, 생계가 없어지면 가난과 빈곤은 우리 곁을 떠나지 않기 때문에 생계는 매우 진중하게 받아들여야 한다. 그런 무게감 때문에 우리 아버지가 아파도 병원에 가지 못한 것처럼 생계는 그저 돈 버는 행동, 수단 그 이상의 의미가 있다고 생각한다.

단지 나는 내 스스로의 생계가 어렵다고 생각하진 않는다. 아직 나는 젊음이라는 무기가 있기에 나의 일에 대한 자부심을 갖고 앞만 보고 열심히 달려 나가면 되고, 온전히 나의 일에만 집중하면 된다고 생각한다. 몸 하나만 건사하면 무엇이든 할 수 있고, 올바르고 건전한 생각을 하면서 집중한다면 좋은 성과는 자연스레 따라온다고 확신한다.

여기에서 중요한 것은 주위의 사람들이다. 내가 사업자가 되어서 여러 사람과 함께 일하니 그 의미와 무게는 달라졌다. '사업'이라는 측면에서 볼 때 생계의 무게는 크게 달라진다. 나의 사업에는 나와 부모님, 그리고 직원들과 직원들 가족의 미래가 걸려 있고 판단을 잘못하면 나뿐 아니라 부모님, 그리고 직원과 직원 가족의 미래가 모두 위험해질 수 있다. 하지만 그 점을 크게 인식하는 사람들은 극히 드물다.

한 치라도 잘못 생각하거나 대표가 욜로, 워라밸을 즐기며 유흥이나 여가에 빠져 즐기면 회사는 절대 제대로 돌아가지 않는다는 점을 반드시 기억해야 할 것이다. 대표는 위기감과 무게감이라는 타이틀을 항상 새겨두고 열심히 움직여야 한다. 나는 대표로서 회사 워크샵에 가서도 술 한

방울 마시지 않았으며, 모두가 잠든 새벽에 차를 타고 조용히 다시 일터로 돌아와 일을 하였다.

나와 나의 가족, 그리고 직원과 직원들 가족의 소중한 경제생활과 가정을 지키기 위해서는 대표자의 무게는 굉장히 무거울 수밖에 없으며, 남들과 똑같이 생활한다면 절대 좋은 모습으로 변화를 할 수 없다고 생각한다. 독자들은 이 말을 가슴 깊이 새겨 두기 바란다.

물론 예외는 있다. 내 기준치에 어느 정도 자리를 잡은 상태에서 만족을 한다고 하면 이야기는 달라질 수 있겠지만, 일구어 놓은 것이 아무것도 없는 상태에서 음주가무를 즐기며 '흥'에 빠진다면 한순간에 몰락한다는 사실은 뒤바뀌지 않는다고 나는 확신한다. 대표라면 내 가게가 문을 닫는 그 시간까지 발 뻗고 맘 편히 잘 수 없다는 것은 당연한 것이라고 생각했으면 좋겠다.

그만큼 내 직장과 일, 그리고 그에 수반되는 노력에는 많은 사람들의 소중한 미래가 달려 있기 때문에 항상 맑은 정신으로 생각하고, 부단히 노력해야 하며, 긴장의 끈을 놓아서는 안 될 것이다.

우리네 부모님도 이런 마음으로 하루하루를 살아오셨을 것이다. 우리 부모님은 생산직 근로자로 평생을 일해 오셨다. 쉬고 싶었을 것이지만 가족 부양이라는 책임감 때문에, 생계라는 이름으로 하루하루를 그렇게 성실하게 살아오셨을 것이다. 지금은 집에서 내가 경제적 가장의 역할을

함과 동시에 직원들의 생계를 책임지는 회사 대표로 일하다 보니 그 무게감을 조금씩 느끼는 것 같다. 나는 이제 알고 있다. 과거 월급쟁이었을 때는 몰랐던, 책임감과 부담감이란 게 얼마나 무거운지 말이다.

욜로와 워라밸은 누구나 즐기고, 누리고 싶은 좋은 말이다. 하지만, 수시로 닥쳐오는 경제위기의 거친 파도와 세상의 풍파를 이겨 내고 목적지까지 가려면 열심히 노 젓는 일 외에 방법이 없다는 것을 기억했으면 좋겠다. 노는 젓지 않고 퇴근 시간과 주말 휴식만 바라보고 있다면 배는 앞으로 나아갈 수 없다. 거친 파도가 몰려올 때 넋 놓고 바라보지만 말고 노라도 열심히 저어 나가야 최소한 배가 뒤집히는 일은 피할 수 있다고 생각했으면 좋겠다. 자전거는 두 발을 열심히 굴려야 넘어지지 않고 앞으로 나아갈 수 있다. 적어도 내가 사업을 하면 두 팔로 강하게 핸들을 잡아야 하고, 두 다리로는 쉼 없이 페달을 굴려야 한다. 넘어지지 않도록 말이다.

내가 직업군인으로 월급날만 기다리면서 살았다면 다음 월급날까지 실컷 술이나 마셨을 수도 있다. 하지만 나는 지금 월급만 기다리는 월급쟁이가 아니라, 작지만 실속 있는 사업을 하고 있는 사업가이다. 먹이로 길들여진 집토끼가 아니고 끊임없이 먹을 것을 찾아내야 하는 산토끼와 같다. 그렇다고 물려받은 유산이 있는 것도 아니다. 같이 놀아도 금수저들은 살아남겠지만, 흙수저는 살아남을 길이 없다. 그래서 나는 오늘도 부단히 노력하고 살아남을 길만 찾고 나설 뿐이다.

환경 탓은 없다

  침소봉대(針小棒大)라는 말이 있다. 바늘을 보고 막대같이 크게 과장하여 비유하는 말인데, 나는 환경 탓을 하는 사람들의 대표적인 특징이 바로 침소봉대하는 것이라 생각한다. 결국 자신의 무능을 '환경'이라는 약간의 걸림돌을 침소봉대하여 당연시 여기는 것이다. 잘되는 사람들은 절대 '환경' 탓을 하지 아니하고, 인생이 반복적으로 꼬이는 사람들은 주위 '환경' 탓으로 돌리며 변화하는 것을 두려워한다. 이런 사람들을 보면 가슴이 너무 아프다 못해 참 많이 안쓰럽다.

  직업 특성상 대표자들과 이야기를 나누다 보면 대표자 본인이 운영하는 회사의 문제를 침소봉대하여 말하며 정작 중요한 자신의 문제를 이야기하지 않는 경우가 상당수 있다. 아는 사실을 숨기거나 회사가 잘하는 것만 과장하여 침소봉대하는 경우도 있다.

  나도 책을 쓰면서 '환경 탓'이라는 것을 다시 한번 생각해 봤다. 하지만, 엄밀하게 따지고 보면 '환경 탓'이 아닌 '내 탓'이 많다는 것을 다시금 깨달게 되었다. 가난한 환경에서 태어난 것은 내가 선택할 수 없는 영역이다. 그래서 '내 탓'이 될 수는 없다. 하지만, 계속해서 가난한 환경에 나를 방치하는 것은 온전히 '내 탓'이다. 나는 그렇게 20대를 스스로 가난하고 비참한 환경에 방치해 두었다. 술을 마시면서 '환경 탓', '부모 탓'을 많이 했다. 항상 '환경 탓'이라고 말하는 것은 자신의 무능을 숨기기 위한 변명에 불과하며, 자신을 불행의 길로 인도하는 빠른 지름길이라고 보면 된다. '환경 탓'은 자기변명이며, 자신을 평온이라는 테두리 안에 가두기 위한 미련한 행위라고 보면 된다. 내가 살면서 제일 후회하는 것은 매일같이 '환경 탓', '주위 탓'을 하면서 나 자신을 성장시키지 못한 것이다. 차라리 방황하지 않고 제대로 된 일을 시작했더라면 나는 지금보다 더 빨리 가난에서 벗어났을 것이다.

'환경 탓', '주위 탓'을 하는 사람들에게 아래 내용을 소개한다. 오늘부터 반드시 머릿속에서 두 단어를 말끔히 지우고, '나는 잘할 수 있다'고, '반드시 된다'고만 생각하면서 내가 세운 기준을 갖고 앞만 보고 달려 나가길 바란다.

집안이 나쁘다고 탓하지 말라.
나는 아홉 살 때 아버지를 잃고 마을에서 쫓겨났다.

가난하다고 말하지 말라.
나는 들쥐를 잡아먹으며 연명했고,
목숨을 건 전쟁이 내 직업이고 내 일이었다.

작은 나라에서 태어났다고 말하지 말라.

그림자 말고는 친구도 없고 병사로만 10만.

백성은 어린애, 노인까지 합쳐 2백만도 되지 않았다.

배운 게 없다고 힘이 없다고 탓하지 말라.

나는 내 이름도 쓸 줄 몰랐으나 남의 말에 귀 기울이면서

현명해지는 법을 배웠다.

너무 막막하다고, 그래서 포기해야겠다고 말하지 말라.

나는 목에 칼을 쓰고도 탈출했고,

뺨에 화살을 맞고 죽었다 살아나기도 했다.

적은 밖에 있는 것이 아니라 내 안에 있었다.

나는 내게 거추장스러운 것은 모조리 쓸어버렸다.

나를 극복하는 그 순간 나는 칭기즈 칸이 되었다.

- 칭기즈 칸(몽골제국의 제왕, 1162~1227)

　　나폴레옹의 7배, 히틀러의 3배 반, 알렉산더 대왕이 점령한 영토의 2배
나 더 넓은 땅을 차지함으로써 인류 역사에 큰 획을 그었던 칭기즈 칸의
고백이다. 불과 7백년 전 마적단에 불과한 집단을 이끌고 역사상 최단 기
간에 최대 제국을 건설한 리더 칭기즈 칸은 고작 20만 명을 데리고 3억
명에 불과했던 세계인구 중 1억 명을 지배했다. 칭기즈 칸은 환경 탓을
하지 않았다.

성공한 사람들은 스스로 일어서서 자신이 원하는 환경을 찾은 사람들이지, 환경에 맞게 태어난 사람들이 아니다. 칭기즈 칸은 일찍이 고백하기를 "적은 밖에 있는 것이 아니라 내 안에 있었다. 나는 내게 거추장스러운 것은 모조리 쓸어버렸다. 나를 극복하는 그 순간 나는 칭기즈 칸이 되었다"라고 했다.

칭기즈 칸이 만약 자신의 약점과 환경적 취약점을 침소봉대했다면 칭기즈 칸은 그저 몽골 초원의 목동에 지나지 않았을 것이다.

나 역시 차에서도 자 보고 1~2평짜리 방에서도 2년 넘게 살아 봤다. 앞으로의 삶이 편해지기 위해서는 꾸준히 지금의 열악한 환경을 개선하고 도약하는 길밖에 없다. 나 외에 그 누구도 나를 책임져 주지 않는다. 환경 탓을 하는 이유는 목적의식이 없어서이기 때문이다.

목적의식은 우리가 구체적인 일을 추구할 때만 발견할 수 있다. 나는 나의 미래가 내가 세운 목표와 계획 그리고 노력의 양에 따라 좌우될 것임을 결코 의심하지 않는다. 오늘이 즐거운 것은 미래의 목표가 머릿속에 선명하게 새겨져 있기 때문이며 그 목표 자체가 나에게 아주 중요한 의미가 담겨 있기 때문이다. 이 점을 생각할 때마다 나는 그저 행복하고 웃음이 끊이질 않는다.

환경 탓을 하는 것도 습관이다. 환경 탓은 그저 게으름에 대한 핑계에 불과하다.

대표가 젊다고
생각마저 가벼운 건 아니다

내 삶은 아래와 같이 간단하게 정리할 수 있다.

① 가난한 집 흙수저

② 방황하던 청소년기

③ 목표와 기준이 없던 시절, 정체성을 잃어버린 직업 군인 생활

④ 생각 없던 시절, 망할 짓만 골라서 하다 실제로 망한 20대

⑤ 신용등급 10등급의 자본주의 사회 루저

⑥ 자기비관론에 빠진 알코올중독자

⑦ 1~2평짜리 고시원과 회사 빈 방에서 거주하며 일하기

⑧ 금융 분야 영업 1등 실적

⑨ 부지점장, 지점장, 이사까지 승진

⑩ 연 10억을 번 식당 창업+기업 경영 컨설팅 분야 사업가

⑪ 세일즈, 심리 멘토 관련 책을 쓰는 작가이자 교육 전문가

①번부터 ④번까지는 20대 후반까지로, 별 볼 일 없는 문제적 삶이었다.

⑦~⑩번까지는 최근 5년 이내에 벌어진 일이다. 그리고 ⑪번은 현재 진행형이다.

간단히 보면 루저의 삶을 살며, 방황하던 시절이 있었다. 문제아, 알코올중독자로 술독에 빠져 살던 20대 청년이 금융 영업 분야에서 1등을 하면서 부지점장, 지점장, 그리고 회사 임원이 되었고 지금은 나의 사업장과 부모님 식당의 경영을 책임지는 사람으로 한 해 10억을 버는 사업가가 되었다.

언젠가 설명할 기회가 있겠지만 주식 리딩 사기와 다단계 투자 사기 문제를 제대로 바라보지 않았던 나 자신에게 문제가 있었다. 그 늪에 계속 빠져 자신감을 점점 잃어 갔고 세상이 원망스러워졌다.

이렇게 시작되었던 내 처절한 모습을 권토중래 마인드로 극복하자 소극적이었던 나의 모습은 사라지고 내 삶이 송두리째 바뀌기 시작했다.

소심하고 변화를 굉장히 두려워했던 과거 노윤일을 뒤로하고 매일 후회와 고통 속에서 살기보다 내 삶을 180도 변화시키겠다는 마음가짐으로 현재와 더 나은 미래에 집중해 나갔다. 내면을 단단히 다지며 강한 확신과 신념으로 하루하루를 살아가고 있다.

이른 아침 나만의 루틴으로 하루를 시작했으며, MMA(종합격투기)를 통해 육체와 정신을 가다듬고, 독서와 업무 관련 자격증 공부는 물론 남다른 취미 생활을 갖기 위해 요트자격증을 비롯한 수많은 자격증을 지속적으로 취득하고 하루하루 도전정신으로 살아가고 있다. 훈련의 고통은 나를 어떠한 상황에서도 최고의 성과와 생존을 보장할 것이라 믿고 있기에, 후회의 고통 대신 변화의 삶을 선택한 것이다. 지금도 내 삶을 바꾸기 위해서 책을 쓰고 있고 책을 쓰면서 미래를 열어 나가는 변화를 시도하고 강의와 교육도 준비 중이다.

컨설팅 사업을 하면서 수백억 매출을 하는 대표님들과도 이야기할 수 있는 이유는 내가 젊은 나이임에도 불구하고 밑바닥부터 온갖 고생과 경험을 해 왔기 때문이다. 나이가 젊다고 대표의 생각마저 어리다고 생각할지 모르지만 나는 이미 경험상으로는 너무나 처절한 고생을 해 왔기 때문에 나보다 나이가 더 많은 대표님들과도 스스럼없이 대화가 통하는 편이다.

대표가 젊다고 생각마저 젊은 것은 아닌데, 어디 가서 말하기 부끄럽지만 지난해 통장에만 찍힌 금액이 수억이 넘었고, 나의 사업은 지속적으로 성장하고 있다. 나와 내 가족들이 과거처럼 부족함 없이 잘 살았으면 하는 좋겠다는 작은 바람, 생각이 있기에 부모님 노후를 위한 사업도 마련해 드렸으며, 직원들에게는 아낌없이 복지 제도를 제공하고 있으며, 자기계발을 위한 서적도 아낌없이 지원해 준다. 적어도 사업한답시고 나만 잘 먹고 잘살아 나만 배부르면 그만이라는 그런 부류는 아니라고 난 자부한다.

물론 직원들을 위한 고급 카페테리어를 마련하고, 운영해 주지 못해서 매우 미안하다. 하지만 사업의 본질은 수익을 내고 더 높은 매출을 내는 것이고 직원들에게 더 높은 연봉과 보너스를 줄 수 있는 회사를 만드는 것이지, 직원들에게 적당히 커피 쿠폰 하나 더 쥐어 주는 걸로 인기 끄는 것이 아니라 생각하기에 앞으로도 그럴 일은 없을 것이다. (다만 자기계발에 필요한 온라인 수강 및 서적 구입은 사비로 아낌없이 지원을 해 준다.)

나는 앞으로도 안 된다고 생각하는 틀을 깨고 계속 도전할 것이다. 20대 형편없던 루저가 안 된다는 틀을 깨고 도전해 보니 부지점장이 되어 있었고, 단계별 성장으로 지점장이 되었고, 지금은 사업가가 되어서 사업을 운영하는 것처럼, 지금 나의 한계는 스스로 멈출 때라고 생각하며 앞으로 요식업계 경영과 사업, 과거 힘들었던 나의 아픈 과정을 경험하지 않았으면 하는 마음가짐으로 세일즈 및 심리 강연까지 할 계획이다. 내가 가능하다고 확신하는 이유는 다양한 분야의 전문가분들의 온·오프라인 교육과 자서전을 통해 배우고 있으며, 내 한계를 돌파한 경험을 해 봤기 때문이다. 많은 내용들을 독자들과 교육 수강생들과 공유해 나가며 우리나라의 청년들에게 크나큰 희망을 주고자 한다. 이 모든 것들은 수많은 경험을 통해 밑바닥 인생에서 시작되었던 것이기 때문에 반드시 해 낼 수 있다고 확신한다. 소심한 성격 탓에 사회성도 부족하고 문제만 일으키던 별 볼 일 없던 학생이 문제적 20대를 보내고, 30대 초반 많은 것들을 이루게 되었다. 나와 가족, 그리고 직원과 그들의 가족들까지 책임지는 대표로 성장할 수 있었던 이유는 바로 내 한계를 지레짐작하여 멈추지 않았기 때문이다. 물론 실패도 많았고, 문제도 많았다. 하지만 그것을 실패라고 규정하여 걸림돌로 여기는 순간 성장은 거기까지이고, 실패와 걸림돌을 '디딤돌'로 생각한다면 성공의 기회와 가능성은 또다시 싹이 트게 된다.

사업적으로 만나는, 나보다 더 뛰어나고 훌륭한 대표님들에게 많이 배우는 덕에 내가 성장하는 것이기에 개인적으로 깊이 감사함을 가지고 있다. 그래서 나는 젊지만 결코 생각마저 가볍다고 생각하지 않는다.

내가 배워야 할 것,
경험해야 할 것은 반드시 독서로 보충한다

솔직히 나는 학식이 부족하다. 학창 시절 그토록 놀기만 했으니 부족할 수밖에 없다. 그래서 대학도 늦게 진학했고, 늦게나마 남들보다 더 열심히 경영학 관련 수업도 받고 있다. 그럼에도 불구하고 나는 항상 배움에 갈망을 느끼게 된다.

물론 열심히 해야 한다고 생각을 하지만 부족함을 보충하기 위해 더할 나위 없이 노력하고 또 노력한다. 내가 부족함을 느낄 때마다 나를 충전해 주는 것은 책밖에 없다고 생각한다.

학창 시절 왜 그렇게 공부가 하기 싫었는지 되짚어 보면, 꿈을 위한 공부가 아닌 그저 '대학'에 입학하기 위한 공부를 해야 한다고 생각했기에 공부가 매우 하기 싫었던 것 같다. 한마디로 목표 없는 허구한 망상을 했다고 지금에서야 깨닫게 되었다.

사회에 나와 영업부터 경영, 기업 운영까지 많은 것들을 경험하다 보니 정확한 목표가 생기게 되었고, 그 목표를 이루기 위해 경험도 매우 중요하지만 그 경험을 뒷받침해 줄 지식 또한 습득해야 한다고 절실히 느끼게 되면서 지식을 얻을 수 있는 수단으로 독서를 선택하게 되었다. 나도 '처음에는 독서를 왜 하는 것이지?', '의미 없다'고 생각을 했지만 내가 지금까지 성공한 수많은 분들을 만나면서 그분들이 모두 책을 많이 읽는다는 것을 알게 되었다. 그러면서 나도 한번 해 보자라는 생각으로 책을 열심히 읽게 되었다. 책을 읽다 보니 왜 책을 읽어야 하는지 답을 찾게 되었다. 책 안에는 수많은 저자들의 각양각색 많은 경험과 지식들이 숨어 있었고, 그 경험들을 나는 단돈 1만여 원으로 빠르게 습득할 수 있었다. 그래서 내 일이 다 끝나고 정말 녹초가 되고 피곤하고 힘들어도 그날 최소 30분은 독서는 하고 잔다. 책을 읽을 때 팁을 주자면 눈으로만 음미하는 것이 아닌 그 책의 저자들이 무슨 생각으로 책을 썼는지 생각하고 상상하며, 볼펜을 들고 줄을 그으면서 빈 공간에는 메모를 하고 느낀 점을 꼭 기록해야 한다는 것이다. 느낀 점과 생각한 점, 반드시 알아야 하는 점은 반드시 기록하고 나중에 책을 열었을 때 이 책을 통해 무엇을 얻었는지 기억하며 내 것으로 만들면서 독서를 하라고 이야기해 주고 싶다.

　나는 책을 읽을 때마다 내 모든 열정을 쏟아 그 책 안에서 얻을 수 있는 경험과 지식 그리고 저자의 에너지를 얻는다. 책을 한 번 읽는다고 해서 그 분야에 통달한 사람이 된다는 것은 아니다. 하지만 책에서 얻은 지식과 경험이 나를 더 빛나게 해 준다는 확신을 독자들에게 이야기해 주고 싶다. 세상 사람들 중 나보다 더 뛰어난 사람이 얼마나 많은지, 얼마나 치열하게 살고 있는지, 책을 통해 비로소 느낄 수 있다는 것이다. 또한 사람의 정신이 얼마나 위대한 업적을 만들어 내는지 알게 되어 책을 읽고 나면 겸손해지고, 책을 읽고 나면 세상이 밝아 보인다고 이야기해 주고 싶다.

허구한 날 술을 마시며 흥청망청 시간을 보낼 때와 전혀 다른 기분이다. 술을 마시면 그날의 즐거움은 잠시 그다음 날 매우 의미 없는 시간들을 많이 보내게 된다. 전두엽을 마취시키고 시간을 허비하며 무미건조한 시간들을 반복적으로 보내게 되는 것은 술을 마시는 한 계속될 것이라고 생각한다. 왜냐하면 나도 한때 그런 일상을 반복했기에 잘 알고 있다. 이런 일상들을 무기한으로 보내는 독자들이 없기를 바란다. 그래서 나는 책 읽는 시간을 에너지 충전의 시간으로 생각하며, 앞으로도 지속, 반복할 것이라고 이야기 하고 싶다.

앞서 설명한 대로 나는 학창 시절 놀아도 너무 놀았기 때문에 더 이상 놀고 싶지 않다는 생각밖에 없다. 학창 시절 너무 놀다 보니 20대가 엉망이었는데, 30대를 학창 시절 때처럼 놀고 쓰고 즐기며 산다면, 40대는 20대처럼 끔찍한 생활이 펼쳐질 것이 분명하다는 생각뿐이다. 사람은 뿌린 대로 거둔다. 나는 지금 즐겁다. 열심히 독서를 통해 내 머릿속에 지식과 경험을 저축하며 살고 있다.

간접적이라도 지식과 경험을 축적하며 살기 때문에 앞으로 다가올 30대 중반 그리고 40대에는 노윤일의 전성기가 오지 않을까 생각한다. 20대의 엉망진창인 삶과는 전혀 다른 삶이 펼쳐질 것이라고 나는 확신한다.

한 달에 얼마 정도 배움과 책에 투자하는지, 책보다 유튜브에 더 많은 시간을 쏟는 것은 아닌지 점검해 보자. 그 사람이 어디에 돈을 쓰는지 관찰해 보면 나는 그 사람이 어떤 사람인지 알 수 있다.

배움에는 세 가지가 있다. 하나는 책을 읽는 것이고, 다른 하나는 좋은 스승을 만나는 것이다. 또 다른 하나는 경험으로부터 배우는 것이다. 우리는 책이나 스승에게서 배우는 것이 익숙하다. 나 역시 책을 읽으면서 내가 읽은 내용이 머릿속에만 머무는 경우가 있다. 그럴 때마다 내가 배운 내용을 한 번씩 실천하고자 노력한다. 배움이 경험으로 승화될 때 지식은 더욱더 늘어나기 때문이다. 경험에서 배우는 것은 소중하다. 열정이 식을 때 책과 스승, 그리고 배움을 실천할 때 오는 경험을 만나면 열정이 다시 뜨거워진다. 독자들도 이 책을 통해 나와 같은 기분을 꼭 느껴 보았으면 좋겠다. 나에게 맞는 책을 찾아 수많은 경험과 지식을 보충해 나갔으면 좋겠다.

02

오늘이 가장 가난한 날이다

대표가 된다는 것

회사 대표가 되려면 반드시 몸으로 부딪히고
꾸준히 성장하고 배워야 한다

회사에서 더 이상 배울 것이 없기에 회사를 나와서 나의 사업을 차리든, 구조조정으로 회사를 나오든, 희망퇴직을 당하든, 아니면 자발적으로 회사를 나오든 지금의 회사는 영원히 나와 함께 가지 않는다. 시기상의 문제일 뿐 지금의 회사는 언젠가 나와야 하는 장소이기도 하다. 회사를 나오면 재취업을 하기도 하지만, 대부분 자의 반 타의 반으로 창업을 하기도 한다. 창업을 하는 순간 회사 사장인 '대표'가 된다.

대표가 된다는 것은 경영자가 된다는 의미이기도 하다. 어설픈 자신감만으로 기업 경영에 대해 성공을 보장받을 수 없으며 경험도, 실력도 없지만 '대표'가 되었다는 우쭐함이 앞서 나가면 실패는 당연시된다.

우리들은 이미 상시 구조조정의 시대에 살고 있다. 솟구치는 환율, 높아지는 금리, 엄청난 물가에 회사 운영을 포기하는 곳이 속속 늘고 있으며 직원들에게 더 이상 월급을 줄 수 없는 한계기업들이 점점 늘어나는 것도 보인다. 원자재 값이 오르면서 물가가 솟구치고 사람들은 더 이상 월급만으로 살아갈 수 없는 시대가 되었다.

유튜브를 통해 공부를 하든, 책을 통해 공부를 하든 반드시 지식을 습득해서 내 것으로 만들어야 한다. 요즘 들어 '경제적 자유를 얻으려면 이렇게 하라'는 콘텐츠들이 너무나도 많다. 회사만 다니며 경제적 자유를 꿈꾸는 사람들에게 무조건 사업부터 하라며 특정 분야를 홍보하기도 한다. 하지만 회사 대표가 되는 일은 그리 쉽지 않다.

그런데 많은 사람들이 무작정 회사 대표가 된다는 막연한 꿈을 안고 창업에 뛰어든다. MZ세대(1984년생~2003년생) 미취업 청년 10명 중 7명 이상이 창업을 준비 중이거나 창업할 의향이 있는 것으로 파악됐다는 조사결과는 더 무섭게 느껴진다. 아무런 준비도, 능력도 훈련되지 않은 상태로 자본만 끌어다가 창업한 결과는 늘 처참하기 때문이다.

창업 이후 초창기 자본과 자원이 절대적으로 부족하기 때문에 사장이 직접 현장에서 뛰어야 한다. 영업부터 사업, 경영, 심지어 회사의 골칫거리인 재무 흐름, 실무의 모든 경험까지도 모두 회사 대표가 알아야 한다. 아르바이트나 직원이라도 뽑으려면 일단 기본은 알고 뽑아야 본전은 건진다.

창업 이후 회사 운영의 가장 기본은 소비자들에게 상품이든 서비스든 파는 영업이다. 영업을 잘하기 위해서는 몸소 부딪히고 깨닫는 방법밖에는 없다. 그것이 곧 성공의 지름길이 될 수 있다고 단언컨대 이야기할 수 있다. 그리고 나서 뒷받침이 되어야 하는 것이 마케팅과 CS(고객관리)에 대한 것이다. 이 모든 것들에서 노하우와 경험이 부족하다면 수많은 자본을 투자한다 해도 고객의 외면을 받을 수 있다는 것을 명심해 주길 바란다.

몇 년간 치열하게 보이치 않는 무형의 상품을 세일즈해야 했고, 세일즈 분야에서 NO.1이 되어 영업이 무엇인지 깨달았을 때 비로소 많은 것들을 느끼고 깨달을 수 있었다. 이후 부지점장, 지점장의 자리까지 오르면서 더 많은 노력을 했고 그 노력과 경험 그리고 노하우를 통해 영업에서 사업의 영역까지 폭을 넓힐 수 있었다.

이렇게 나만의 식당과 중소, 중견기업에 경영을 지원해 주는 센터까지 창업하면서 매우 안정적으로 성장을 할 수 있었다.

창업을 원한다면, 적어도 영업을 배우거나 해당 분야에서 직접 뛰어들어 소비자를 상대하고 기본적인 세일즈 방법을 배워야 한다고 당부하고 싶다. 최소한 이 분야에서 아르바이트라도 해 보며 실무를 배우고, 해당 직책에서 최고의 실적을 한번 달성해 보았다면 창업을 해도 힘들지 않게 올라갈 수 있다는 것을 이야기해 주고 싶다. 왜냐하면 기본기가 튼튼하기에 어려움을 극복하고 올라설 수 있기 때문이다.

세일즈에 대한 기본적인 스킬과 영업이 무엇인지, 경영과 사업이 무엇인지 배우고 싶다면 언제든 독자들에게 알려 줄 수 있다. 대신 열정과 배움의 자세를 가득 지녀야 한다. 그렇다면 나는 언제든지 흔쾌하게 가르쳐 줄 준비가 되어 있다. 따라서 그런 독자들이라면 나에게 편히 연락을 주기를 바란다.

회사에서 최고가 되는 것이 최고의 자기계발

가장 최고의 선택은 지금의 회사에서 '최고'가 되어서 나의 노하우로 무언가를 쟁취하는 것이다. 회사의 업무에서 1등이 되어 모든 노하우와 혜택을 다 받고 사회에 나오면 할 수 있는 것이 많다. 나의 경우 영업부서에서 1등은 물론 전체 상위권 성적을 석권했다. 회사에서 보내 주는 해외연수는 독차지였으며, 그 덕분에 세계 여러 나라를 내 돈 한 푼 들이지 않고 가볼 수 있는 기회를 수없이 많이 얻었고, 훌륭하신 스승님들 옆에서 직접 업무를 보고 배우며 최고의 업무스킬을 습득할 수 있었다. 회사에서 최고가 된다는 것은 최고의 자기계발이다. 회사에서 배우고 익히고 습득하는 것은 사회에서 내가 당장 사용할 수 있는 기술이며, 생계와 사업의 연결고리가 될 수 있는 최고급 업무 기술이라 확신한다.

학교에서 시험 성적 1등을 하는 것도 훌륭하고, 명문대학교에서 졸업 논문을 우수하게 써서 최고 성적으로 졸업하는 것도 훌륭한 일이다. 하지만 지금 내가 하는 일에서 '1등', '최고'가 되는 것은 학교에서 가르쳐 주지 않는 절대적인 생존기술과 업무스킬이다. 학교에서 배우는 지식과는 전혀 차원이 다른 실용적인 지식들이고 내가 지금 다니는 회사를 나와서 나만의 회사를 만드는 데 필요한 모든 것들이다.

회사에서 배우는 지식들은 자격증 지식이나 토익, 토플 점수와는 전혀 다른 영역이다. 자격증은 내가 돈을 내고 배워야 하지만, 회사에서 배우는 지식은 내가 돈을 받으면서 배울 수 있으며 잘만 한다면 해외연수까지 보내 주니 회사에서 최고가 되는 것이 가장 확실한 자기계발 방법이 아니겠는가.

지금 내가 하는 일에 최고가 될 수 없는데, 어떻게 사업에서 최고가 될 수 있는가? 국내 배달사업을 평정한 매출 2조 원의 '배달의 민족'을 운영하는 우아한 형제들의 사무실 벽면에는 다음과 같은 글귀가 사훈으로 적혀 있다.

"평생직장은 없다. 최고가 되어 떠나라."
"이끌든지, 따르든지, 비키든지."

'남들처럼'이 아닌 '나답게' 사는 삶

고민이 되면 물어봐라, 도움을 구해라

과거부터 나는 수많은 상담, 미팅 그리고 교육 및 강의를 통해 만난 모든 사람들과 발전적인 이야기를 나누었다. 사업과 관련된 이야기를 나누었고, 성장하는 방법에 대한 미팅을 하면서 같이 성장하는 구조로 항상 생각을 하며 서로에게 시너지가 나는 효과를 내기도 했었다. 자본주의에서 돈을 벌기 위해서는 배울 수 있는 사람과 함께 성장해 나가는 것이 제일 중요하다고 믿는다.

언제부턴가 주위에 사람들이 끊이지 않았고 무엇보다 나를 찾는 사람들이 더욱더 많이 생겨났다. 과거에는 금융, 재테크를 통해 나를 만나고자 하는 사람들이 많았다면 지금은 사업에 관련된 내용들을 궁금해하고 세일즈, 멘탈 상담 및 강의 요청이 많이 들어오고 있다. 나는 나로 인해 고민이 해결되고 도움을 청해 개인 및 대표자들이 성장한다면 흔쾌히 도와주는 편이다. 나의 시급을 계산해 보니 나는 100만 원짜리 시급을 갖고 있는 사람으로서 일정표가 1:1 미팅과 1:n 교육 및 강의를 요청하는 사람들로 가득 차 있다. 과거 수많은 경험을 통해 실패와 성공을 반복하였고 이러한 경험들을 배우고자 하는 사람들이 매우 늘어나는 상태라고 독자들에게 이야기해 주고 싶다. 실패율을 줄이고 성공을 할 수 있는 방법을 내게서 직접 듣고 초단기적으로 성공의 길로 가려는 사람들이 점점 더 늘어나고 있다. 나는 이런 사람들이 성공의 기로를 달려가기를 바라는 마음으로 수없이 교육을 하고 있다. 교육을 희망하는 사람들이 나에게 한결같이 하는 질문은 어떻게 단기간에 성공을 할 수 있었냐는 것이다. 나는 여기에서 솔직한 답변을 내놓는다. "실패를 두려워하지 마세요, 그리고 경험해 보세요. 경험만큼 중요한 것은 없습니다."라고 말이다. 실패를 하다 보면 나에게 맞는 길이 무엇인지 반드시 보이니까 말이다. 성공의 길로 가기 위해서는 실패는 당연한 것이니 실패를 두려워 말고 젊은 나이에 경험을 많이 쌓아 보라고 항상 이야기한다. 실패를 두려워한다면 그 어떤 성공도 바라지 말라는 이야기를 수없이 강조한다. 나는 내 경험담을 솔직히 이야기해 줌으로써 사람들의 '성장'을 진심으로 바란다. 나를 통해 성공을 한 사람들이 수없이 많다. 처음에는 "이게 가능할까요?"라고 이야기했던 사람들도 지금에 와서는 감사하다는 이야기를 하며 "더 성장하고 성공하기 위해서는 어떻게 하면 될까요?"라는 질문을 많이 던지곤 한다.

　나는 나를 만나 성공의 길로 접어든 사람들이 많이 생기기를 바란다. 과거 내 아픔과 상처 그리고 실패의 길로 접어들지 않기를 바라는 마음뿐이다. 더도 말고 덜도 말고 독자들이 겪고 있는 지금의 상황에서 좀 더 성장하기를 간절히 바란다. 이로써 나 자신이 존재하는 이유를 다시 한번 깨닫고 나를 찾는 이들이 많이 생기기를 바라는 마음밖에 없다고 말하고 싶다. 앞으로도 마찬가지다. 나로 인해 성장하는 사람들이 생기기를 바라는 마음으로 '경제적인 관측, 사업적 관측, 세일즈 측면으로 나에게 궁금한 내용이나 본인의 성장을 위해 더 알고 싶은 것이 있거나 도움을 받고 싶다면 언제든지 나에게 연락을 달라'는 말을 꼭 전한다. 한 회사의 직원이든, 그룹의 장이든 나의 홈페이지나 블로그를 보고 찾아온 손님이든 상관없이 나는 만남 요청과 상담을 무시하지 않고 이야기를 들어주고 도움을 주는 편이다. 대부분 대표자들에게 가장 큰 고민은 '자금 융통'이었고, 회사에 취업하여 사회생활을 하고 있는 분들의 경우 '연봉'이었다. 모두 똑같은 '돈'에 대한 문제가 공통분모였다. 회사 대표자들은 회사를 운영하기 위해 자금이 필요하기에 이해가 되지만, 대기업에 다니는 분들의 경우 한정된 급여에 남들과 똑같이 소비하려고 하기에 문제가 생긴다. 1년에 2번 이상 해외여행을 가고 에어팟, 에어펜슬, 애플워치, 아이패드를 사야 하며 상위랭킹 브랜드 옷을 매월 두 벌씩 사 입고 기념일마다 4성급 이상의 호텔에서 호캉스를 하며 고급 외제차를 타야 하니 재산이나 본인의 급여 여유와 무관하게 재무 상태는 점차 나락으로 떨어지는 모습을 자주 본다.

물론 회사도 마찬가지다. 다른 회사 복지를 늘린다 하니 우리 회사도 따라서 복지를 늘리고 해외여행을 간다. 직원에게 쓰는 현금이 계속 늘어 가 결국 회사 운용 자금이 사라질 때가 많다.

이런 비극은 '남들처럼' 혹은 '남의 회사처럼' 해야 한다는 생각 때문에 일어난다. 그래서 이런 비극을 피하기 위해서 현실적인 조언을 제시해 드리고, 솔루션과 처방전이 제공되지만 실천과 실행이 뒤따라 주지 않는 경우가 많다.

　행복하게 사는 삶, 성공하는 삶은 가르쳐 줄 수 없다. 성공하는 회사, 성장하는 회사가 되는 방법을 가르쳐 준다 하더라도 결국 자기 자신이 '실천'하고 '행동'하며 나보다 성공한 사람들을 찾아가야 한다. 나는 다만 나의 고객들과, 나를 찾아온 손님들이 잘 먹고 잘사는 법을 찾도록 안내해 줄 뿐이고 '나처럼 살라고 말하지 않고, 당신 자신처럼 살라'는 말을 항상 입 밖으로 꺼내어 조언해 준다. 이십 대의 나처럼 후회만 가득한 삶이 되지 않기를 바라며 나를 아는 모든 이가 성공하는 삶, 성장하는 삶을 살아가기를 간절히 바랄 뿐이다.

　혼자 고민하는 것이 있다면, 해결이 안 되는 문제가 있다면 반드시 물어봐야 한다. 조언과 도움을 얻을 수 있는 곳이 있다면 반드시 찾아다녀야 한다. 아기가 배고프면 소리 내어 우는 것처럼, 경제위기 속에서 삶의 고통과 고난이 있을 때, 직업과 취업에 대해서, 회사 운영과 재무 운영을 어떻게 해결해야 할지 모르거나 고민이 깊어진다면 혼자 아파하지 말고, 혼자 고민하며 끙끙대지 말고 표현하고 질문해야 한다고 꼭 이야기해 주고 싶다. 나도 모르는 것이 있고 답답함이 있다면 전문가를 찾아 SNS메신저, 핸드폰 문자, 이메일을 보내 적극적으로 나의 궁금함과 답답함을 표현하고 지혜와 지식을 항상 구하곤 한다. 이처럼 궁금함을 해결하고, 솔루션과 지혜를 얻어 문제를 해결했기에 오늘날 사업을 유지할 수 있는 배경이 되었다고 나는 자신 있게 이야기한다. 우리가 시험을 보기 위해 사회생활을 하고 질문을 던지고 전문가를 만나는 것이 아니듯이, 전문가들은 대부분 우리들의 고민을 적극적으로 들어주고 힌트와 솔루션에 근접한 답변을 제공해 준다. 자신이 모르는 무엇인가를 궁금해하며 본인의 시간과 돈을 투자한다면 반드시 성장할 수 있다고 이야기해 주고 싶다. 세상에 공짜는 존재하지 않으니 말이다. 나는 지금까지 수많은 돈과 시간을 들여 경험하고 배우고 깨달은 것이 너무나도 많다. 세상에 공짜는 없다. 공짜를 좋아하는 사람들이 있다면 성장과 성공은 물 건너 간 대목이다. 자신과 타협하고 세상과 타협하며, 공짜를 바라는 사람들은 반드시 문제가 있다고 나는 확신한다.

아프면 전문의를 찾아 치료를 받는 것처럼, 내 몸을 단련하기 위해 트레이너를 찾는 것처럼 내가 성장하고 성공의 길로 들어서기 위해서는 반드시 해당 전문가에게 물어보고, 성장의 길로 들어설 것을 강력하게 추천한다. 이제는 독자들에게 움츠러들 시간이 없다고 이야기해 주고 싶다. 자본주의에서 살아남기 위해서 내 시간과 돈을 투자해 실패와 성공에 경험이 많은 전문가들을 찾아다니라고 이야기해 주고 싶다. 그게 정답이고 진리니까 말이다.

남의 힘을 빌려서라도
온전히 '나답게' 살아라

남이 아니라 나답게 사는 삶을 위해서 전문가를 찾아가 정말 나다운 삶이 무엇인지를 적극적으로 물어보고 조언 받아야 한다. 우리 사회는 농경사회가 아니다. 아침이면 일어나 일하고 저녁이면 밥 먹고 잠자는 그런 단순한 시대가 아니란 뜻이다. 세상이 복잡한 만큼 각 분야의 전문가를 언제든지 만날 수 있는 연락시스템이 잘 마련되어 있는데 자신의 문제와 궁금증을 적극적으로 알리지 않고 혼자서 고민하는 것은 아주 미련한 일이다.

나의 경우 개인 재무와 기업 재무상담, 그리고 세일즈에 관련된 개인 코칭과 기업에 경영에 대한 고민과 갈등에 대해서 적극적으로 도움을 줄 수 있으며, 이런 컨설팅을 전문으로 하기 때문에 대부분 세일즈맨들과 기업의 대표자들이 고민하는 영업 잘하는 법, 정부자금에 대한 해답을 내놓을 수 있다. 개인적으로는 고통스러운 20대, 30대를 거쳤기 때문에 진로와 직업, 그리고 삶의 문제와 인간관계에서 오는 복잡함에 대해서 문의하는 분들이 당장의 어려움을 극복할 수 있는 정도의 노하우 정도는 알고 있기에 충분히 조언해 드릴 수 있다.

경제가 급속히 추락하는 요즘과 같은 시대에 영끌족들의 시름이 깊어가고, 재무상태가 형편없어지는 분들도 엄청나게 많아질 것이다. 회사는 점차 경영이 어려워지기에 운영자금 및 시설자금에 관련된 부분들에 대한 지원책들도 도움을 드릴 수가 있다.

"노 대표님을 10년만 일찍 만났다면 좋았을 텐데요. 그럼 지금쯤 다른 삶을 살았을 거예요"라는 수많은 대표님들에게 "10년 전에는 내가 이 일을 안 했기 때문에 10년 전에는 만날 수 없었을 것"이라고 웃으며 농담을 던진다. 하지만 앞으로 몇 년 안에 교육과 강의를 통해서 더 많은 사람들에게 선한 영향력을 끼치는 삶을 기획하고 있으며 이는 반드시 대표자들에게 더 나은 도움을 줄 수 있을 것이라고 나는 확신을 갖고 이야기할 수 있다.

내게도 '나 자신'을 발견하기 위해 멘토로 삼은 분들이 많이 있다. 그중 친구의 아버지는 나에게 정말 큰 힘이 되어 주시며, 나의 '부자 아빠'이기도 하다. 안정된 사업과 가정 중심으로 항상 여유 있는 모습을 보이시고 사업의 용단을 통해 부와 자유를 얻으신 분이다. 삶에 찌든 모습이 아닌 여유와 낭만이 있는 분이기에 적어도 십대 때부터 이분께 사업적 목표와 꿈을 말씀드리며 명절이 되면 양손 무겁게 찾아뵙고 있다. 이분이 나를 재정적으로 도와주지 않지만, 내가 살아가야 할 나침반이자 롤모델의 모습을 보여 주기 때문에 나는 명절 때마다 찾아뵙고 조언을 얻고 경영 철학을 배우고 있다.

만약 주변에 부자 멘토, 성공한 멘토가 있다면 그분의 생각과 사고방식을 배워야 한다고 독자들에게 꼭 당부를 해 주고 싶다. "부자가 되려면 부자 옆에 줄을 서라. 부자가 되려면 부자에게 밥을 사라"는 말이 있지 않은가? 부자가 무슨 생각을 하는지 알려면 부자의 줄에 서서 최대한 가까이 지낼 필요가 있다. 내게 부자로 일어설 힘과 능력이 없다면, 곁에 있는 부자의 힘을 빌려서라도 반드시 부자로 우뚝 서서 '나 자신'으로 살 수 있도록 최선을 다해야 한다. 그것이 자본주의에서 살아남을 수 있는 유일한 방법이기 때문이다. 또한 당신의 시간을 함부로 대하고 당신의 소중한 에너지와 자본을 함부로 대하는 사람들과는 멀리하라고 이야기해 주고 싶다.

경제적 자유를 위한 조건

나는 느린 것을 두려워하지 않지만, 멈추는 것을 매우 두려워하며 정말 싫어한다. 내가 하고 있는 사업들과 고객을 만나 선하고 긍정적인 영향력을 발휘하는 일을 멈추게 될까 봐 매우 두렵다. 느린 것은 멈추는 것이 아니기 때문에 두렵지 않다. 중요한 것은 빠른 것이 아니라 제대로 된 방향으로 느리더라도 바르게 가는 것이라고 난 확신한다.

경제적 자유는 이처럼 느리더라도 정확하고 바르게 가는 것에 포커스를 맞춰야 한다. 마약을 팔고 사회에 해악을 끼치는 범죄행위로 경제적 자유를 누린들 그것은 바르지 않기 때문에 곧 멈추게 된다. 사업을 멈추는 것이 아니라 인생이 멈추는 일이 발생하는 것이다.

느리더라도 바른길을 찾았다면 그다음은 '꾸준함'과 '성실함'이 가장 큰 덕목이라고 보면 되겠다. 다만 열심히 하려 하지 말고 꾸준히, 성실히 하라고 독자들에게 이야기해 주고 싶다. 한두 번쯤 열심히 하는 것은 누구나 할 수 있다. 하지만, 매번 열심히 하기는 힘들다. 열심히 한다고 덤비면 기복이 심하다 못해 사고를 치게 된다. 하지만, 묵묵히 꾸준하게 자기

자리에서 오랫동안 일을 하는 것이 바로 실력이다. 열심히 하려고 한두 번 반짝 노력하지 말고 마라톤 선수처럼 꾸준히, 규칙적으로 하는 것, 성실함을 잃지 않는 것이 바로 경제적 자유를 위한 조건이다.

올림픽에서 4관왕을 4번 달성한 선수이자 올림픽 역사상 한 대회에서 8개의 금메달을 따고 2개 대회 연속 8개의 메달을 석권한 수영선수 펠프스는 훈련과 연습을 할 때 열심히 한다고 하지 않는다. "오늘이 무슨 날인지도 모르고 몇 시인지도 모르지만 그냥 꾸준히 연습"한다며 기자에게 말했고, 대한민국 피겨스케이팅의 여왕 김연아 선수는 연습할 때 무슨 생각으로 연습하느냐 묻는 기자의 질문에 "그냥 꾸준히 하는 것"이라고 말했다.

대단한 각오와 심기일전으로 한두 번 반짝 열심히 한 것이 아니라, 오랜 시간 동안 일정한 페이스로 꾸준하고 성실하게 연습을 하며 훈련에 임한다면 좋은 결과와 성과로 이어진다는 것을 느끼게 되었다. 나 또한 이와 똑같은 경험을 해 봤기 때문에 당당히 말할 수 있다.

열심히 하려 하지 말고 그냥 해라. 꾸준히, 그리고 성실히!

가끔 유튜브나 책에서 보면 경제적 자유를 성취하면 '일하지 않아도 된다'고 말하는 내용이 있다. 그런데 내가 만난 부자들은 일을 안 하는 것이 아니라, 경제적 자유를 얻어도 더 미친 듯이 일에 몰입한다. 유튜브나 책에서 말하는 것처럼 '일하지 않기 위해 경제적 자유를 누려야 한다' 주장이 나오면 나는 채널을 꺼 버리거나 읽던 책을 덮어 버린다. 부자들을 직접 만나보지도 않았고, 자기가 부자도 아니면서 왠지 그럴 것 같다는 추측만으로 콘텐츠를 만들어 여러 사람들에게 부자와 경제적 자유에 대한 거짓 환상만 심어 주기 때문이다.

이런 주장을 펼치는 사람은 마치 미국에 가 본 적도 없는 사람이 미국이 어떤 나라인지 설명하는 것이나 군대에 안 가 본 사람이 군대란 어떤 곳인지 책만 보고 설명해 주는 사람과 같다. 자신이 경험해 보지도 않은 내용을 여러 사람에게 말해 주는 것은 답답함을 넘어 매우 위험한 사람이기 때문에 반드시 멀리하라고 이야기해 주고 싶다.

고 정주영 회장님은 경제적 자유를 얻었을 만한 부와 재력을 가졌음에도 새벽 3시 30분에 일어나 하루를 시작했으며, 삼성의 고 이병철 회장님은 새벽 6시에 하루를 시작하며 일을 하셨다. 세계 최고 부자인 일론 머스크 스페이스X 창업자는 주당 100시간씩 일했다. 99조 자산가 워렌 버핏은 아침 6시 45분에 일어나 하루 업무를 시작한다.

대부분의 큰 부를 이룬 사람들은 경제적 자유를 얻고 나서도 계속 일하고 있고, 투자를 멈추지 않는다. 꾸준함과 성실함으로 시장을 분석하고, 학습하며 변화에 대비하고 기회를 낚아챈다. 미디어에서 보는 것처럼 늦게 일어나 시간을 흥청망청 쓰다가 다시 밤 파티를 열고 놀다가 잠드는 부자의 모습과는 전혀 다른 모습이다.

경제적 자유는 돌체 앤 가바나, 샤넬을 몸에 둘러서 졸부 흉내를 내면 생기는 것이 아니라 목돈과 종잣돈을 먼저 마련한 후에 내가 원하는 사업에 관여하여 부를 더 축적해 나가는 모습으로 성장하는 것, 학습과 경험을 통해 더 많은 것들을 만들어 내는 것이 진짜 부자의 모습이라고 설명하고 싶다. 목돈과 종잣돈을 마련하기 위해서는 시간을 금같이 사용하고, 그 시간을 활용하여 무에서 유를 창조해야 한다. 그런 다음에 무소유처럼 쪼들리며 절약하고 근면하게 살던 나에 대한 보상을 철저히 하며 하나씩 변화해 나가는 것이다. 전쟁이 났다고 가정하고 허리띠를 졸라매고 나의 생존을 위해 철저하게 계획하고 움직이는 것, 그것이 바로 생존능력을 상승시키는 것이며 전쟁에서 살아남을 수 있는 유일한 방법이라고 이야기하고 싶다.

나는 경제적 자유를 얻은 부자들이 학습을 게을리한다는 것을 들어 본 적이 없다. 부자가 되어 가는 과정은 외로움을 이겨 내는 과정이지 결코 졸부 흉내를 내는 과정이 아니다.

나 역시 졸부 흉내를 내다가 인생이 송두리째 파탄 난 적이 있다. 경제적 자유를 위해서 가장 단순한 꾸준함과 성실함을 무시해서는 안 된다. "인내와 끈기와 피나는 노력은 성공을 안겨 주는 무적불패의 조합이다." 라고 나폴레옹 힐이 말한 대로 꾸준함과 성실함의 양대 기둥을 가지지 못한 채 성공한 사람은 없다. 괜히 열심히 한다고 어깨에 힘주고 긴장하며 살지 말고 오늘도 내일도 해야 할 일을 꾸준하게 하면 되는 것이다.

몸값은 누가 결정하는 것인가?

"나는 몇 년을 다녔으니 이 정도는 받아야 한다."
"나는 4년제를 나왔으니 연봉 ×천만 원 이상은 받아야 한다."

2022년 취업사이트 설문조사에 의하면 2022년 대졸 신입 희망연봉이 '평균 3,300만 원'이며, 2021년에 비하면 100만 원이 높아진 금액이라고 한다. 이 말을 풀어보자면 기업은 신입사원에게 1년에 3,300만 원을 투입해야 한다는 뜻이다. 한 사람의 직원에게 투입하는 비용은 의외로 크다. 연봉 외에도 각종 보험, 퇴직급여 충당금, 연수 교육비, 일반 사무용품비 등의 직접비용 외에도 심지어 전력비 등의 인프라 비용 등과 직원들을 돕기 위한 지원팀 인력의 간접비의 배분까지를 고려한다면 사실상 몸값(즉 연봉)은 회사 입장에서 보면 줄여야 할 '비용'으로 간주되기 쉽다.

따라서 직원 개개인의 목표수준이 이를 초과하지 못하면, 해당 기업은 언제나 적자로 전락하여 구조조정을 단행할 수밖에 없는 악순환에 빠지게 된다. 기업은 성장하지 못하면 정체가 아니라 퇴보(퇴출)되고 만다. 그것이 시장의 원칙이고 생존의 냉엄한 현실이다.

연봉의 높고 낮음은 시장에서 그 사람의 가치에 따라 결정된다. 상품도 수요와 공급에 따라 가격이 결정되는데, 회사에서 가만히 있으면서 자신의 능력을 보여 주지도, 입증하지도 못하는 사람에게 괜히 높은 연봉을 지급할 이유가 없다. 신입사원들이 가장 많이 착각하는 대목이기도 한다. 그 사람이 어느 학교에 나왔고, 무엇을 전공했느냐는 실무에서 그렇게 중요하지 않다. 다만 회사에 얼마나 많은 매출을 일으키고, 얼마나 많은 돈을 벌어다 주는 것인지가 그 사람의 가치일 뿐이다.

회사는 절대로 '사회복지기관'이나 '종교단체'가 아니다. 신입직원에게 베풀어 주고 입혀 주고 먹여 주며 자비로운 도덕심으로 운영되는 곳이 아니라, 생사가 결정되는 비즈니스 세계에서 운영된다.

직원의 몸값은 직원이 자기 연봉의 10~18배의 매출을 일으켜야 결정되는 것이다. 자격증이 몇 개 더 있기에 연봉이 높아지는 이유는 그 자격증으로 회사에 더 많은 기여를 할 수 있다는 기대감이 있기 때문이지, 자격증 소지 때문에 주어지는 것이 아니다. 토플과 토익점수를 높이 받았다고 회사는 더 높은 몸값을 쳐 주지 않는다.

회사는 실적에 의해서 평가하는 곳이고, 실적은 곧 그 사람의 가치를 만드는 것이다. 4년제를 나왔다는 이유만으로 1년에 최소 3천300만 원을 받아야 한다는 논리는 운전면허 시험에 고득점 합격했으니 내게 BMW를 사 줘야 한다고 외치는 헛소리랑 똑같다. 4년제 졸업장이나 시험점수, 자격증 보유는 그저 운전면허증과 다를 바 없이 최소한의 자격을 입증하는 것이지 그것이 그 사람의 실무능력을 입증하는 것이 아니기 때문이다.

몸값은 누가 결정하는 것인가? 바로 나 자신이다. 누구도 대신해 줄 수 없다. 내가 회사에 얼마나 가치 있는 존재인지는 내가 일으키는 매출에 비례한다. 매출이 높고, 성과가 높을수록 회사는 몸값을 후하게 쳐 준다. 해외연수도 보내 주며 더 나은 직원이 될 수 있도록 안목도 넓혀 주고, 견문도 넓혀 준다. 교육비도 지원해 주어 발전을 도와준다. 하지만 성과도, 실적도 없는 사람이 워라밸과 욜로를 주장하며 성과를 내야 할 시간에 호캉스 베스트 순위 검색이나 하고 있다면 그 사람은 조만간 짐을 싸야 할 것이다.

영원한 안정적인 직장도, 영원한 철밥통도 없어졌다. 나의 아버지는 IMF 당시 철밥통에 준하는 생산직이었다. 내근 사무직은 짐을 싸야 했지만, 생산직은 늘 안정적 대우를 받으며 일할 수 있었다. 생산기술이 있으니 회사 입장에서는 생산성 높은 직원이었고 구조조정이나 강제퇴직에서 비켜 갈 수 있었다. 하지만, 세상이 바뀌고 자동화가 일어나면서 생산직도 성과제로 바뀌기 시작했고, 결국 회사에서 퇴직금 한 푼 없이 밀려나고 마셨다.

시간이 지나면 자연스럽게 호봉이 높아지고, 연봉이 높아지는 그런 직군은 계속 사라진다. 성과 대비 연봉이 책정되는 성과제가 교직과 공직 사회에서도 정착되고 있다.

모든 사람이 평등한 시대는 지나갔다. 이제 시간이 지나면 저절로 몸값이 높아지는 시대가 아닌, 개인의 성과에 비례하여 정해지는 시대에 가치관도 맞춰져야 한다. 이것은 불공정이나 불의가 아니다. 오히려 성과에 비례하여 대우를 못 받는 것이 불의인 것이다.

일찌감치 몸값은 내가 결정하고, 나의 위치는 내가 개척하는 연습을 실무에서 철저하게 해 온 나로서는 매우 반가운 변화이다.

자신의 몸값을 지속적으로 높이는 최선의 방법은 간단하다. 자기가 생각하는 몸값의 10배~18배 이상을 벌어들일 수 있는 역량의 소유자가 되는 것이다. 이런 사람은 회사가 절대로 자르거나 내보내지 못한다. 경제적 자유는 이렇게 생기는 것이다.

오늘이 가장 가난한 날이다

　나를 만난 분들, 나의 고객들, 친구들, 선후배들은 모두 나를 만났던 그 날이 가장 가난한 날이었다. 어떻게 해서라도 해결책과 솔루션을 제공해 드리려 했고, 친구라면 몇 푼 안 되는 돈이지만 출산과 가사살림에 보탬이 될 수 있도록 빌려주기도 했으며(돈은 못 받았다.), 고객분들이라면 지원금을 받을 수 있도록 해결하여 자금 융통의 문제를 해결해 드렸다. 선배라면 여러 노하우들을 아낌없이 공유해 드렸다. 나의 조언과 컨설팅이 100퍼센트 적중하는 것은 아니지만, 적어도 사업적인 부분에서, 혹은 진로나 업무적인 측면에서 성과를 만드는 데 유효한 적이 많았기 때문에 내 사업이 계속 유지되는 것이며, 고객분들께서 나와의 만남을 희망하는 것이다.

　사실 사업을 하면서 위대한 분들도 많이 만났다. 수백억대의 매출을 올리는 사업체 대표님들도 계시고, 어마어마한 자산가도 계셨다. 그런 분들도 오직 '노윤일'이라는 사람만이 제공해 줄 수 있는 것이 분명히 있기 때문에 나를 찾아오신 것이다.

항상 되는 것은 된다, 안 되는 것은 안 된다고 정확한 진단과 솔직한 답변을 해 드리기 때문에 다른 곳을 돌고 돌다가 결국 나를 만나 해결책을 얻으신 것도 많다는 점이 고객들이 계속 나를 찾는 이유인 것 같다.

내가 항상 추구하는 생각 중의 하나는 '오늘을 가장 가난한 날로 만들겠다'이다. 고객도 나도 서로 발전해서 어제보다 더 나은 오늘을 만들고 내일은 오늘보다 더 부유해져서 오늘이 가장 가난한 날이 되었으면 하는 나의 바람이 있는 모토이기도 하다. 더불어 지긋지긋한 가난에서 벗어났으면 하는 생각도 있다.

근 30년 가까이 가난을 가난이라 생각하지 못한 채 그저 가난과 빈곤을 그럭저럭 삶의 한 방식이라 믿고 살아온 나로서는 가난함을 당연히 여기며 살아야 할 이유가 없음에도 가난하게 살아왔다는 사실에 대하여 크게 억울함을 느낀다.

많은 고객들과 만나며 이야기할 때마다 느낀 것이지만, 나만 그런 것이 아니라 대부분 사람들이 가난한 생각과 가난한 행동방식으로 여전히 자신과 자신의 가족을 가난으로 밀어 넣고 살아간다. 욜로와 워라밸, 소확행을 즐기라며 오늘 할 일을 내일로 미루고, 내일 쓸 돈을 오늘 당겨쓰는 습관을 정착시킨 정치인, 학자들의 책임도 크다고 생각한다.

오히려 그 반대로 우리는 오늘 내일 할 일을 오늘 하고, 오늘 쓸 돈은 내일로 미뤄야 하는 삶의 자세를 탑재해야 하는데 그런 부지런하고 성실하며 근면한 삶을 '찌질'하다고 생각하는 마인드로 여겨 결국 빈 통장과 낮은 신용등급으로 삶을 더욱 빈곤하고 고통스럽게 하기 때문에 하루라도 빨리 마인드를 리셋하고 가난을 오늘로서 종지부를 찍어야 한다.

가난은 부정적인 에너지이자, 코로나처럼 전염성 높은 질병이다. 가난한 사람들은 늘 가난한 사람들과 몰려다니며 가난에 대해 논하고, 가난을 당연시한다. 가난한 사람은 가난을 확산시키며, 바이러스처럼 항상 기운을 강하게 뿜어낸다. 가난한 사람들의 최대의 적은 가난한 사람들이다. 가난과 빈곤에서 조금이라도 벗어나려고 노력하면 끝없이 물고 늘어지며 누군가 조금이라도 잘되면 한도 끝도 없이 흉을 보고 뒷다리를 잡아 끌어내려 하향평준을 지향한다. 어떻게 노력하여 성공할지보다 어떻게 잘나가는 사람을 끌어내릴지가 가난한 자들의 연구과제이며, 기회뿐만 아니라 결과적 평등을 정의라고 외치면서 노력한 사람들의 성과에 무임 승차하는 것을 좋아한다.

가난에서 벗어나려 부모님께도 어머니 고향에 차려 드린 '완미족발' 식당 사업에서 성과를 내시라고 매정하게 굴곤 했는데 사실 부득이한 측면이 있다. 가난을 지금 끊어 내지 않으면 우리 가족은 계속 가난을 당연히 여기며 살아야 하기 때문이며, 이런 삶은 결코 바람직하지 않기 때문에 내 가족에게조차 더 나은 성과와 열정을 요구했다.

우리는 월급쟁이가 아니라 사업을 하는 사람이고, 가족끼리 사업을 운영하다가 망한 케이스가 더 많기 때문에 더욱 기를 쓰고 매정하게 행동할 수밖에 없었다.

사업주는 시간만 때우면 월급 받는 사람이 아니므로 스스로 성과를 만들지 않으면 아무도 책임져 주지 않는다는 사실을 잘 알고 있다. 사느냐 죽느냐가 사업 그 자체이기에 사업장에서 적당히 시간만 때우면 된다고 생각하는 가족들에게 성과를 재촉한 것은 매정해도 어쩔 수 없는 노릇이다. 내 가족 회사부터 '오늘이 가장 가난한 날'로 만들려면 회사에서 성과를 내야 한다. 그래야 내일은 오늘보다 조금이라도 더 부유한 날이 될 수 있기 때문이다. 가족들의 노고와 노력 끝에 창업 후 정착기까지 많은 고통과 어려움이 따랐지만 이는 잠깐뿐, 시간을 헛되이 보내지 않고 항상 연구하고 노력하며 지금은 월 4천만 원~6천만 원의 매출을 올리고 있다. 앞으로 2호점, 3호점을 계속 낼 여지가 보이고 있고, 우리 가족 사업은 대성공적으로 형태를 만들어 가고 있다. 정말 다행스러운 일이다. 부모님께서 반백 년 이상을 근로자로 근무하시다가 지금 이런 사업가 형태로 자리를 잡으실 수 있으셨던 것은 포기하지 않고 근면, 성실하게 사업장에 모든 신경을 쏟고 정성을 다했기 때문이라는 것을 독자들에게 이야기해 주고 싶다. 노력은 '절대' 배신하지 않는다. 내가 속해 있는 일에 반드시 노력에 노력을 다하라고 말해 주고 싶다. 가까운 사람들일수록 더 혹독하게 지도·감독하라고도 이야기해 주고 싶다.

나도 내 가족 회사의 경영부터 성과를 내보이지 못하면, 앞으로 만날 고객분들께도 경영컨설팅을 해 드릴 말과 근거가 없어지므로 목숨 걸고 이 사업을 계속 끌어올리고 있는 중이며, 노력하고 시도한 만큼 성장세가 올라간 것은 다행스러운 일이 아닐 수 없다. 앞으로도 진행형이다. 반드시 지금보다 더 성장해 보일 것이라고 독자들에게 약속한다.

앞으로 나를 만나게 될 모든 고객들에게도 감히 말씀드리고 싶다. 적어도 이 책에서 말한 대로 생각과 마인드를 고친 후 지금 당장 해 보면 '오늘이 가장 가난한 날'이 될 것이라고 말이다.

잘하는 사람을
따라 하는 것으로도 절반은 성공한다

영업을 배울 때, 잘하는 사람을 철저히 따라 했다. 책을 보며 멘토들을 따라 했고, 경영을 배우기 위해 대표님을 따라 했다. 경영학 용어로 이를 '벤치마킹'이라고 한다. 나는 지금도 돈을 내서라도 국내에서 이름 있는 세일즈맨, 그리고 성공한 사람들을 만나고 강의를 듣는다. 왜? 따라 하기 위해서. 잘만 따라 해도 반은 성공하기 때문이다. 한국에서 최고의 탑 세일즈맨부터 매월 수억을 버는 강사까지 나는 계속 만나려고 따라다니고 따라 한다.

그분들의 표정, 행동, 영업방식, 삶의 자세, 사고방식, 옷 입는 방식까지도 따라 한다. 대부분 거의 들어맞는다. 성과가 나오고, 결과가 달라진다. 잘되는 사람은 뭔가 특별한 것이 있기 때문이고, 특별한 이유가 돈을 벌어 준다. 그래서 무조건 따라 하고 따라 하다가 나만의 독창적인 것이 튀어나오면 그 독창적 프레임을 강하게 밀고 나간다.

MMA를 배울 때 관장님의 시범이 있다. 시범동작을 따라 하면서 자연스럽게 익숙해지는 것이다. 발차기도 아무렇게나 하는 것이 아니고, 주먹질도 아무렇게나 하는 것이 아니며, 테이크다운도 아무렇게나 덤비는 것이 아니다. 순서가 있고 방법이 있다. 코치나 관장님의 자세를 따라 하다 보면 익숙해진다. 그래서 나는 국내 최고의 상대를 찾아 벤치마킹한다.

그런데 따라 해도 잘 따라 해야 한다. 모양새만 따라 하는 것은 흉내에 가깝다. 때로는 삐딱하게 따라 할 수도 있다. 큰소리치고 갑질하는 것을 따라하는 경우도 있는데 그런 따라 하기는 하나마나한 따라 하기이다. 따라 하려면 따라 할 대상이 확실한지, 검증이 된 사람인지 정확하게 확인·판단하고 따라 해야 한다. 잘 따라 하다 보면 제자가 선생을 뛰어넘는 일이 발생할 수 있다.

과거 지점에서 신입을 교육할 때 기본은 무조건 따라 하게 만들었다. 옷 입는 태도, 자세, 화법, 세일즈 기술까지 따라 하게 하다 보면 어느새 신입직원들이 계속 나아지는 모습을 보게 된다.

나도 나보다 뛰어난 분들을 만나면 주저 없이 배운다. 이왕 따라 할 거 모조리 따라 하고, 쑥스러워 하지 않고 남의 눈치 따위는 보지 않는다. 따라 하는 데 저작권을 내는 것도 아니고, 학원비를 내는 것도 아니다. 잘되는 사람을 따라 하는 것은 부끄러운 것이 아니며, 나 자신을 한층 더 업그레이드시키고 성장시키는 크나큰 과정이기 때문에 반드시 벤치마킹을 하라고 이야기해 주고 싶다. 고객들과 상담할 때도 내가 배울 만한 내용이 있으면 즉시 메모하여 반드시 내 것으로 만든다. 그것이 내 인생의 비법이고 배움의 자세이다.

하나의 변명

겨울이 다가왔습니다. 시간이 빠릅니다. 쓰고 지우기를 반복하면서 고민이 많았습니다. 이 이야기를 써도 될지 안 될지 생각도 많았습니다. 약간 더워지는 여름 초입에 시작한 책이 추운 겨울이 되어서야 겨우 완성되었습니다. 책을 처음 써 보니 단순히 독서하는 것보다 10배는 어려운 일인 것 같다는 생각이 듭니다. 그래도 저의 신념인 '권토중래'의 자세로 쓰고 또 쓰기를 반복하다 보니 어느새 책 한 권을 기록해 냈습니다.

부끄럽기도 하고, 뿌듯하기도 합니다. 제 이야기가 100퍼센트 다 맞다는 것은 아닙니다. 하지만 그럼에도 불구하고 제가 책을 쓰고 싶었던 이유는 그동안 용광로 안에서처럼 뜨겁게 살아왔고, 실패와 좌절만 가득한 삶에서 도전과 성공이 넘치는 삶까지 지난 4~5년간의 변화를 꼭 한 번쯤은 책으로 정리하고 싶었기 때문입니다.

모두를 만족시킬 수 있는 책은 아닙니다. 누군가는 제 글에 화가 날 수도 있을 것이고, 누군가는 비판을 가할 수도 있는 내용도 있을 것입니다. 너무 가난을 증오하며 썼다거나 너무 꼰대처럼 욜로와 워라밸을 비판했다고 돌을 던질 수도 있습니다.

하지만 제가 살아온 삶에 거짓은 없습니다. 오히려 책에 밝히지 못한 것이 더 많습니다. 언젠가 시간이 지나면 모두 밝힐 수 있을 것입니다. 저는 가난에서 벗어나기 위해서 노력했을 뿐이고 그렇게 노력하다 보니 욜로나 워라밸은 말도 안 되는 문화라는 것을 체감했을 뿐입니다.

누군가는 저를 젊은 꼰대라고 비판할 수도 있겠으나, 저는 적어도 저스스로 자립하였고 사회복지비용을 타 가며 국가재정에 부담을 준 사람도 아니며, 누군가의 기밀을 몰래 빼돌려 팔아먹어 부정으로 축재한 사람도 아니므로 저는 떳떳하고 당당합니다. 저는 스스로 저만의 북소리와 저의 리듬을 찾으려고 노력했을 뿐이고, 제가 존경하다 못해 추앙하는 현대그룹 고 정주영 회장님의 "세상에 전쟁 빼고 어려운 것은 없다"는 말씀에 근거하여 포기하지 않고, 환경 탓을 하거나 핑계도 대지 않고, 묵묵하게 도전하여 성과를 얻은 것 외에 없습니다.

신용등급 10등급의 경제적 루저, 1~2평 남짓한 회사 공간에서 먹고 자며 일하던 찌질한 금융 영업사원이 어느새 회사의 부지점장, 지점장, 회사 임원이 되었고, 법무법인의 팀장, 잘나가는 식당의 부대표, 그리고 경영지원센터 창업자로 4개의 명함을 들고 세상을 살아가는 중입니다.

더불어 많은 분의 요청에 따라 저의 성공 방법과 영업, 세일즈 마인드 노하우를 함께 나누는 교육장도 곧 개설되어 곧 다섯 번째 명함이 생깁니다. 여러분과 직접 만나 성과로 이어지는 영업, 세일즈, 그리고 마인드에 대한 노하우를 공유할 예정이니 책에 기재된 개인 연락처나 이메일을 통해 세일즈, 영업 교육에 대해 연락 주시면 정확하고 상세히 답변 드리겠습니다.

그건 대표님이니까 가능한 이야기예요

많은 분들과 함께 이야기하면서, 제가 어떻게 빈곤에서 탈출했는지와 물귀신 같은 가난함에서 빠져나왔는지, 그리고 지금 어떤 성취를 이뤘는지 말씀드리곤 합니다. 그리고 100퍼센트는 아니지만, 적어도 태도와 습관만 바꾸면 어느 정도 가능하다는 사실을 말씀드립니다. 고객분, 친구, 그리고 가족을 위해서 말씀드리고 변화와 변화에 대한 동기를 전달해 드리려는 저의 진정성에 반응하시는 분도 계시지만 안타깝게도 대부분 "그건 대표님이니까 가능한 이야기예요"라며 방어막을 칩니다.

정주영 회장님께서 성공한 이유는 그 당시에 정주영 회장님이니까 가능한 것이고, 이병철 회장님이 성공한 이유는 그 당시 이병철 회장님이니까 성공한 것이라며 지금 안 되는 논리를 열심히 설명합니다. 지금은 전쟁통이 아니므로, 지금은 고도성장기가 아니므로, 지금은 코로나 때이므로 아무것도 안 된다고 애써 안 되는 이유를 찾아냅니다.

네, 맞습니다. 지금은 그때와 다릅니다. 이순신 장군의 시대에 이순신 장군이 썼던 전법을 고스란히 적용한다고 일본에 이길 때가 아니며, 정주영 회장처럼 빈손으로 일어나기 힘들어 보이는 시대입니다.

하지만 이렇게 안 된다고 하는 시기에, 더 많은 부자들이 계속 탄생하고 있는 것 아닙니까? PC가 처음 나왔을 때, IMF 때, 글로벌 금융위기 때, 스마트폰이 처음 나왔을 때, 코로나 위기 때마다 부자들은 더 나왔습니다. 특히 코로나 시기에 경제적 고통을 겪는 와중에도 500만 명 이상의 백만장자가 나왔습니다. 안 되는 것만 보기 때문에, 위기라고 생각하기 때문에, 지금 한계라고 생각하기에 안 되는 것입니다. 마치 족쇄로 묶어 놓은 코끼리처럼 계속 안 될 것 같으니까 아예 시도조차 안 하는 것이죠.

부는 무한하며, 기회와 가능성은 항상 열려 있습니다. 다만 두드리지 않았고, 찾지 않았으며 구하지 않았을 따름입니다. 저 역시 그런 사람이었지만, 고 정주영 회장님의 한마디 "이봐, 해 봤어?"에서 자신 있게 저만의 대답을 찾았고 이 책은 그것에 대한 기록입니다.

저는 정치인도, 운동권 출신도 아닙니다. 본업이 정치인이 아니므로 쓸데없는 정치 논쟁도, 이념 논쟁도 할 이유가 없습니다. 다만 가난과 빈곤에서 개인이 도대체 어떻게 탈출할 수 있는지, 그렇게 탈출하려면 어떻게 해야 하는지는 알고 있습니다. 낡고 보수적인 이야기처럼 들리지만 오늘 씨를 뿌리지 않으면 내일 거둘 수 없다는 단순한 논리입니다. 오늘 일하지 않으면 내일 얻을 수 없는 것이 당연하며, 제가 부족한 것이 많으니 경쟁에서 이기기 위해서 남들보다 더 뛰지 않으면 뒤처지기 마련입니다. 간단합니다. 남들 놀 때 똑같이 워라밸과 욜로를 찾을 시간이 없습니다. 저는 부자가 아닙니다. 이순신 장군처럼 고작 12척의 배밖에 없지만, 300여 척의 왜군과 싸워야 하는 입장입니다. 죽어라 더 열심히 싸우고 대응하고 일해야 12 대 300의 대결에서 이길 수 있는 것처럼, 시간을 아껴서 더 많이 생각해야 하고, 더 많이 고민해야 하고, 더 많이 배워야 하고, 더 많이 일해야 이길 수 있습니다.

경제적 자유를 얻는 과정

경제적 자유를 얻는 과정은 늘 전쟁을 수반합니다. 유튜브 강의를 들으면 편안하게 언젠가 알아서 경제적 자유를 얻는 것이 절대 아닙니다. 생생하게 상상만 한다고 현실로 이뤄지는 것도 아닙니다. 경제적 자유를 얻는 과정에는 반드시 '행동'이 필요합니다. 그 행동은 워라밸도 아니고 욜로도 아니고 소확행도 아닙니다. 그냥 일해서 성과를 내는 과정입니다. 이 과정은 지리멸렬해 보이지만, 이 과정이 없으면 아무리 좋은 생각을 가지고 있더라도 그냥 생각에 불과한 것이고, 상상에 불과한 것입니다.

아무리 좋은 꿈도 현실로 옮기지 않으면 그저 수첩에 적어 둔 계획에 불과합니다. 누구나 하늘을 나는 꿈을 생각했지만 라이트 형제만이 실패를 거듭하며 비행기를 만들었습니다. 정주영 회장님처럼 직접 허허벌판에 조선소를 짓겠다거나, 경부고속도로를 만들겠다는 생각을 현실로 옮긴 사람은 없습니다. 문제는 '해 봤냐'는 것입니다.

그토록 원하는 경제적 자유를 얻기 위해서 해 봤냐는 것입니다. 고작 하루 이틀, 한두 번이 아니라 3년, 4년 계속 해 봤냐는 것입니다. 워라밸,

욜로, 소확행은 해 봤지만 꿈을 위해서 3년이든 5년이든 목숨 걸고 미친 듯이 해 봤냐는 것입니다. 2평도 안 되는 방과 차에서 잠을 자며 일을 해 보고, 신용등급 10등급에서 벗어나기 위해 오로지 남의 도움 없이 스스로 돈을 벌어 가난과 빈곤에서 탈출해 보면서 사람은 뿌린 만큼 거두고 거둔 만큼 누린다는 것을 체감했습니다. 저와 같은 시기, 같은 환경에서 일했던 몇몇 친구와 동료들은 고작 몇 개월 해 보면서 안 된다고 말하고 사회 구조 탓, 환경 탓, 회사 탓을 하며 사직한 후 빈곤한 자신의 삶에 미래가 없다며 주위의 잘나가는 사람 그리고 재산이 없는 부모, 심지어 자신과 아무 상관없는 정치인들 욕하기에 바쁩니다.

열정이 없는 사람들로부터 도망쳐야 합니다. 무작정 '노력'하면 된다거나 '열정만 가지면 된다'고 주장하고 싶지 않습니다. 노력과 열정이 있어도 안 되는 것은 안 됩니다. 하지만 꾸준함과 성실함을 내동댕이치고 오늘만 즐겁게 산다면 내일도, 내일 모레도 늘 오늘과 똑같을 것입니다.

세계적으로 조용한 사직(Quiet Quitting)이 유행이랍니다. 마음은 일터에서 떠나 최소한의 업무만 하려는 태도로 '딱 월급만큼만 일할래요'라는 MZ세대의 가치관으로 확고히 자리 잡았습니다.

제가 볼 때는 세상의 모든 직업은 성과급 연봉제로 바뀔 것입니다. 딱 월급만큼만 일하겠다면, 당연히 고용주들은 딱 성과만큼만 준다고 생각하겠죠. 지금 공무원과 공공기관도 성과제로 바뀐다고 아우성입니다. 아무리 노조가 들고 일어서도 성과급 연봉제는 시대적인 변화입니다. 성과제로도 안 되면 AI나 자동로봇으로 교체되겠죠. 이미 마트나 치킨집, 바리스타, 자동차공장 생산직은 AI가 탑재된 로봇으로 노동자를 대체하고 있습니다.

삶의 대안은 딱 두 가지입니다. 첫째 대안은 지금 하고 있는 일에서 최고가 되어 회사를 나오는 것, 둘째 대안은 지금 당장 회사를 때려치우고 내가 사장이 되는 것이죠.

대부분 직장인이 개인 생활보다 일을 중시하고 일에 열정적으로 임하는 라이프스타일을 더는 추구하지 않고 있기 때문에 솔직히 '더러워서 관둔다'고 사직을 하지만 기다리는 것은 개인의 빈곤 외에 없습니다. 특히 지금과 같이 경제가 곤두박질치는 시점에서는 말이죠. 경제적 자유를 알려 준다는 유튜브 동영상을 밤낮 쳐다봐도 경제적 자유는 멀어지기만 합니다. 그럴수록 경제적 자유를 알려 준다는 동영상 제작자만 돈을 벌고 경제적 자유에 가까워집니다.

바보야, 문제는 꾸준함과 성실함이야

지금은 전쟁통입니다. 코로나 바이러스로 한바탕 전쟁을 치렀고 러시아-우크라이나가 전쟁을 합니다. 이어서 중국과 대만이 전쟁을 할 수도 있습니다. 금리 인상으로 세계 경제는 엉망이 되고 있습니다. 청바지를 입고 모두가 스마트폰을 들고 다니며 커피를 마시고 아파트에 산다는 표면적인 상황만 다를 뿐 본질은 계속 같습니다.

정주영 회장님이 살던 그 시절과 비슷한 환경입니다. 오히려 지금보다 더 그 시절이 악조건이었습니다. 교육 수준은 한없이 낮았고, 컴퓨터나 인터넷은커녕, 고속도로 인프라는 전무했습니다. 그때나 지금이나 자원 없는 나라인 것은 마찬가지며, 고환율과 고유가 상황에 경제가 휘청거리는 것은 변함없습니다.

집에 재산도, 힘도 없는 가정에서 가난하게 태어났다면 그건 내 잘못이 아닙니다. 그렇다고 그 상태에서 주저앉아 상황 탓, 환경 탓만 할 수는 없습니다. 저는 제가 선택할 수 있는 선택지였던 금융업에서 꾸준함과 성실함으로 승부를 보았습니다. 재산도 힘도 없으면 내가 가진 성실함과 꾸준함과 시간을 시장의 가치로 교환하는 수밖에 특별한 방법이 없습니다.

유행이 밥 먹여 주지 않습니다. MZ세대 특징이니까 월급만큼만 일하겠다는 생각은 도대체 누가 만들어 준 생각입니까? 워라밸과 욜로, 도대체 누가 주입한 생각입니까? MZ세대 전에 X세대, Y세대가 있었습니다. 그분들은 다 어디 갔습니까?

지금 필요한 것은 각성입니다. 어제와 같은 오늘, 오늘과 같은 내일을 깨기 위한 각성이 필요하지, 더 이상 누군가가 나눠 둔 세대놀이가 필요한 것이 아닙니다.

빈곤과 가난은 전염성이 매우 강합니다. 내가 가난하면 남도 가난해집니다. 그래서 가난한 사람의 적은 가난한 사람입니다. 가난을 온갖 논리로 정당화합니다. 워라밸, 욜로 같은 이상한 말로 함께 가난해지자고 합니다. 가난하니 자꾸 배달업 같은 비숙련 알바에 시간을 낭비하게 만듭니다.

자신의 '업'을 찾고 그곳에서 숙련성을 만들려면 꾸준함과 성실함이 필요한데 욜로와 워라밸, '월급만큼만 일한다'는 주문으로 쉽게 포기하게 만듭니다.

지금 열심히 현장의 일터에서 꾸준함과 성실함으로 무장한 채 자신을 투신하고 있는 사람들과 여러분들이 틀리지 않았다는 것을 응원합니다. 꾸준하고 성실하게 일자리의 현장에서 땀으로 말하는 사람들이 나와 나의 가정, 더 나아가 대한민국을 살려 왔습니다.

책에 부족한 부분이 있지만 독자 여러분들의 넓은 양해를 바랍니다. 직장과 비즈니스, 일터와 현장에서 성실하고 꾸준하게 사업을 일궈 가는 이 땅의 대표님들과 사업가분들, 그리고 시대에 휩쓸리지 않고 오늘보다 더 나은 내일을 꿈꾸는 취준생, 신입직원분들에게 감히 이 책을 바칩니다.

『잠들어 있는 성공시스템을 깨워라』에서 성공의 기술을 가르쳐 준 브라이언 트레이시가 "미래는 현재 우리가 보고 말하고 행동하는 것에 달려 있다. 되고 싶은 사람처럼 말하고 행동하면 목표는 반드시 현실로 이루어질 것이다. 우리는 항상 자신이 바라는 대로 됨을 잊지 마라."라고 한 말을 여러분과 함께 되새기고 싶습니다.

언제나 당찬 인생을 위해 묵묵히 걸어 나가는 저 자신에게 위로의 박수와 찬사를 보내고 싶습니다. 그리고 노윤일을 낳아 주신 부모님과 롤모델 안대장님, 박세니 스승님, 준형이 형님, 그리고 고 정주영 회장님, 부자 아빠, 여러 노고로 애써 준 완미족발 식구들, 행복경영지원센터 식구들, 부족하지만 끝까지 이 책을 읽어 주신 독자분들 그리고 저와 함께하는 많은 분들께 감사의 말씀을 드리며 이 책을 쓰는 데까지 여러 도움을 주신 분들께도 감사의 말씀을 전합니다.